Reflections of Ultramarine

1

Mayu Sakai

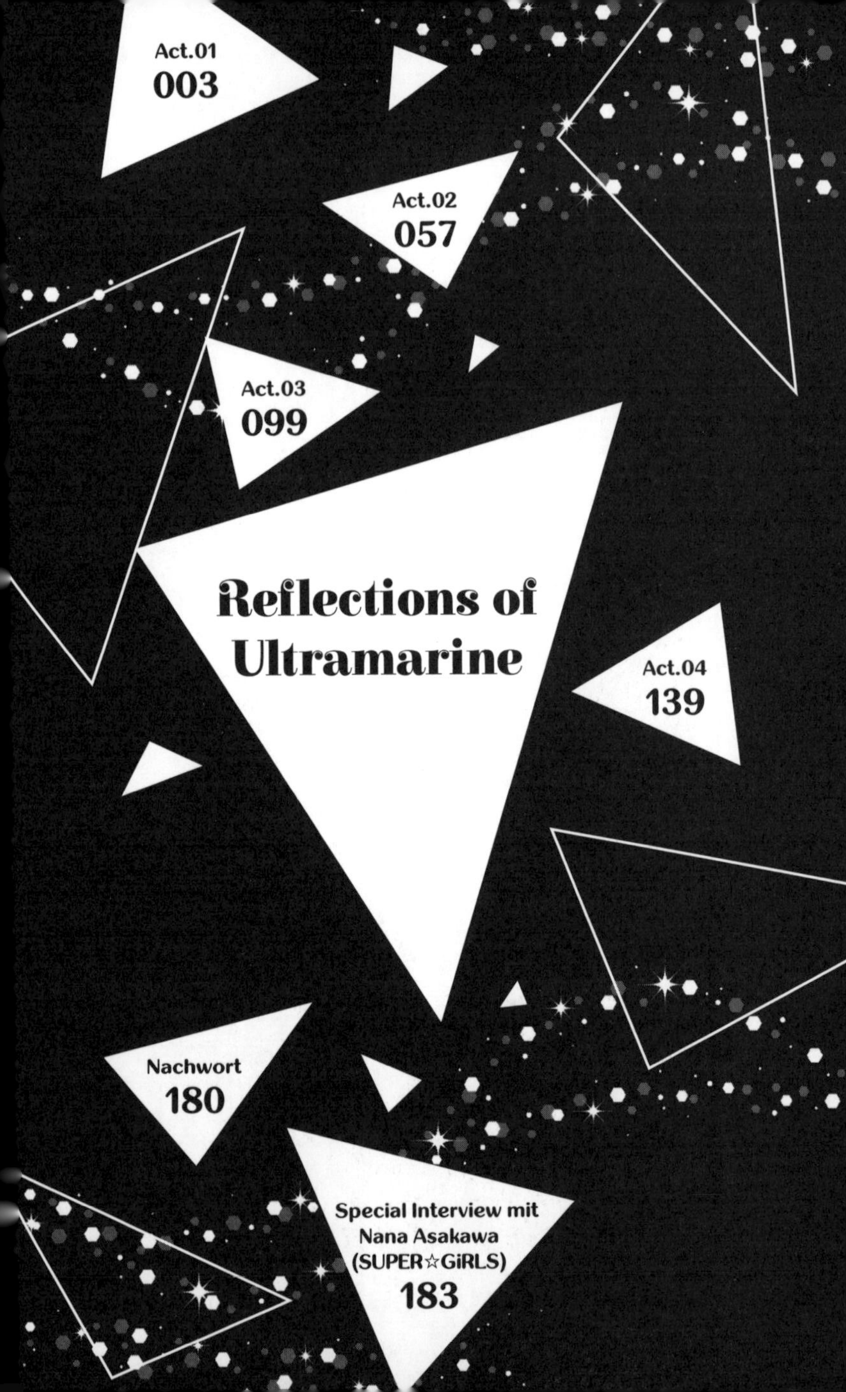

Act.01
003
Act.02
057
Act.03
099
Reflections of Ultramarine
Act.04
139
Nachwort
180
Special Interview mit
Nana Asakawa
(SUPER☆GiRLS)
183

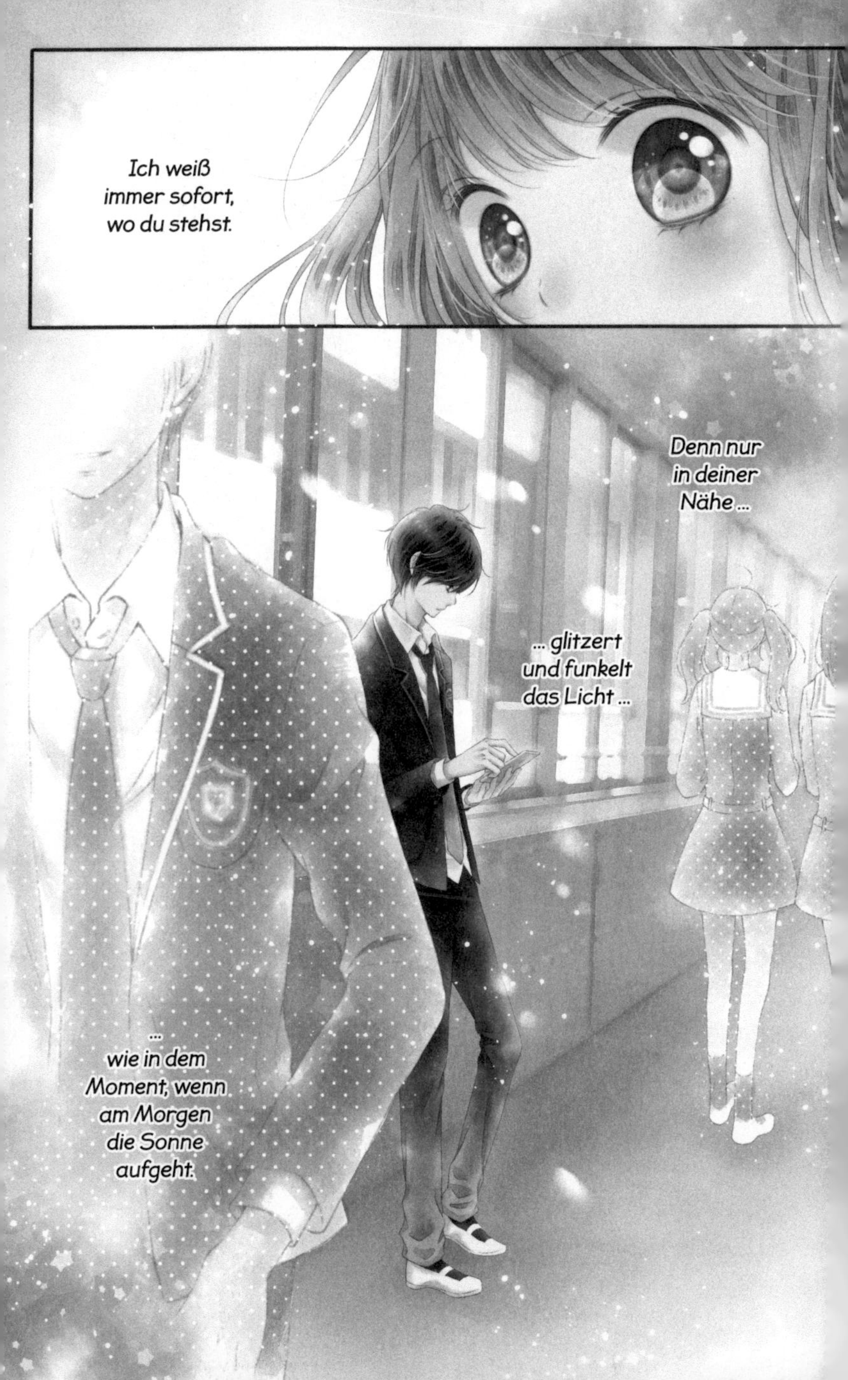
Ich weiß immer sofort, wo du stehst.
Denn nur in deiner Nähe ...
... glitzert und funkelt das Licht ...
... wie in dem Moment, wenn am Morgen die Sonne aufgeht.

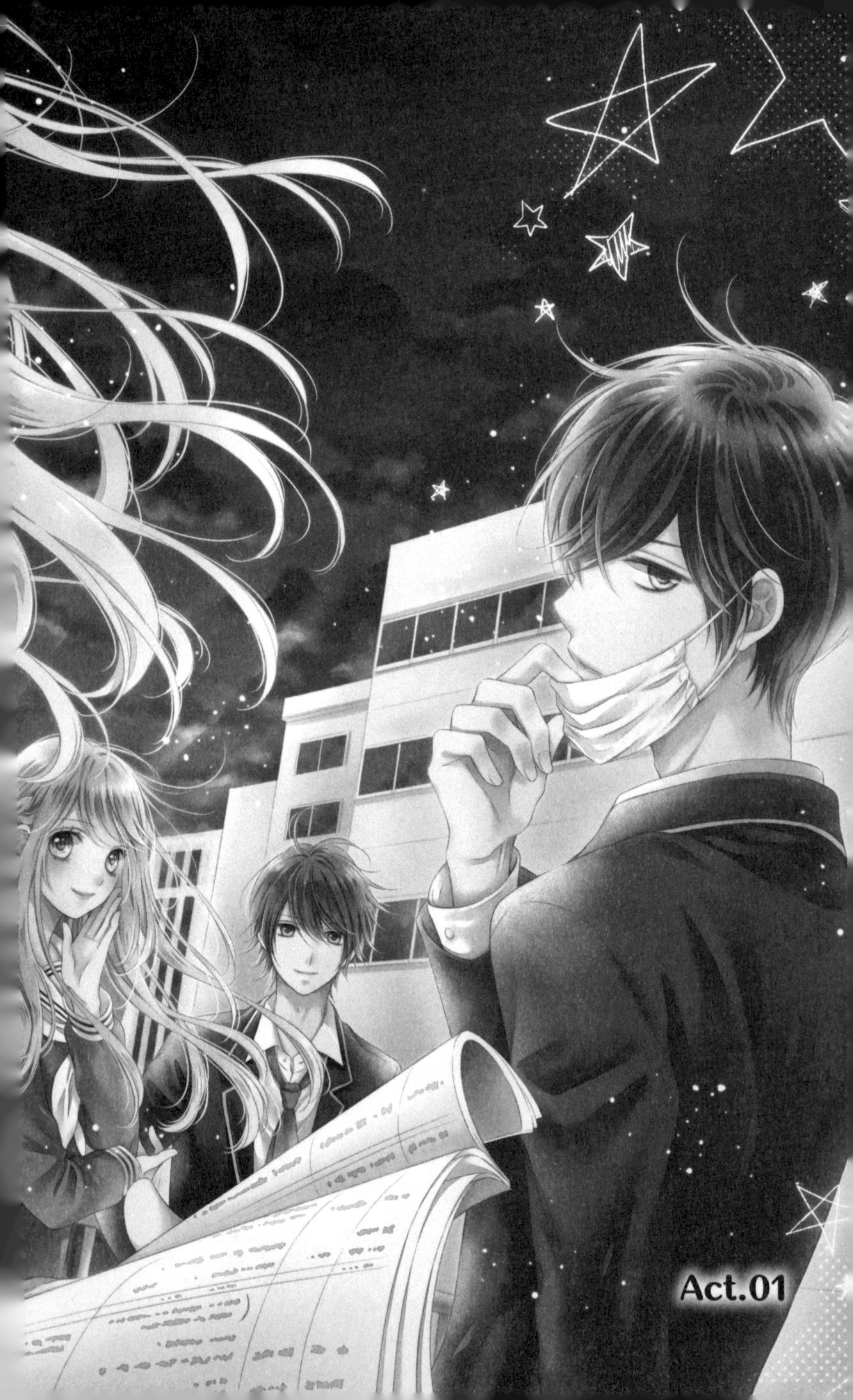
Act.01

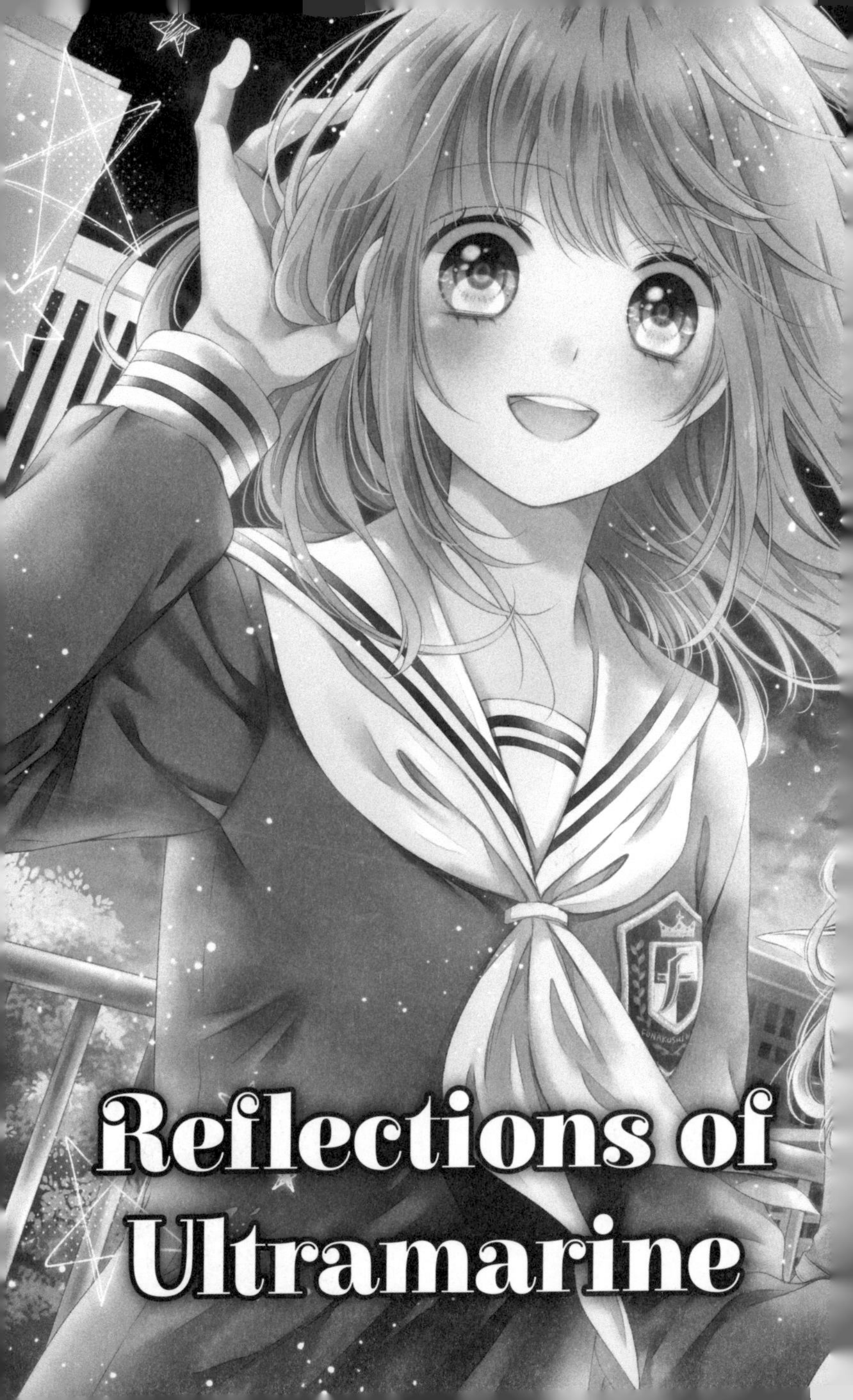
FUNAKOSHI
Reflections of Ultramarine

Reflections of Ultramarine

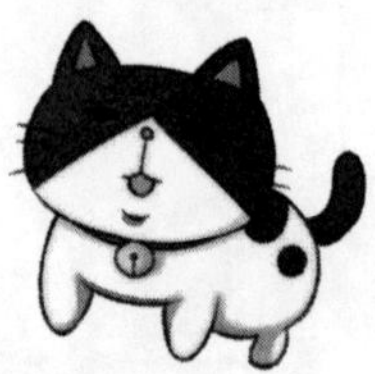

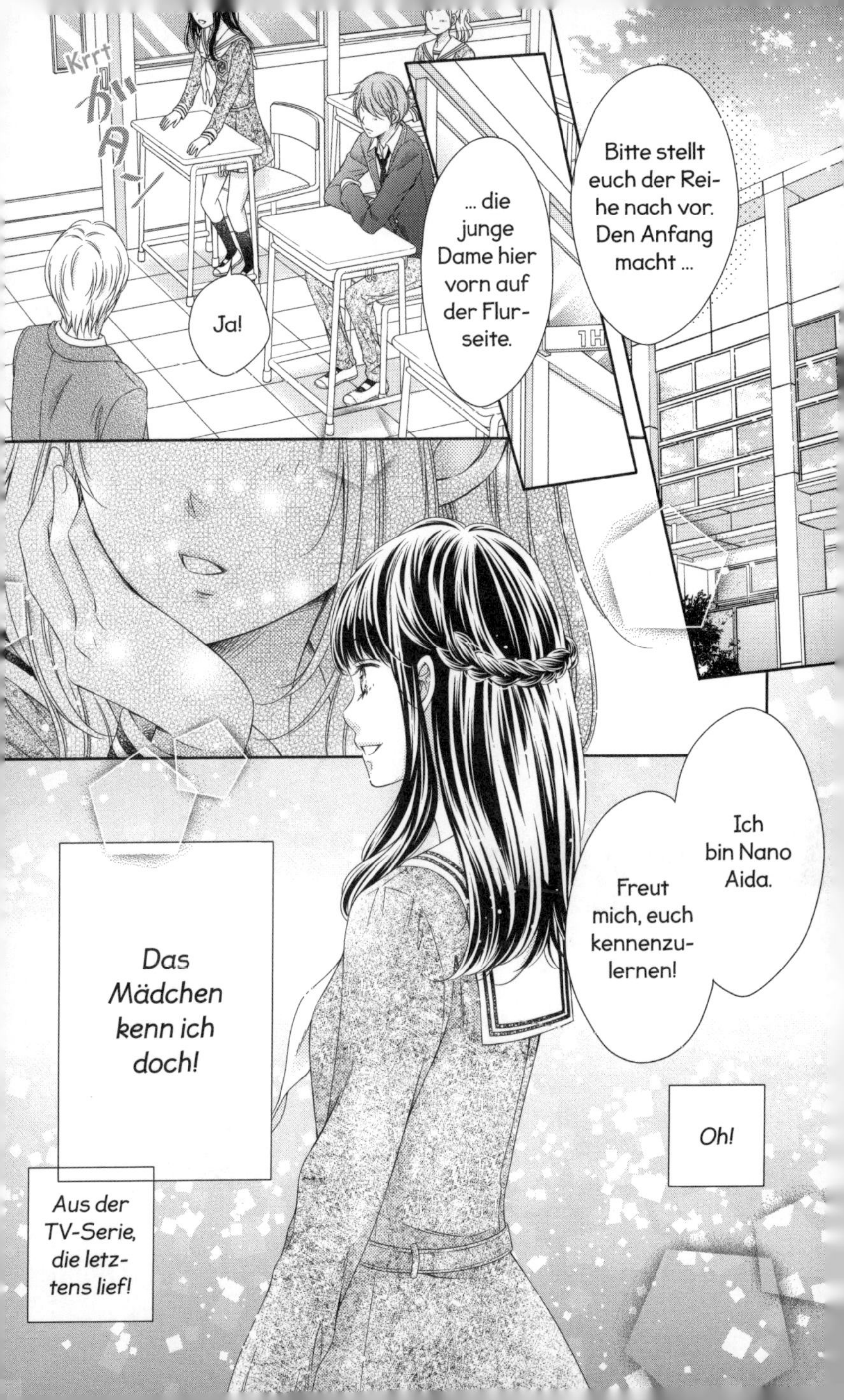
Bitte stellt euch der Reihe nach vor. Den Anfang macht ...
... die junge Dame hier vorn auf der Flurseite.
Krrt
Ja!
Ich bin Nano Aida.
Freut mich, euch kennenzulernen!
Oh!
Das Mädchen kenn ich doch!
Aus der TV-Serie, die letztens lief!

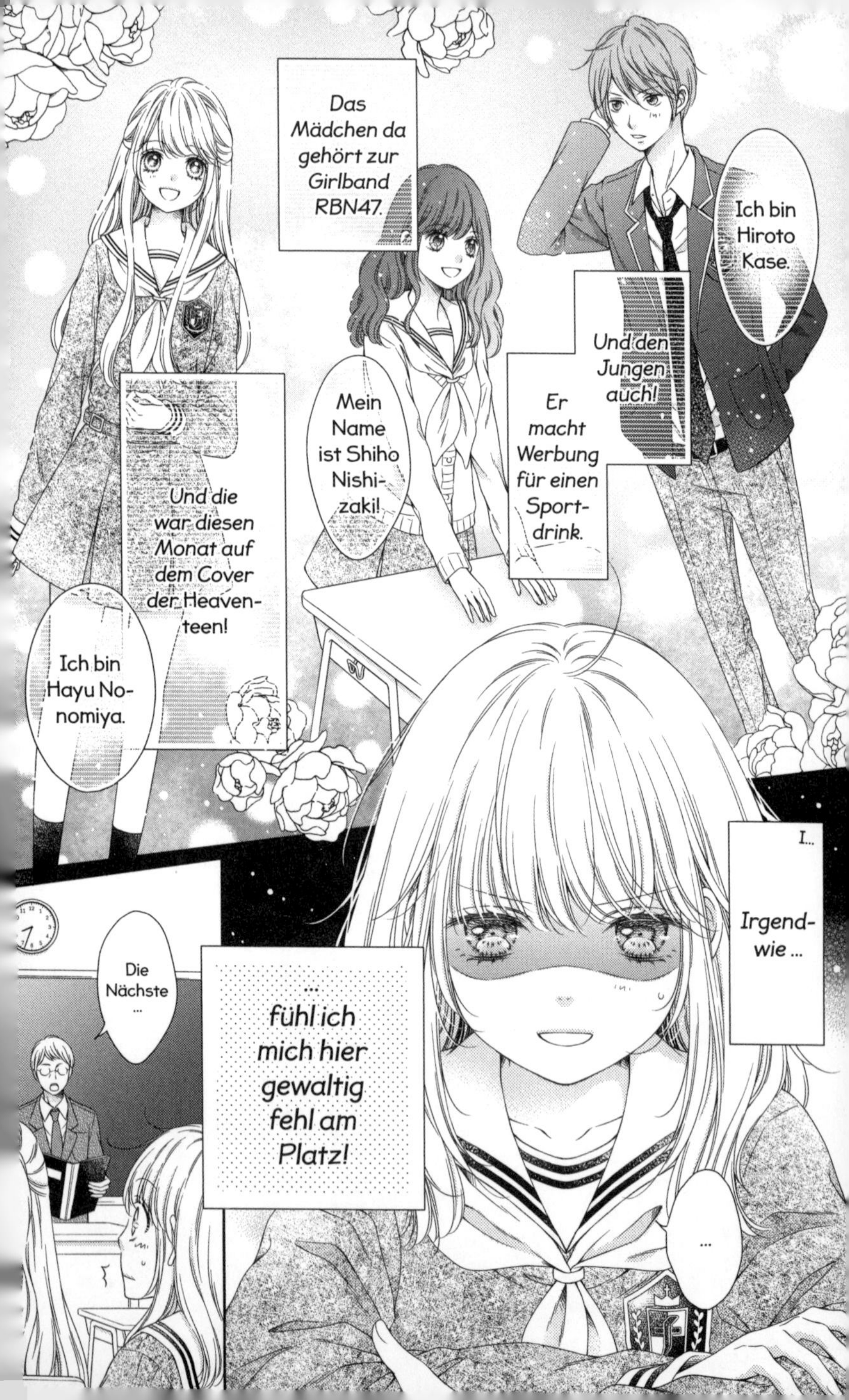
Ich bin Hiroto Kase.
Und den Jungen auch!
Er macht Werbung für einen Sport-drink.
Das Mädchen da gehört zur Girlband RBN47.
Mein Name ist Shiho Nishi-zaki!
Und die war diesen Monat auf dem Cover der Heaven-teen!
Ich bin Hayu No-nomiya.
I...
Irgend-wie ...
...
... fühl ich mich hier gewaltig fehl am Platz!
Die Nächste ...

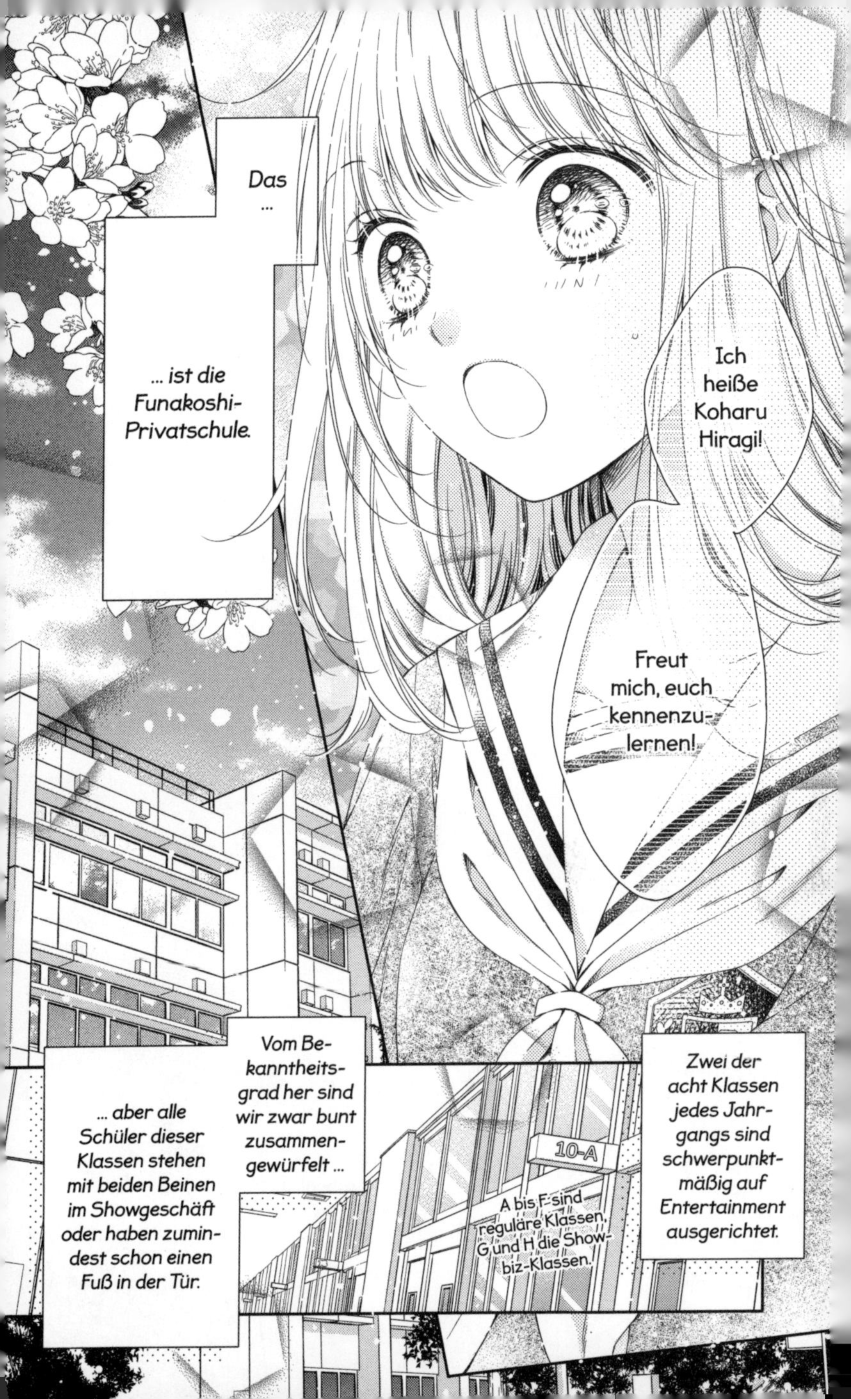
Das ...
... ist die Funakoshi-Privatschule.
Ich heiße Koharu Hiragi!
Freut mich, euch kennenzu-lernen!
Zwei der acht Klassen jedes Jahr-gangs sind schwerpunkt-mäßig auf Entertainment ausgerichtet.
10-A
A bis F sind reguläre Klassen, G und H die Show-biz-Klassen.
Vom Be-kanntheits-grad her sind wir zwar bunt zusammen-gewürfelt ...
... aber alle Schüler dieser Klassen stehen mit beiden Beinen im Showgeschäft oder haben zumin-dest schon einen Fuß in der Tür.

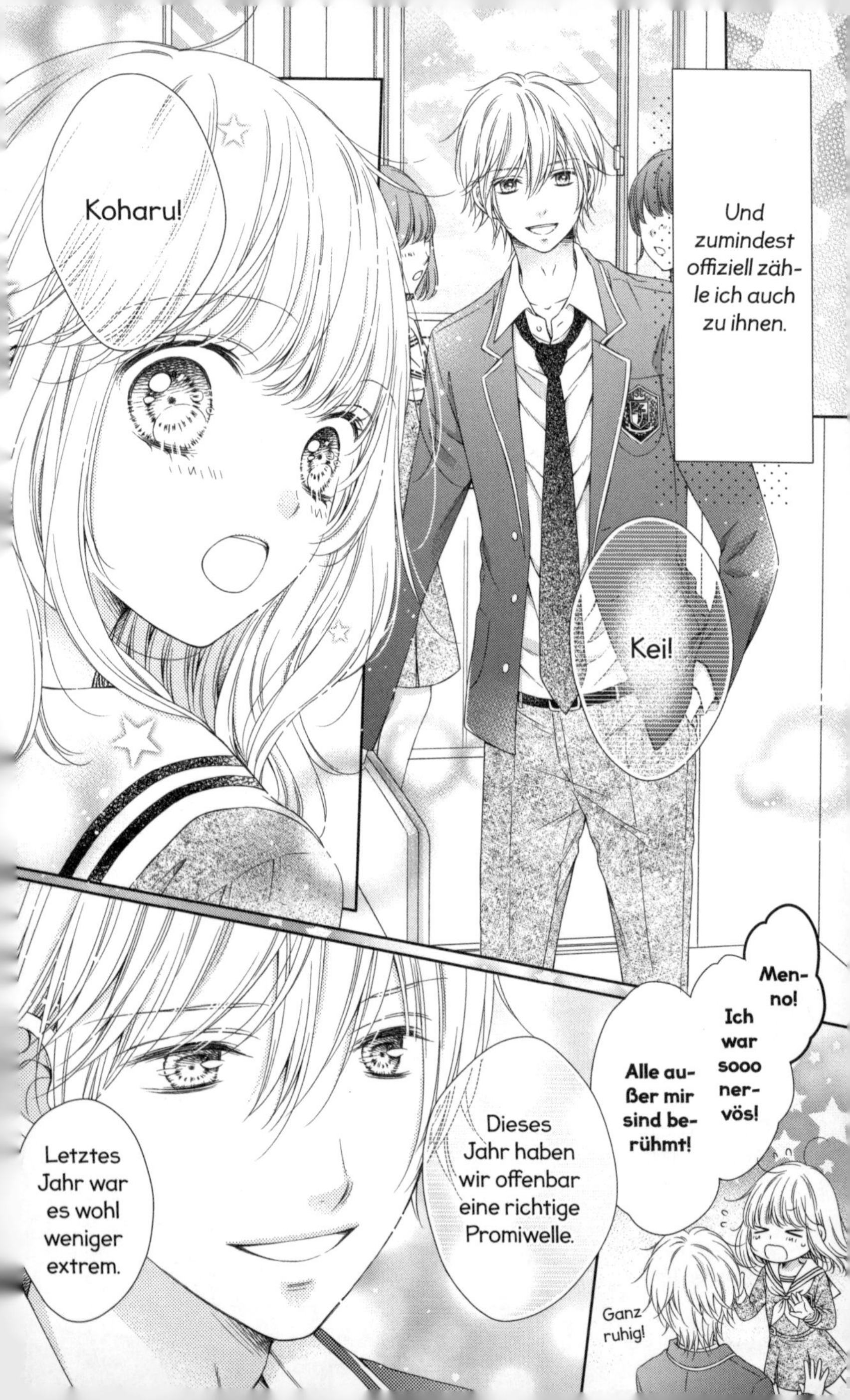
Und zumindest offiziell zähle ich auch zu ihnen.
Kei!
Koharu!
Men-no!
Ich war sooo nervös!
Alle außer mir sind berühmt!
Ganz ruhig!
Dieses Jahr haben wir offenbar eine richtige Promiwelle.
Letztes Jahr war es wohl weniger extrem.

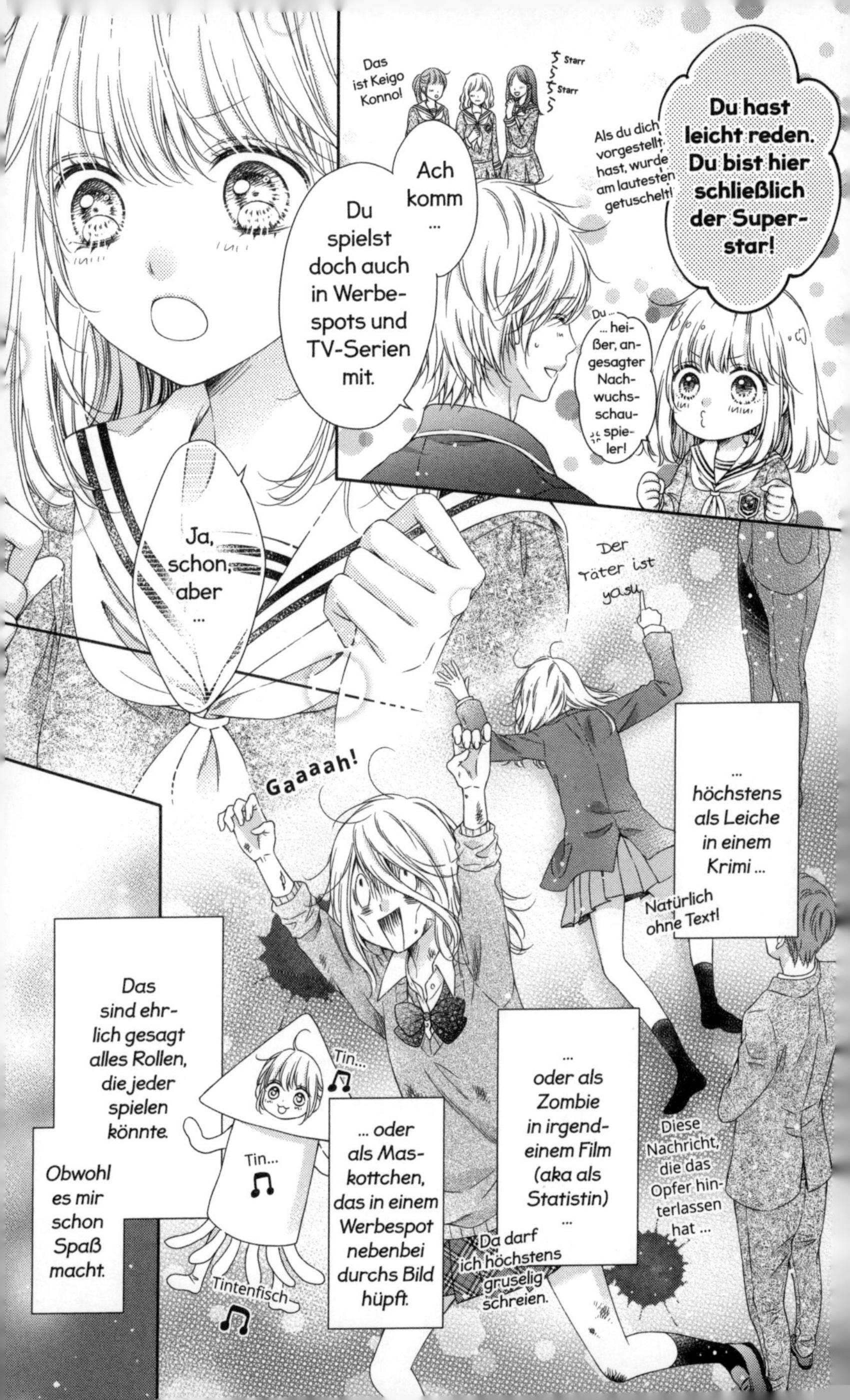
Du hast leicht reden. Du bist hier schließlich der Superstar!
Als du dich vorgestellt hast, wurde am lautesten getuschelt!
Starr
Starr
Das ist Keigo Konno!
Ach komm …
Du spielst doch auch in Werbespots und TV-Serien mit.
Du …
… heißer, angesagter Nachwuchsschauspieler!
Ja, schon, aber …
Der Täter ist yasu
… höchstens als Leiche in einem Krimi …
Natürlich ohne Text!
Diese Nachricht, die das Opfer hinterlassen hat …
Gaaaah!
… oder als Zombie in irgendeinem Film (aka als Statistin) …
Da darf ich höchstens gruselig schreien.
… oder als Maskottchen, das in einem Werbespot nebenbei durchs Bild hüpft.
Tin…
Tin…
Tintenfisch
Das sind ehrlich gesagt alles Rollen, die jeder spielen könnte.
Obwohl es mir schon Spaß macht.

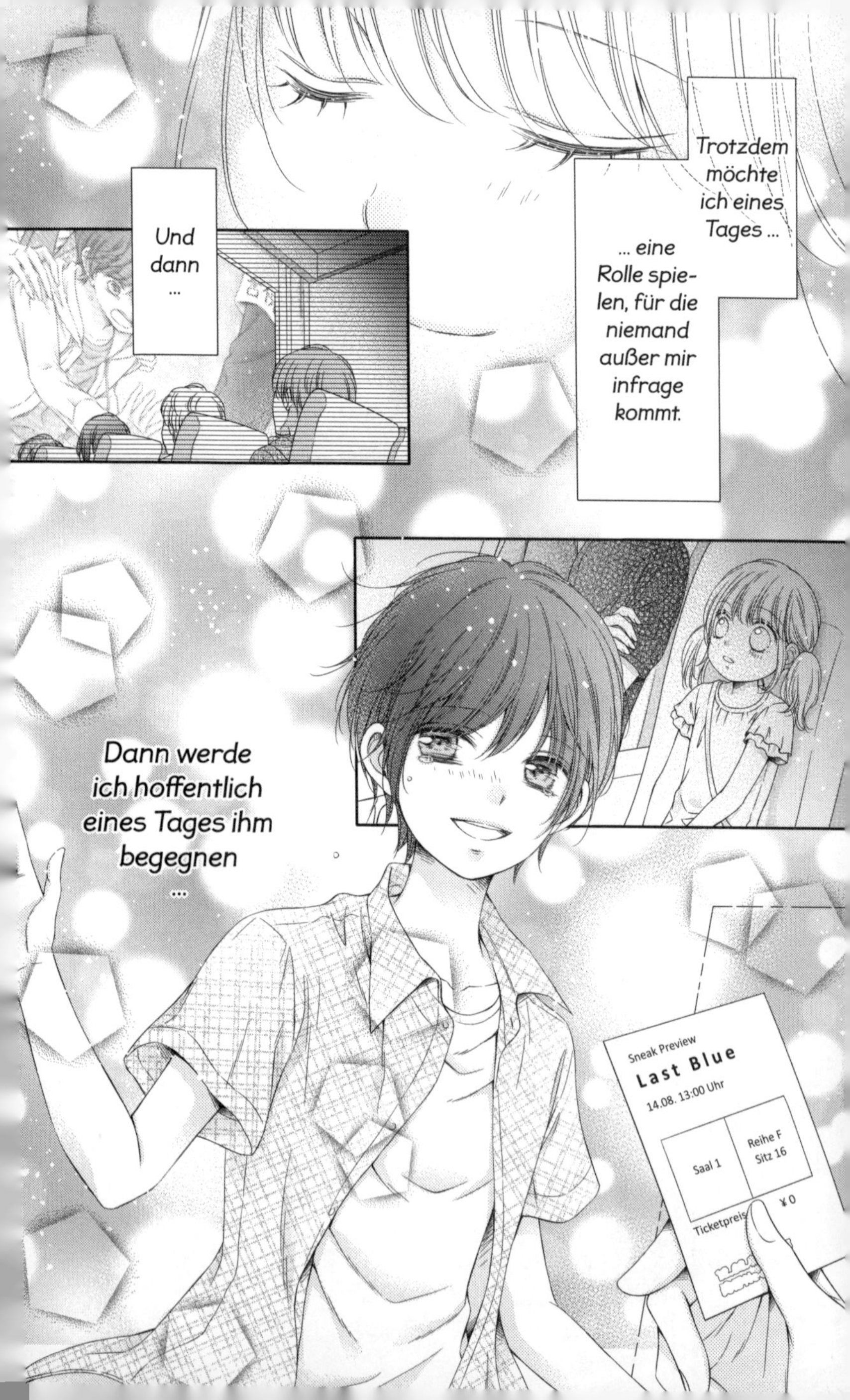
Trotzdem möchte ich eines Tages ...
... eine Rolle spielen, für die niemand außer mir infrage kommt.
Und dann ...
Dann werde ich hoffentlich eines Tages ihm begegnen ...
Sneak Preview
Last Blue
14.08. 13:00 Uhr
Saal 1
Reihe F Sitz 16
Ticketpreis
¥ 0

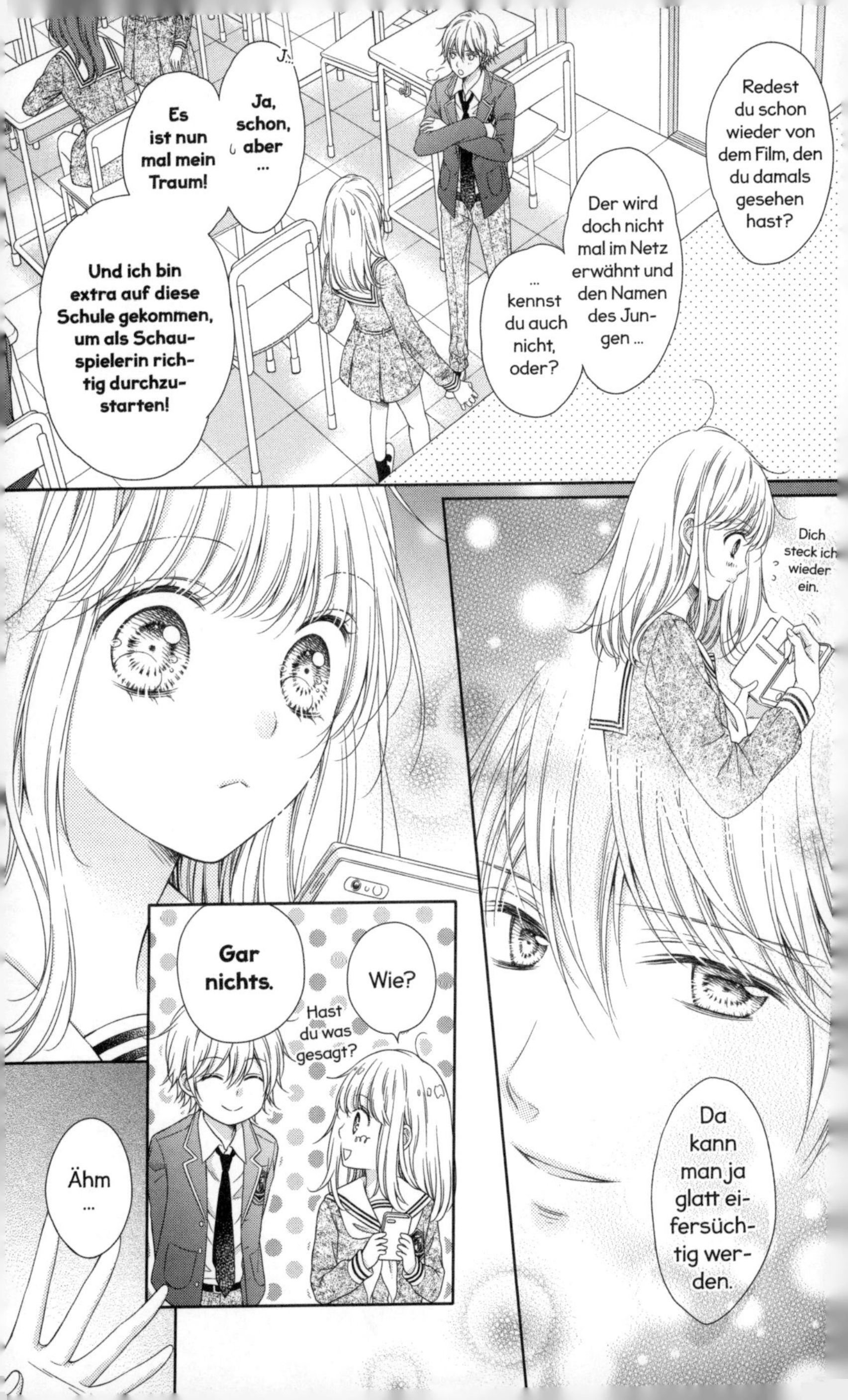

Redest du schon wieder von dem Film, den du damals gesehen hast?
Der wird doch nicht mal im Netz erwähnt und den Namen des Jungen ...
... kennst du auch nicht, oder?
J...
Ja, schon, aber ...
Es ist nun mal mein Traum!
Und ich bin extra auf diese Schule gekommen, um als Schauspielerin richtig durchzustarten!
Dich steck ich wieder ein.
Da kann man ja glatt eifersüchtig werden.
Wie?
Hast du was gesagt?
Gar nichts.
Ähm ...

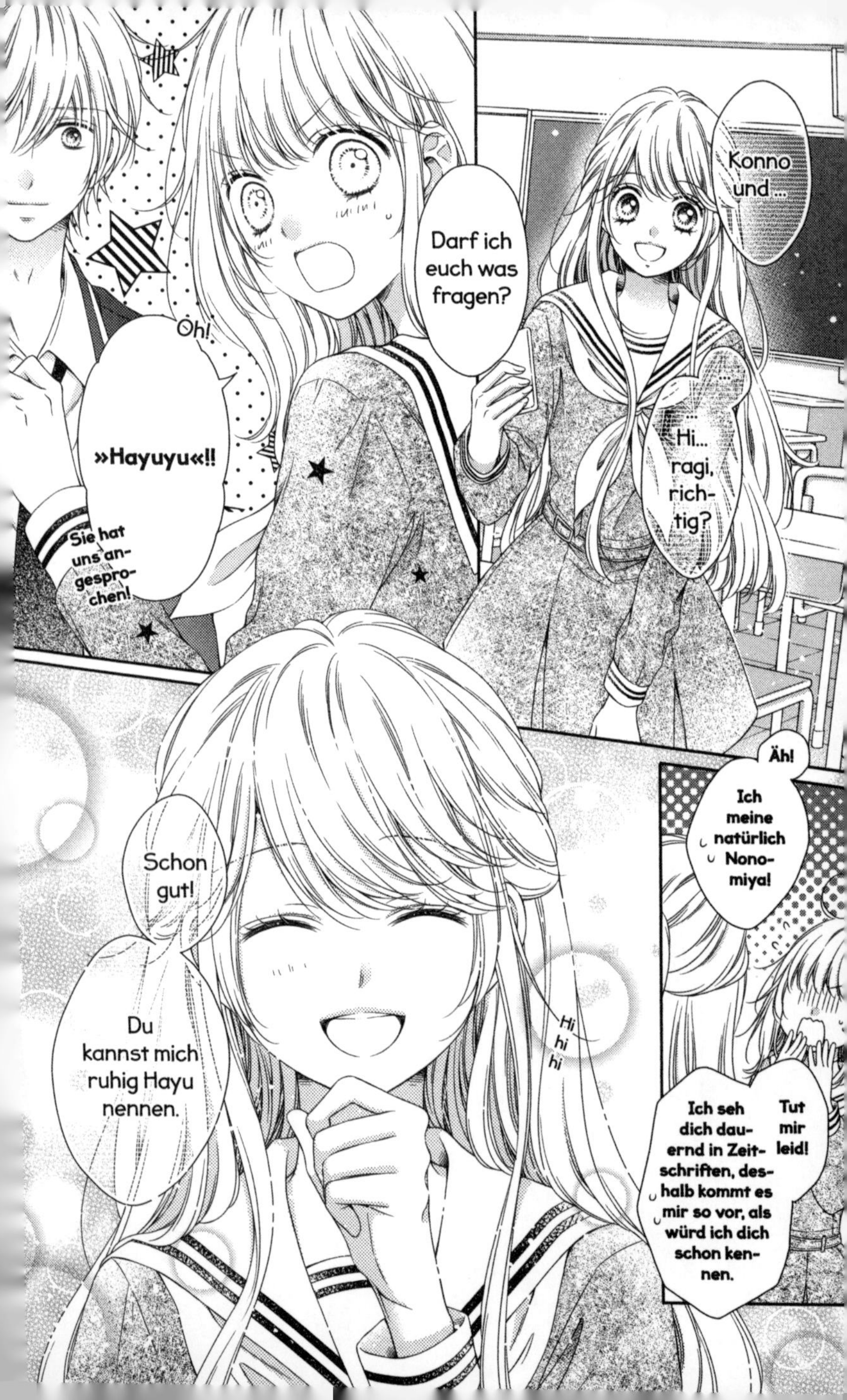
Konno und ...
... Hi... ragi, richtig?
Darf ich euch was fragen?
Oh!
»Hayuyu«!!
Sie hat uns angesprochen!
Äh!
Ich meine natürlich Nonomiya!
Tut mir leid!
Ich seh dich dauernd in Zeitschriften, deshalb kommt es mir so vor, als würd ich dich schon kennen.
Hi hi hi
Schon gut!
Du kannst mich ruhig Hayu nennen.

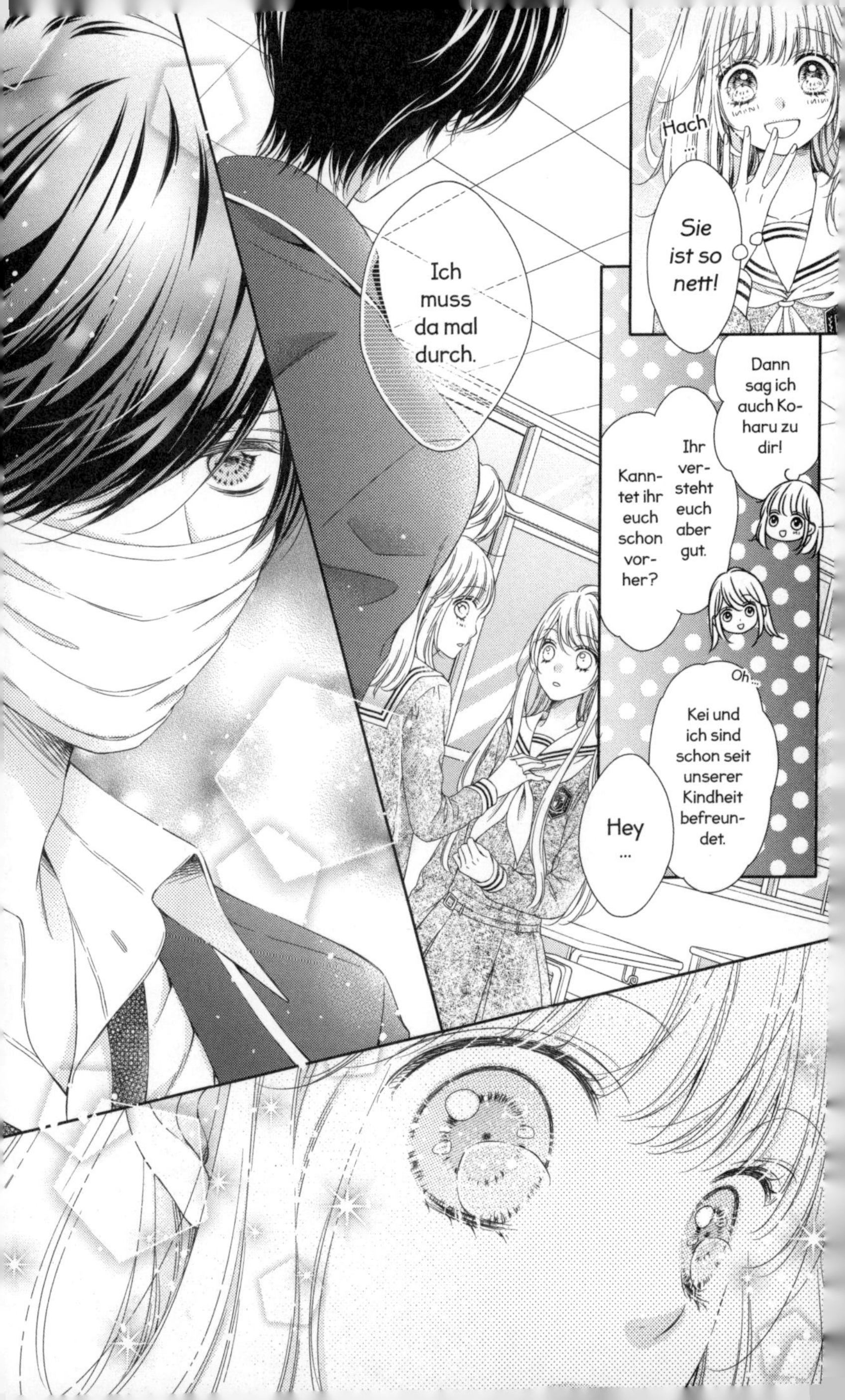
Hach ...
Sie ist so nett!
Dann sag ich auch Koharu zu dir!
Ihr versteht euch aber gut.
Kanntet ihr euch schon vorher?
Oh...
Kei und ich sind schon seit unserer Kindheit befreundet.
Hey ...
Ich muss da mal durch.

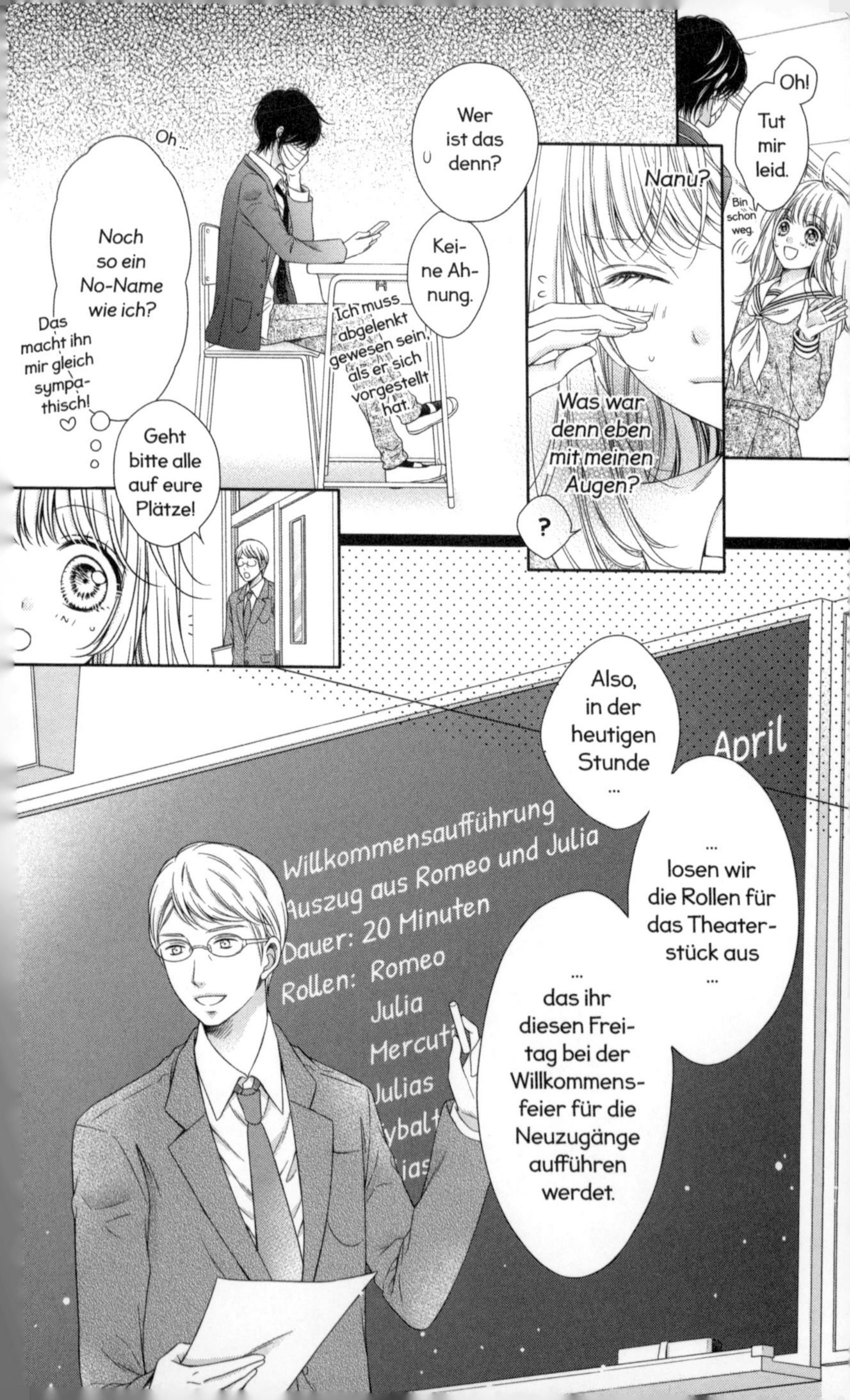
Oh!
Tut mir leid.
Bin schon weg.
Nanu?
Was war denn eben mit meinen Augen?
?
Wer ist das denn?
Keine Ahnung.
Ich muss abgelenkt gewesen sein, als er sich vorgestellt hat.
Oh ...
Noch so ein No-Name wie ich?
Das macht ihn mir gleich sympathisch!
Geht bitte alle auf eure Plätze!
Also, in der heutigen Stunde ...
April
Willkommensaufführung
Auszug aus Romeo und Julia
Dauer: 20 Minuten
Rollen: Romeo
Julia
Mercuti
Julias
... losen wir die Rollen für das Theaterstück aus ...
... das ihr diesen Freitag bei der Willkommensfeier für die Neuzugänge aufführen werdet.

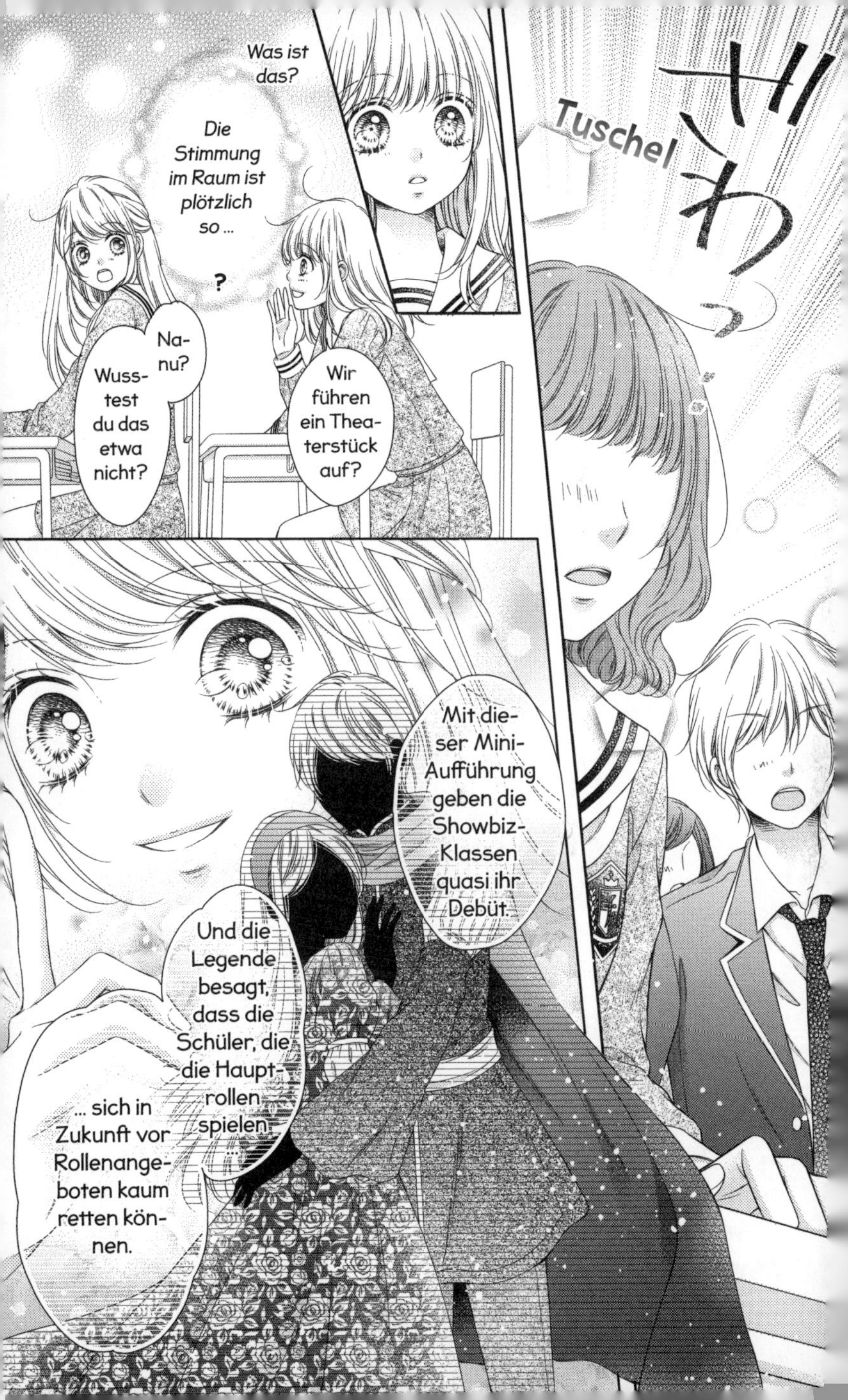

ざわっ
Tuschel
Was ist das?
Die Stimmung im Raum ist plötzlich so ...
?
Wir führen ein Theaterstück auf?
Nanu? Wusstest du das etwa nicht?
Mit dieser Mini-Aufführung geben die Showbiz-Klassen quasi ihr Debüt.
Und die Legende besagt, dass die Schüler, die die Hauptrollen spielen ...
... sich in Zukunft vor Rollenangeboten kaum retten können.

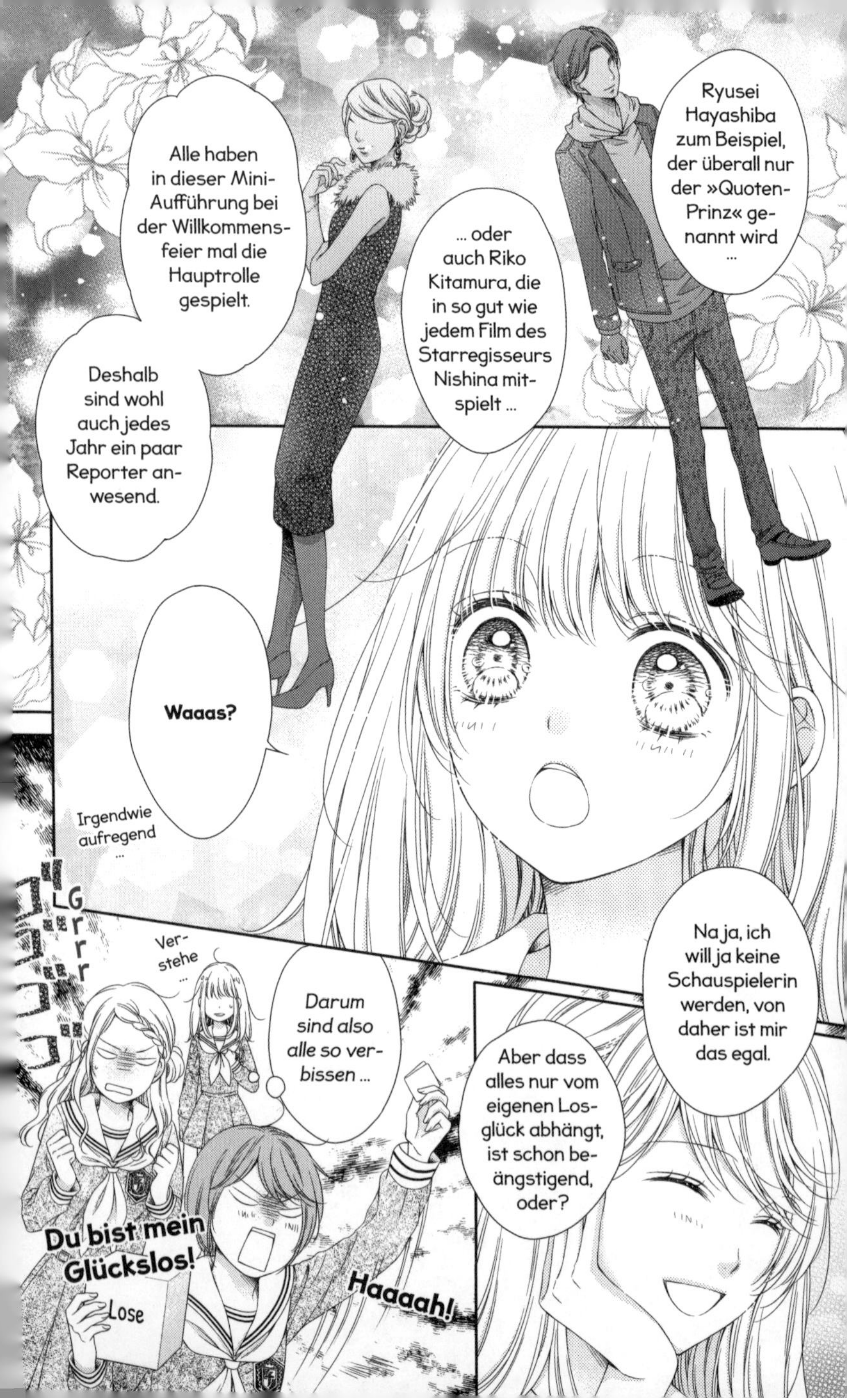
Ryusei Hayashiba zum Beispiel, der überall nur der »Quoten-Prinz« genannt wird …
… oder auch Riko Kitamura, die in so gut wie jedem Film des Starregisseurs Nishina mitspielt …
Alle haben in dieser Mini-Aufführung bei der Willkommensfeier mal die Hauptrolle gespielt.
Deshalb sind wohl auch jedes Jahr ein paar Reporter anwesend.
Waaas?
Irgendwie aufregend …
Na ja, ich will ja keine Schauspielerin werden, von daher ist mir das egal.
Aber dass alles nur vom eigenen Losglück abhängt, ist schon beängstigend, oder?
Darum sind also alle so verbissen …
Verstehe …
Grrr
Du bist mein Glückslos!
Lose
Haaaah!

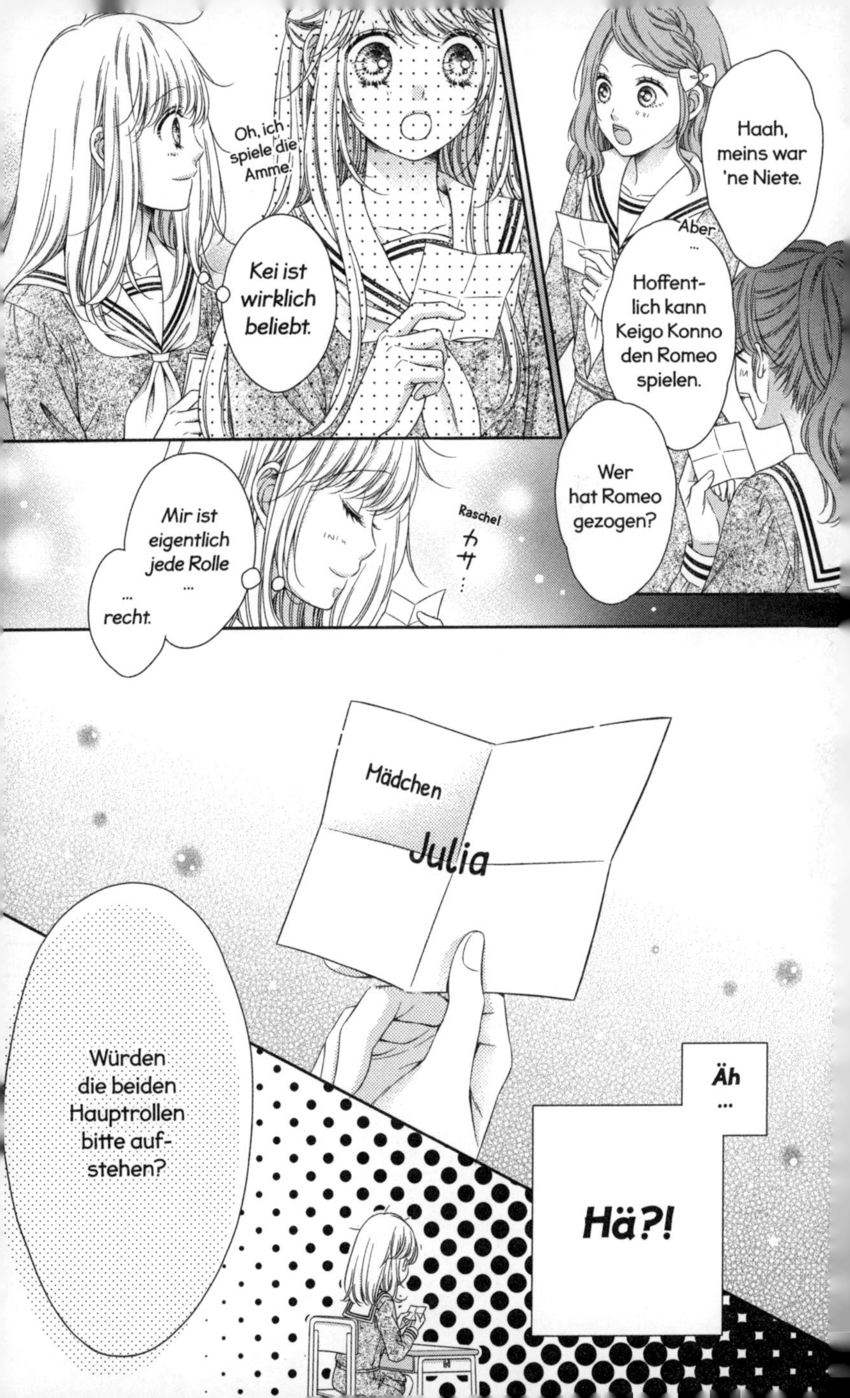
Haah, meins war 'ne Niete.
Aber ...
Hoffent-lich kann Keigo Konno den Romeo spielen.
Oh, ich spiele die Amme.
Kei ist wirklich beliebt.
Wer hat Romeo gezogen?
Raschel
カサ…
Mir ist eigentlich jede Rolle ...
... recht.
Mädchen
Julia
Äh ...
Hä?!
Würden die beiden Hauptrollen bitte auf-stehen?

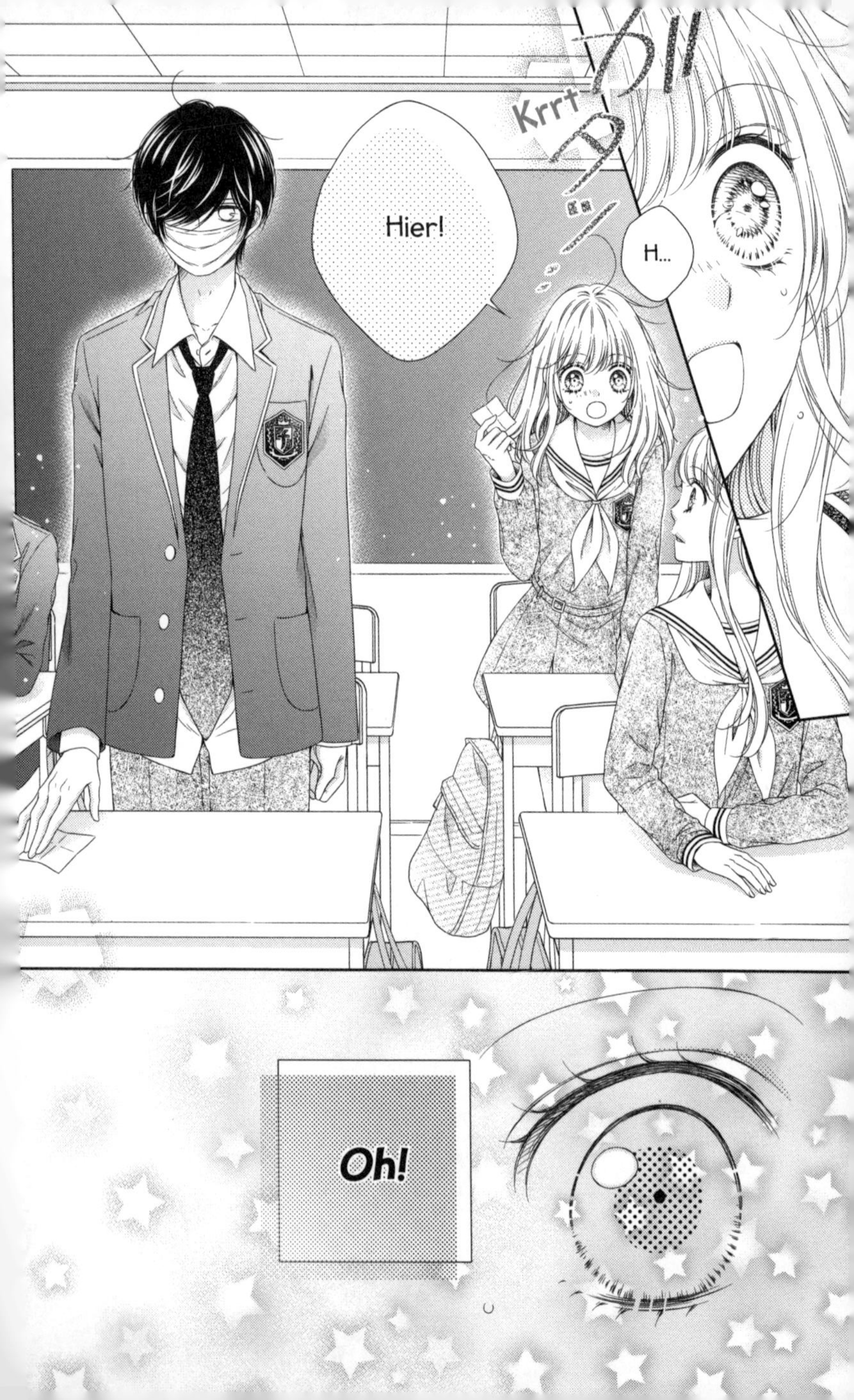
Krrt
H...
Hier!
Oh!

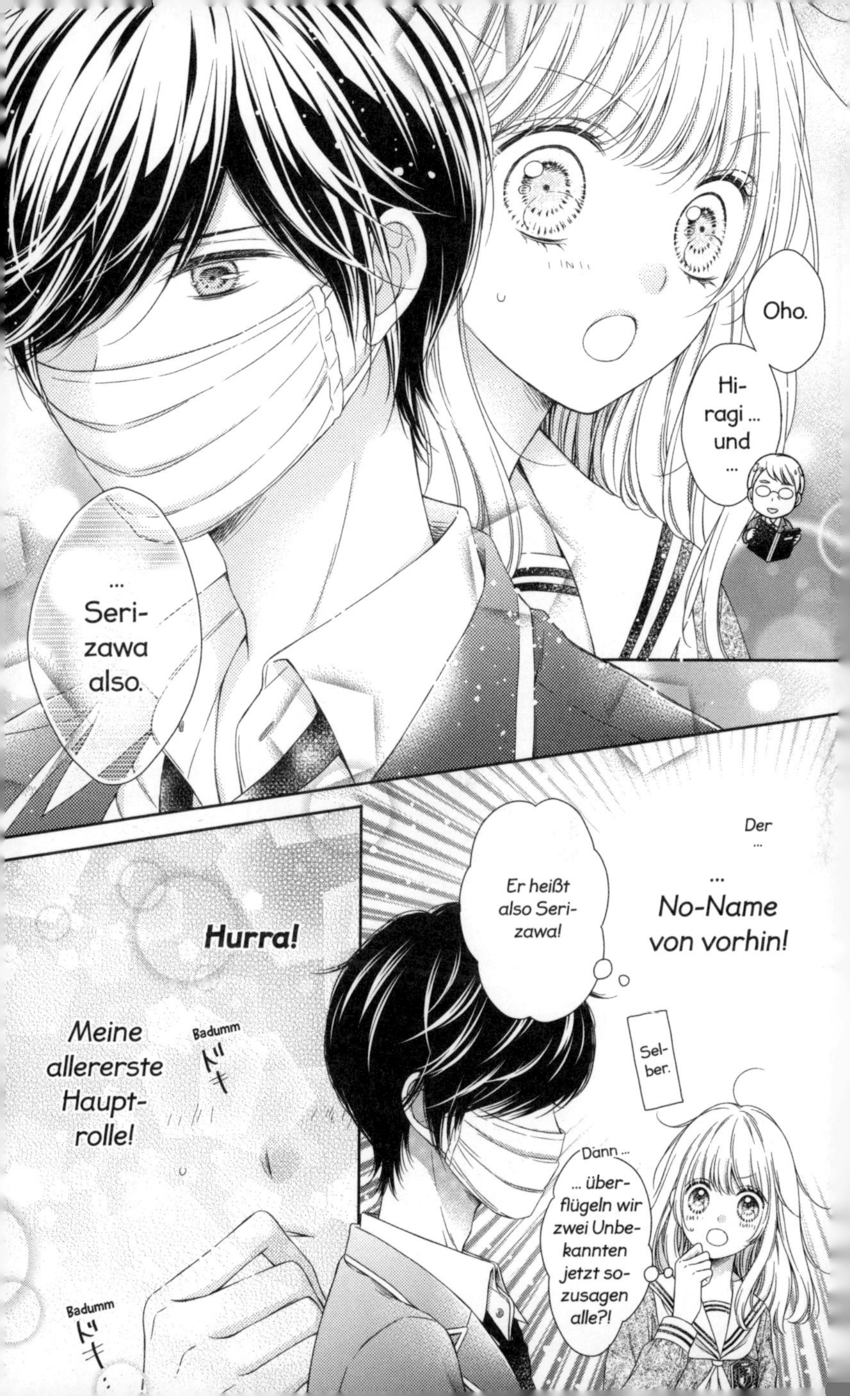

Oho.
Hi-ragi ... und ...
... Seri-zawa also.
Der ...
... No-Name von vorhin!
Er heißt also Seri-zawa!
Sel-ber.
Dann ...
... über-flügeln wir zwei Unbe-kannten jetzt so-zusagen alle?!
Hurra!
Badumm
ドキ
Meine allererste Haupt-rolle!
Badumm
ドキ

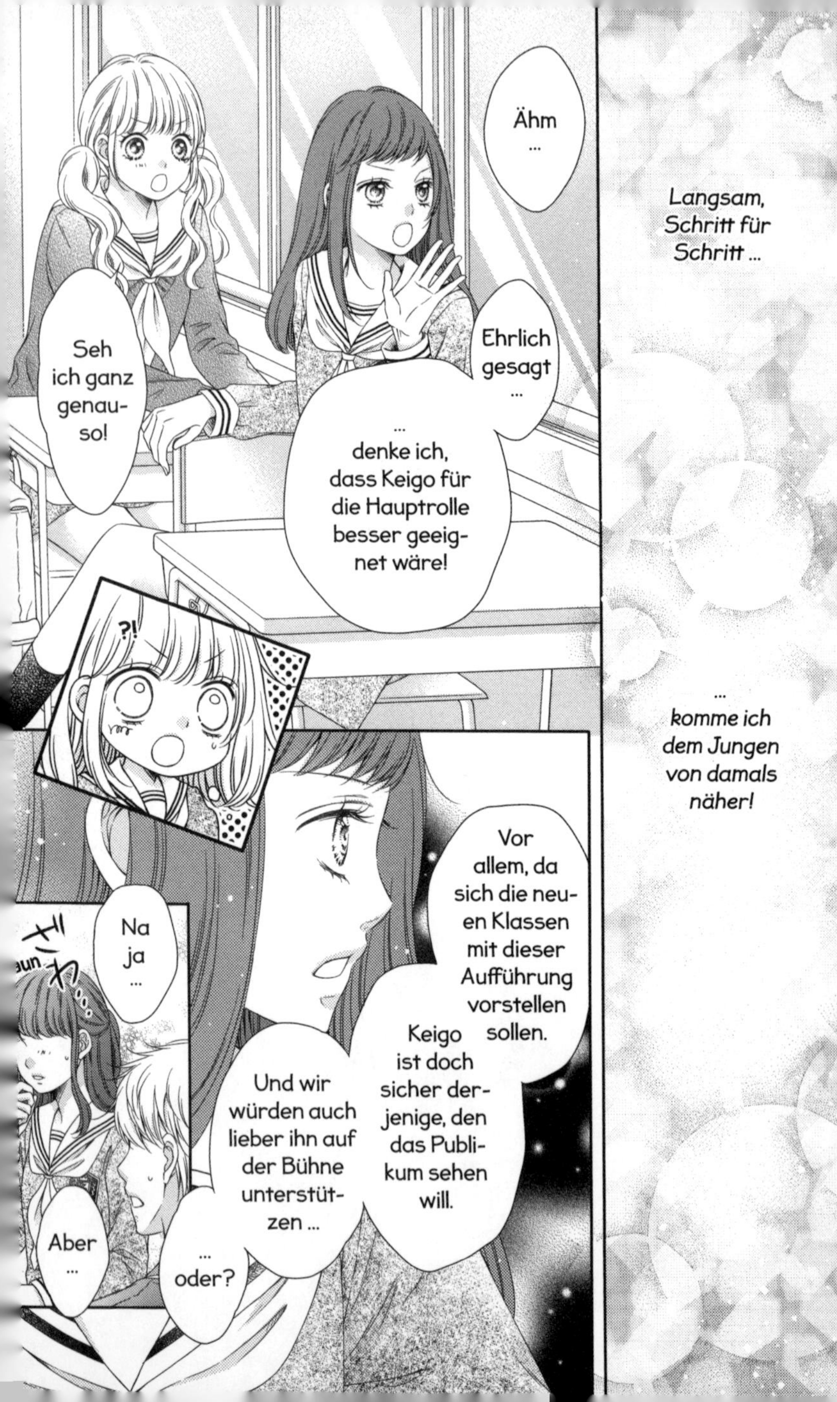
Langsam, Schritt für Schritt ...
... komme ich dem Jungen von damals näher!
Ähm ...
Ehrlich gesagt ...
... denke ich, dass Keigo für die Hauptrolle besser geeig-net wäre!
Seh ich ganz genau-so!
?!
Vor allem, da sich die neu-en Klassen mit dieser Aufführung vorstellen sollen.
Keigo ist doch sicher der-jenige, den das Publi-kum sehen will.
Und wir würden auch lieber ihn auf der Bühne unterstüt-zen ...
Na ja ...
... oder?
Aber ...

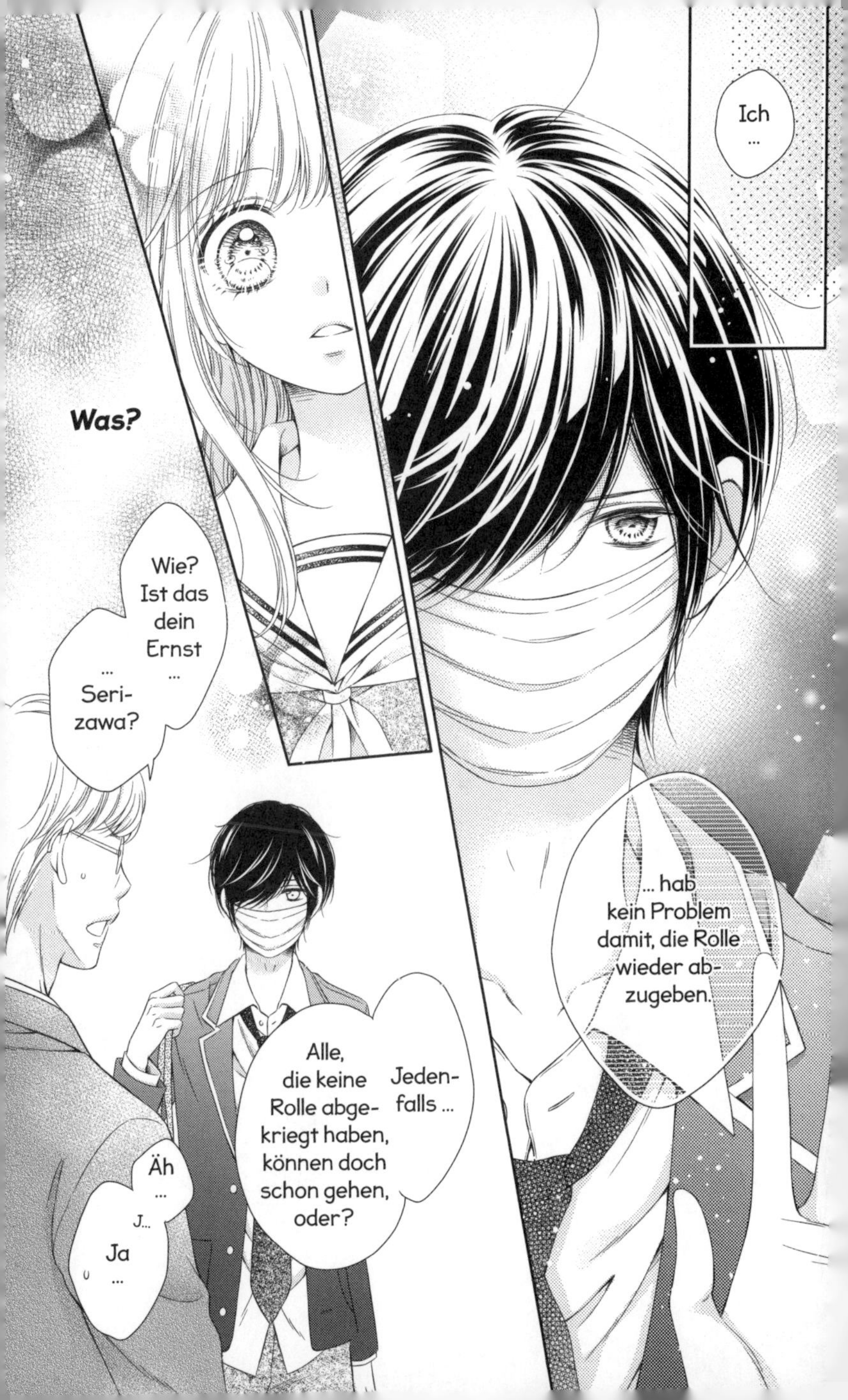
Ich ...
... hab kein Problem damit, die Rolle wieder ab-zugeben.
Was?
Wie? Ist das dein Ernst ... ... Seri-zawa?
Jeden-falls ...
Alle, die keine Rolle abge-kriegt haben, können doch schon gehen, oder?
Äh ...
J...
Ja ...

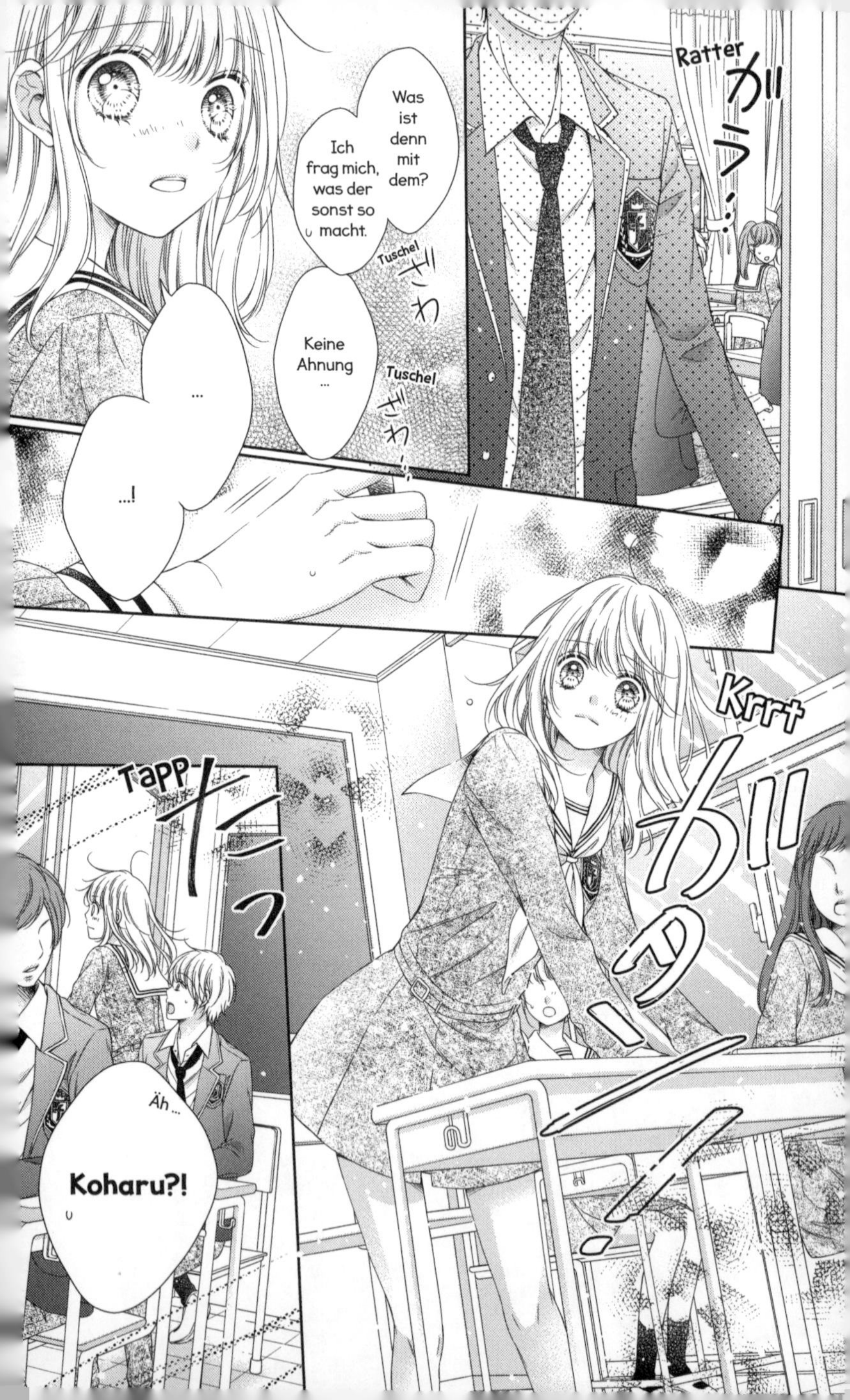

Ratter
Was ist denn mit dem?
Ich frag mich, was der sonst so macht.
Tuschel
Keine Ahnung …
Tuschel
…
…!
Krrt
Tapp
Äh …
Koharu?!

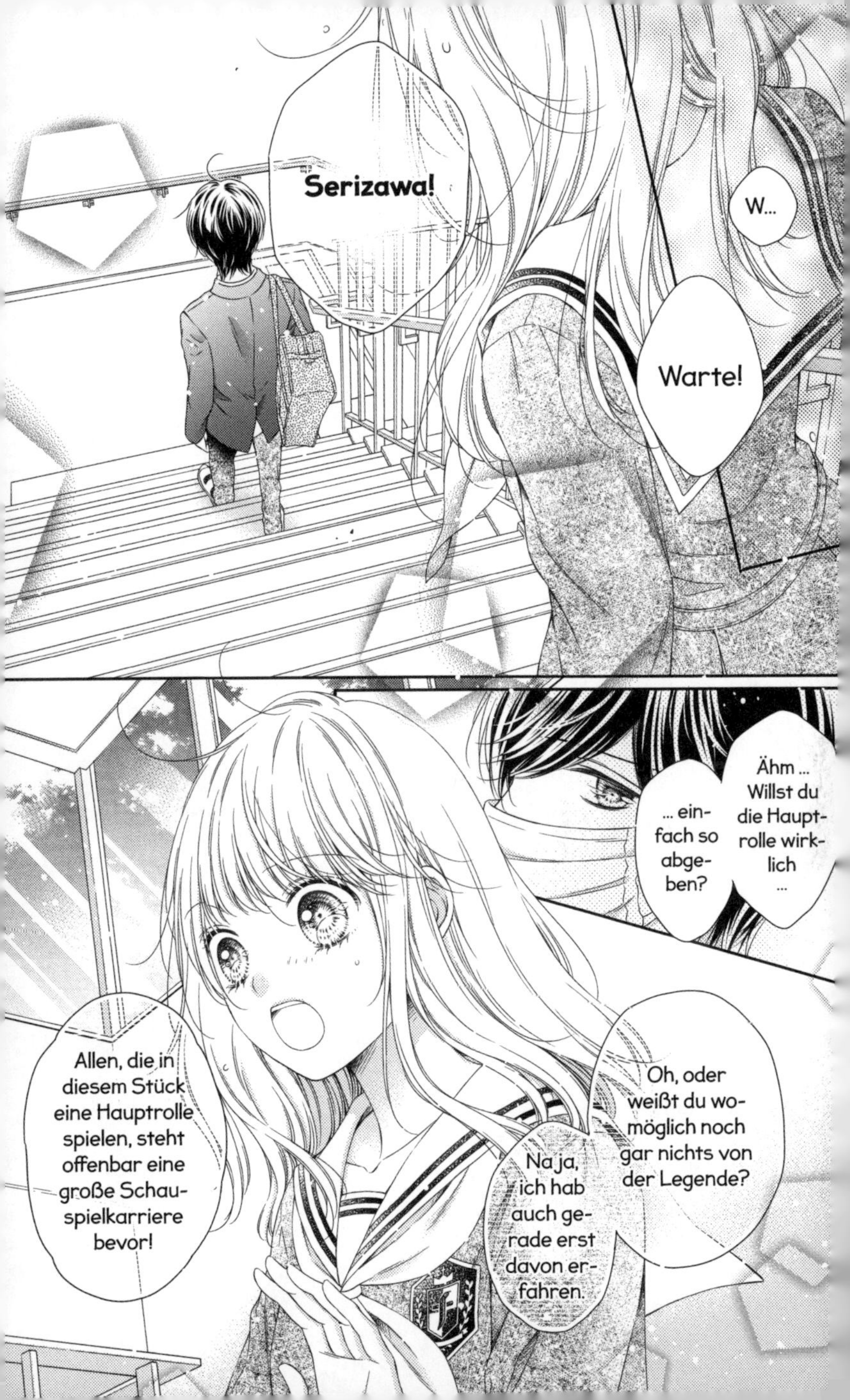
W...
Warte!
Serizawa!
Ähm ... Willst du die Hauptrolle wirklich ...
... einfach so abgeben?
Oh, oder weißt du womöglich noch gar nichts von der Legende?
Na ja, ich hab auch gerade erst davon erfahren.
Allen, die in diesem Stück eine Hauptrolle spielen, steht offenbar eine große Schauspielkarriere bevor!

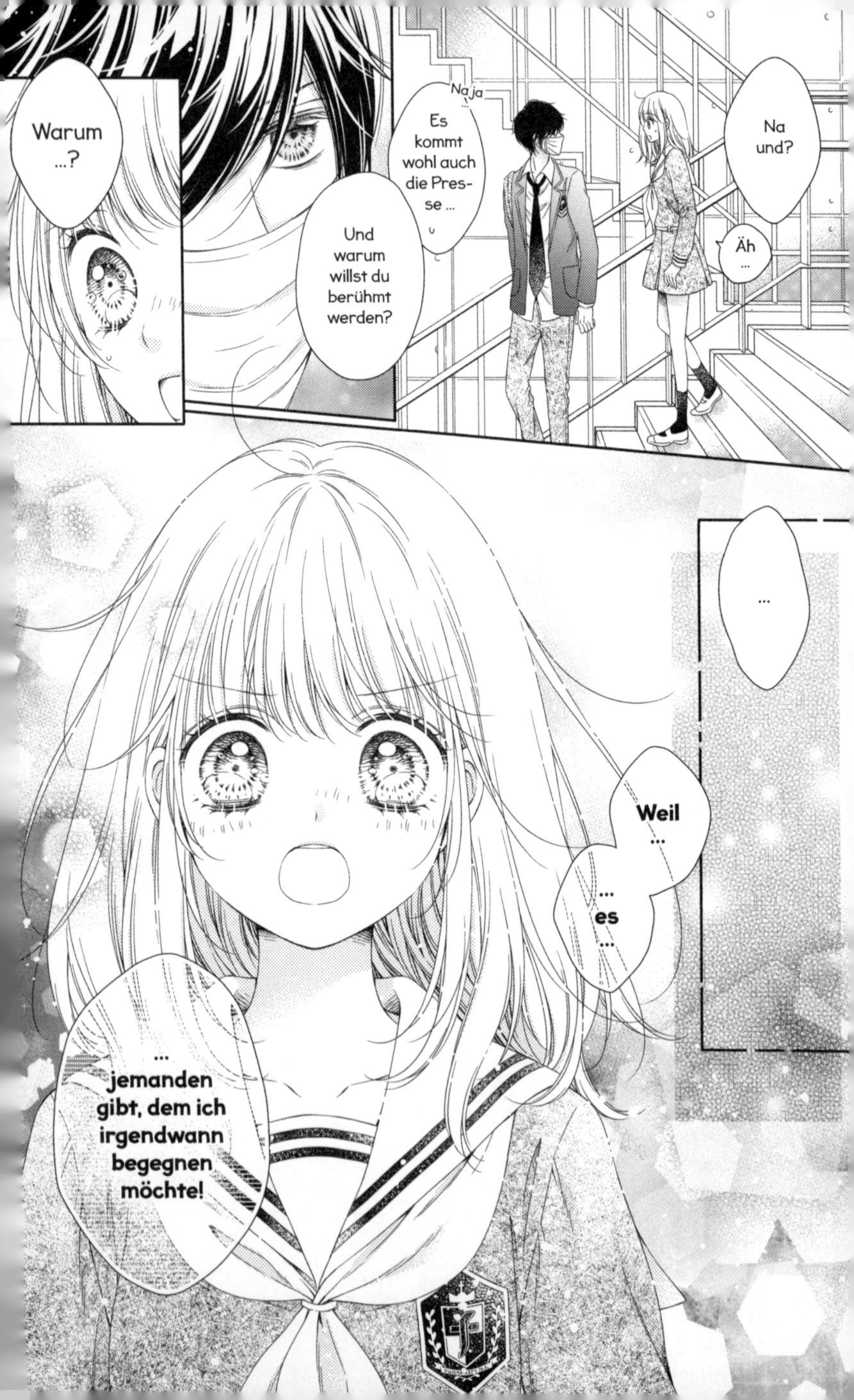
Na und?
Äh ...
Naja ...
Es kommt wohl auch die Presse ...
Und warum willst du berühmt werden?
Warum ...?
...
Weil ...
... es ...
... jemanden gibt, dem ich irgendwann begegnen möchte!

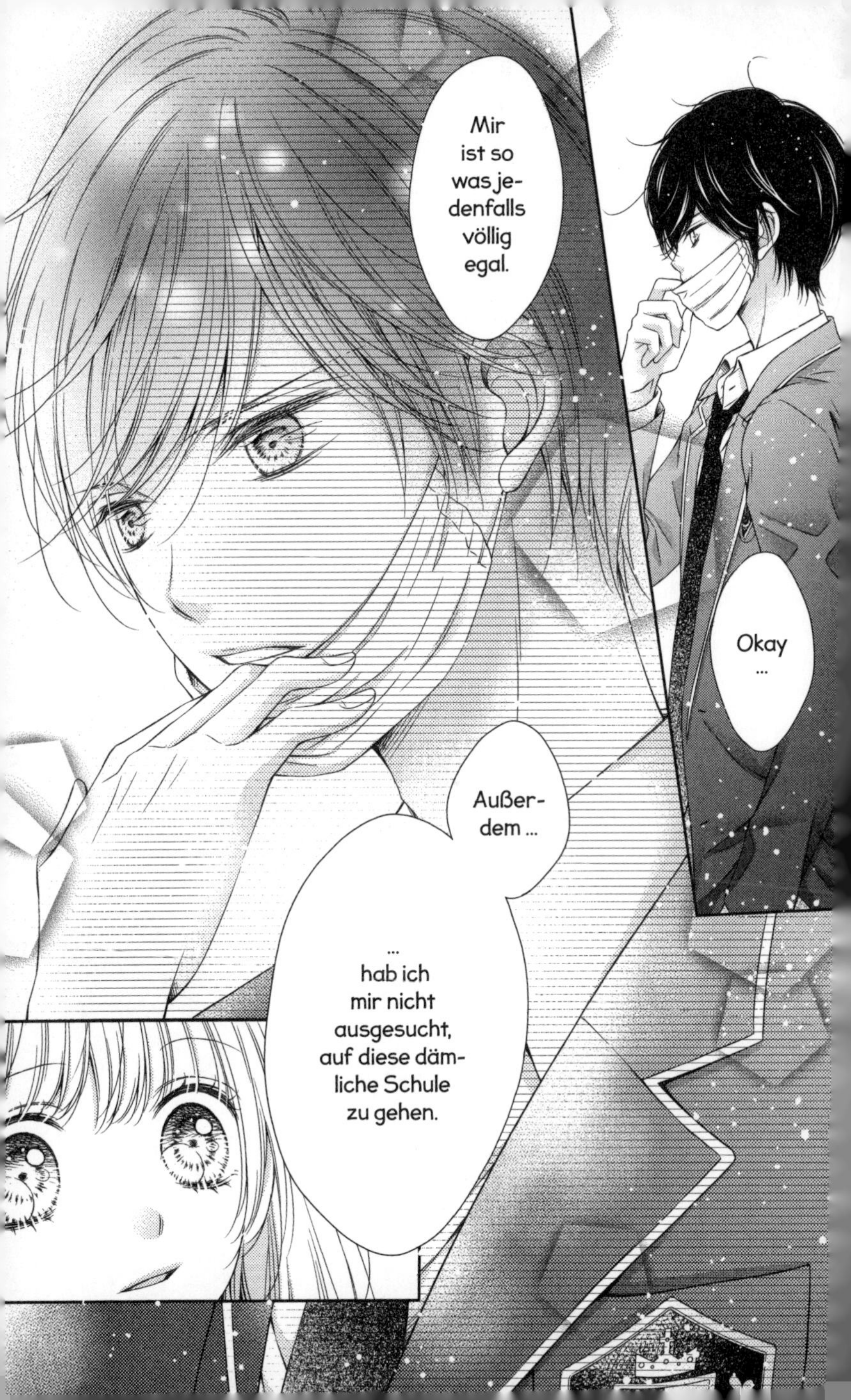
Mir ist so was jedenfalls völlig egal.
Okay ...
Außerdem ...
... hab ich mir nicht ausgesucht, auf diese dämliche Schule zu gehen.

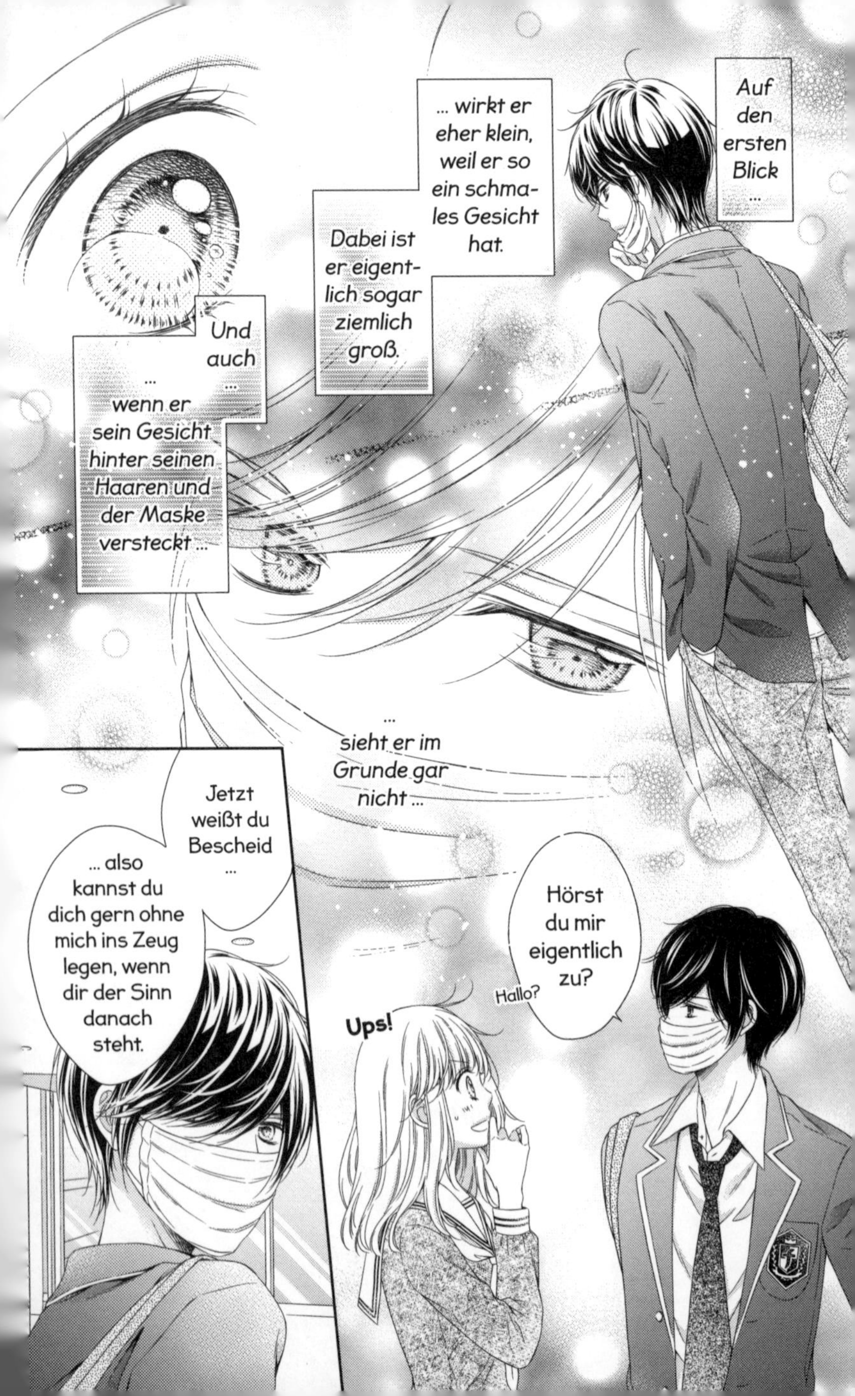
Auf den ersten Blick ...
... wirkt er eher klein, weil er so ein schmales Gesicht hat.
Dabei ist er eigentlich sogar ziemlich groß.
Und auch ... wenn er sein Gesicht hinter seinen Haaren und der Maske versteckt ...
... sieht er im Grunde gar nicht ...
Hörst du mir eigentlich zu?
Hallo?
Ups!
Jetzt weißt du Bescheid ...
... also kannst du dich gern ohne mich ins Zeug legen, wenn dir der Sinn danach steht.

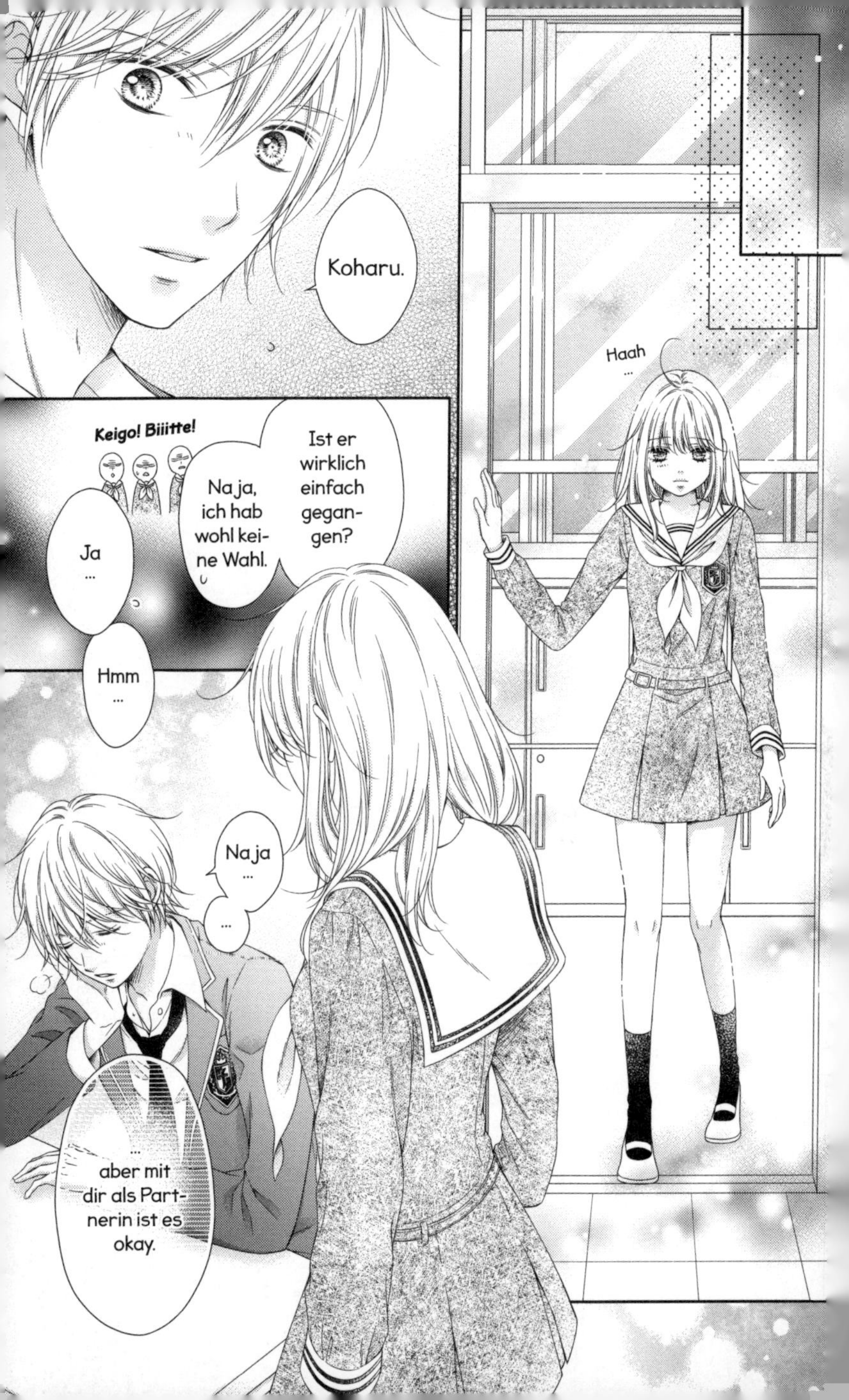

Koharu.
Haah …
Ist er wirklich einfach gegangen?
Na ja, ich hab wohl keine Wahl.
Keigo! Biiitte!
Ja …
Hmm …
Na ja …
…
… aber mit dir als Partnerin ist es okay.

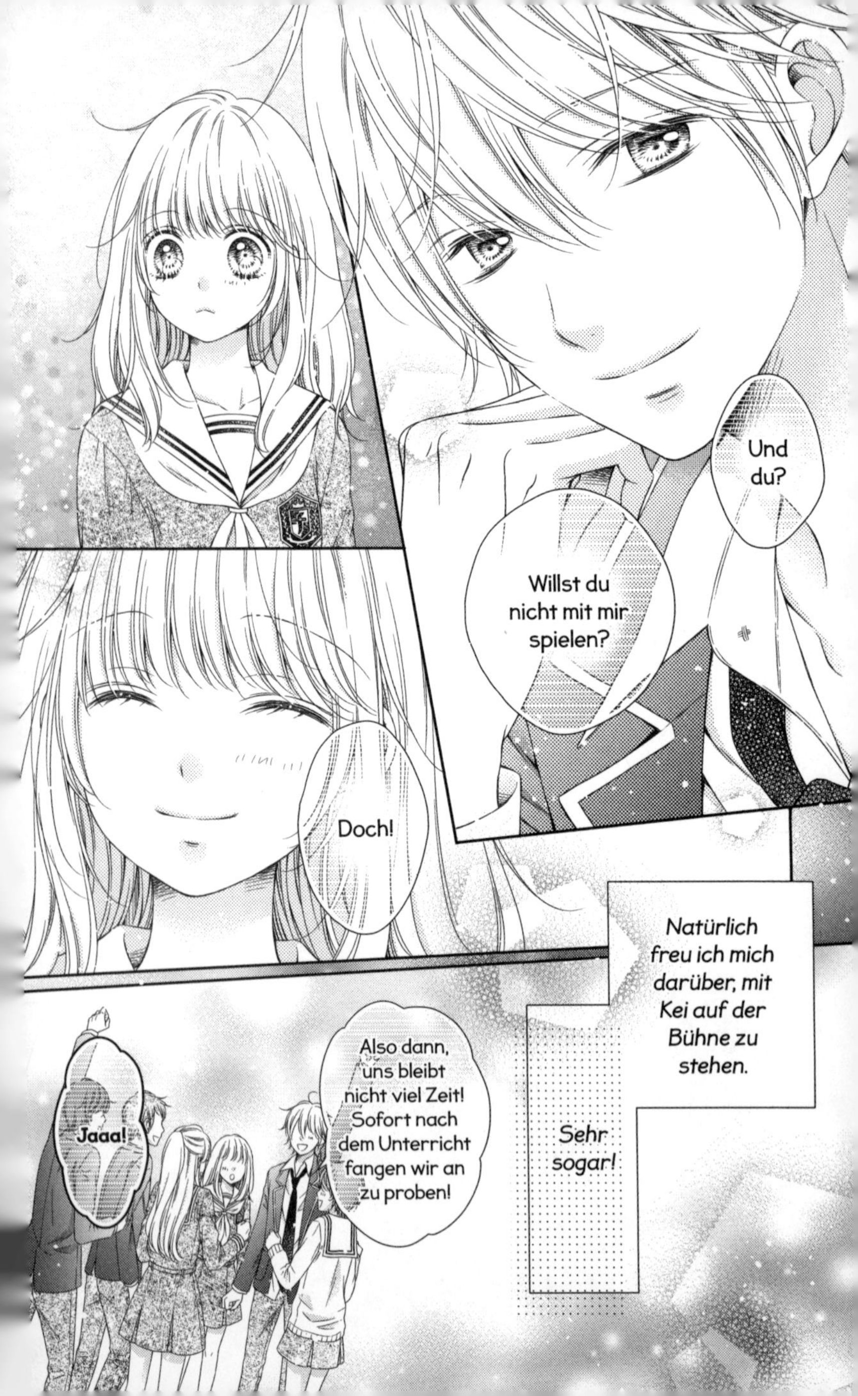
Und du?
Willst du nicht mit mir spielen?
Doch!
Natürlich freu ich mich darüber, mit Kei auf der Bühne zu stehen.
Sehr sogar!
Also dann, uns bleibt nicht viel Zeit! Sofort nach dem Unterricht fangen wir an zu proben!
Jaaa!

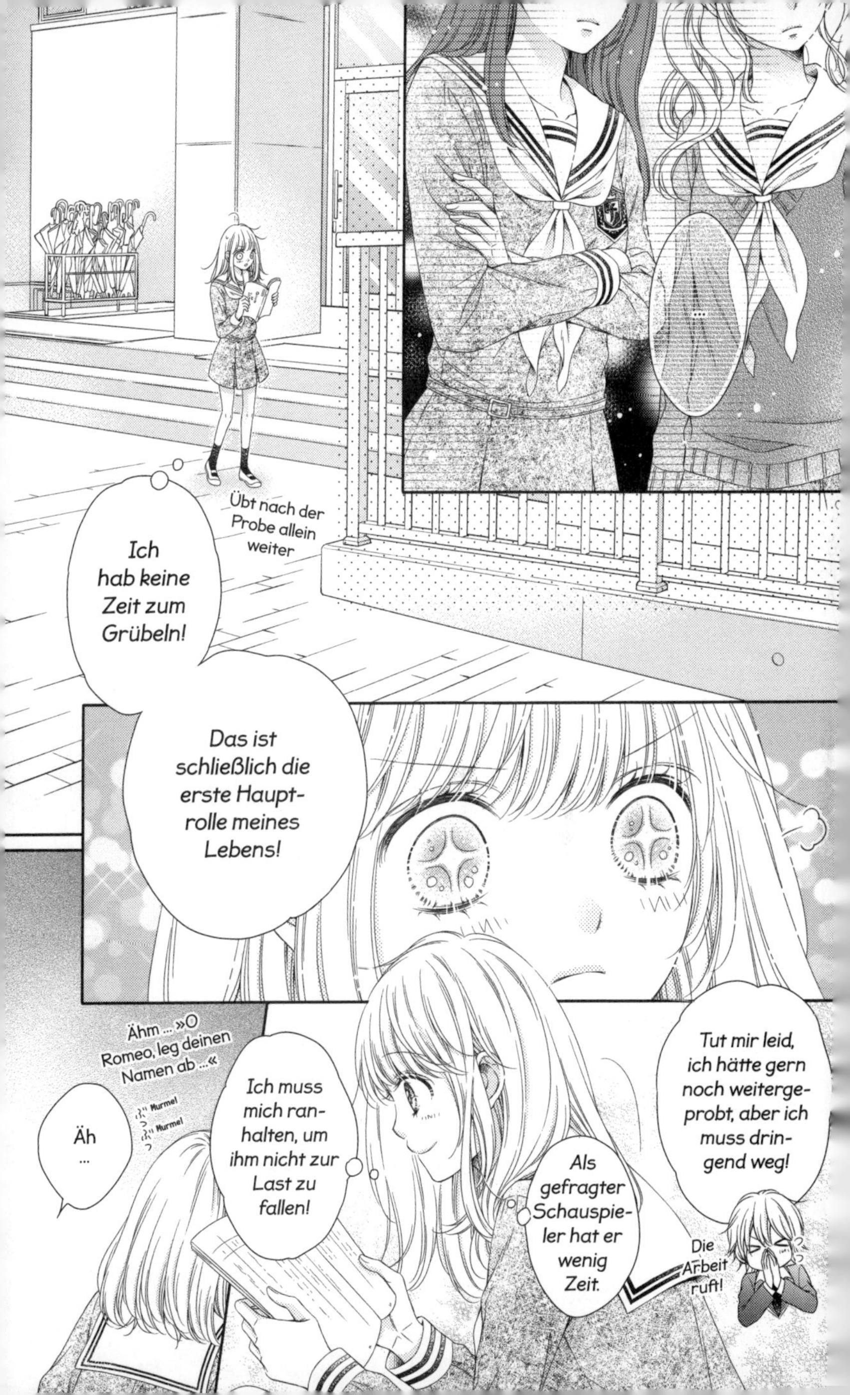
…
Übt nach der Probe allein weiter
Ich hab keine Zeit zum Grübeln!
Das ist schließlich die erste Hauptrolle meines Lebens!
Tut mir leid, ich hätte gern noch weitergeprobt, aber ich muss dringend weg!
Die Arbeit ruft!
Als gefragter Schauspieler hat er wenig Zeit.
Ich muss mich ranhalten, um ihm nicht zur Last zu fallen!
Ähm … »O Romeo, leg deinen Namen ab …«
Murmel
Murmel
Äh …

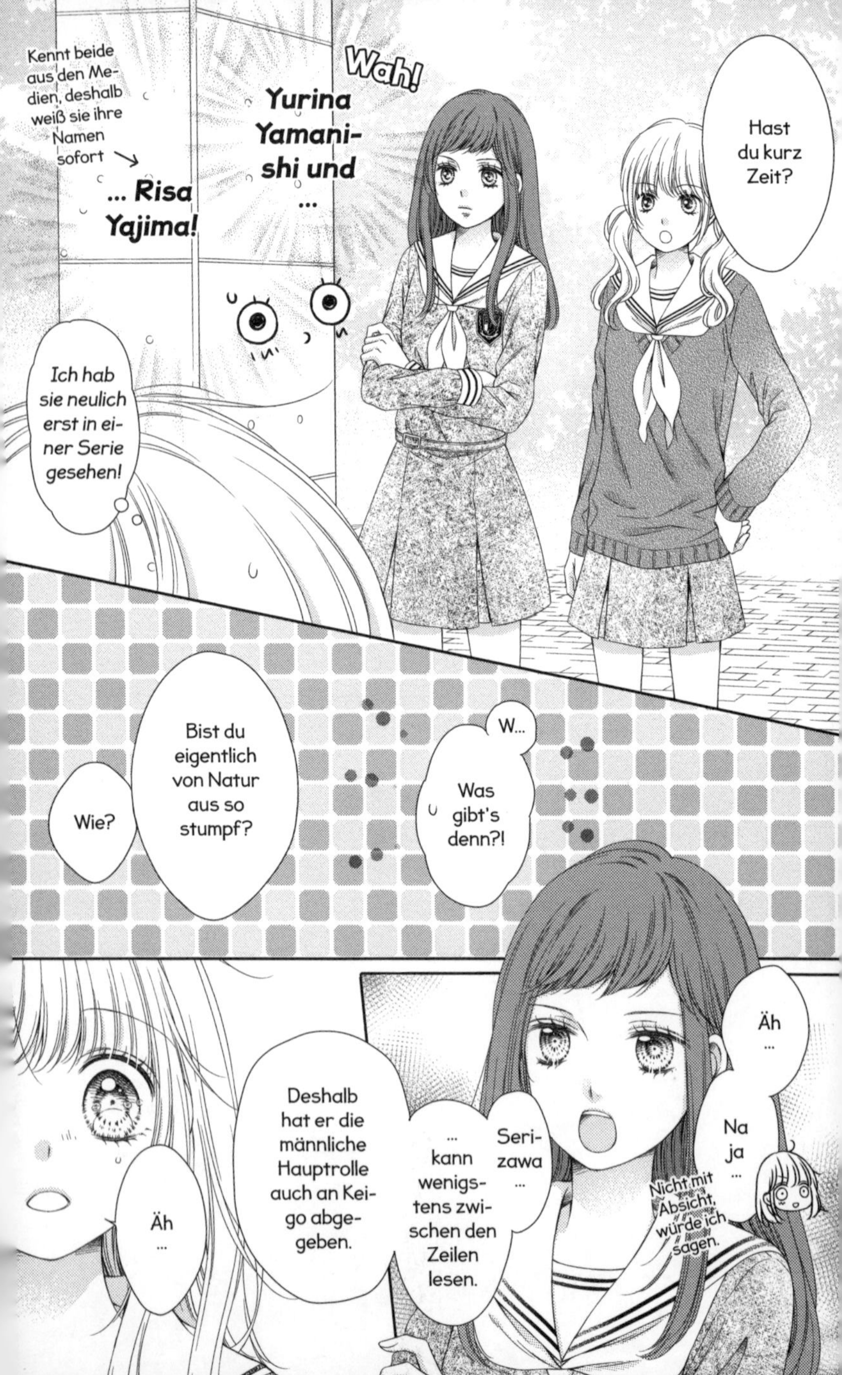

Hast du kurz Zeit?
Wah!
Yurina Yamanishi und ...
... Risa Yajima!
Kennt beide aus den Medien, deshalb weiß sie ihre Namen sofort →
Ich hab sie neulich erst in einer Serie gesehen!
W...
Was gibt's denn?!
Bist du eigentlich von Natur aus so stumpf?
Wie?
Äh ...
Na ja ...
Nicht mit Absicht, würde ich sagen.
Serizawa ...
... kann wenigstens zwischen den Zeilen lesen.
Deshalb hat er die männliche Hauptrolle auch an Keigo abgegeben.
Äh ...

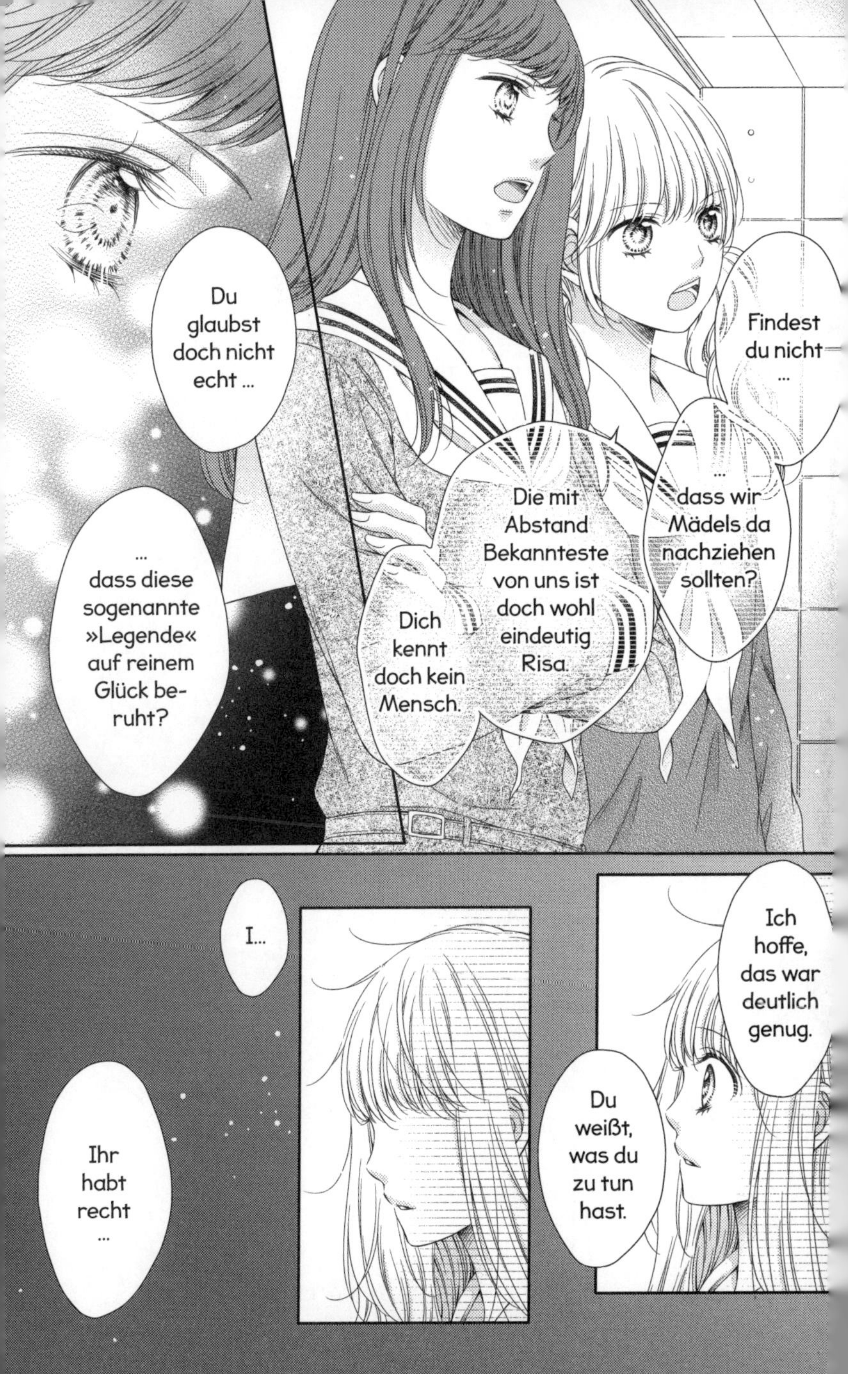
Findest du nicht ...
... dass wir Mädels da nachziehen sollten?
Die mit Abstand Bekannteste von uns ist doch wohl eindeutig Risa.
Dich kennt doch kein Mensch.
Du glaubst doch nicht echt ...
... dass diese sogenannte »Legende« auf reinem Glück be-ruht?
Ich hoffe, das war deutlich genug.
Du weißt, was du zu tun hast.
I...
Ihr habt recht ...

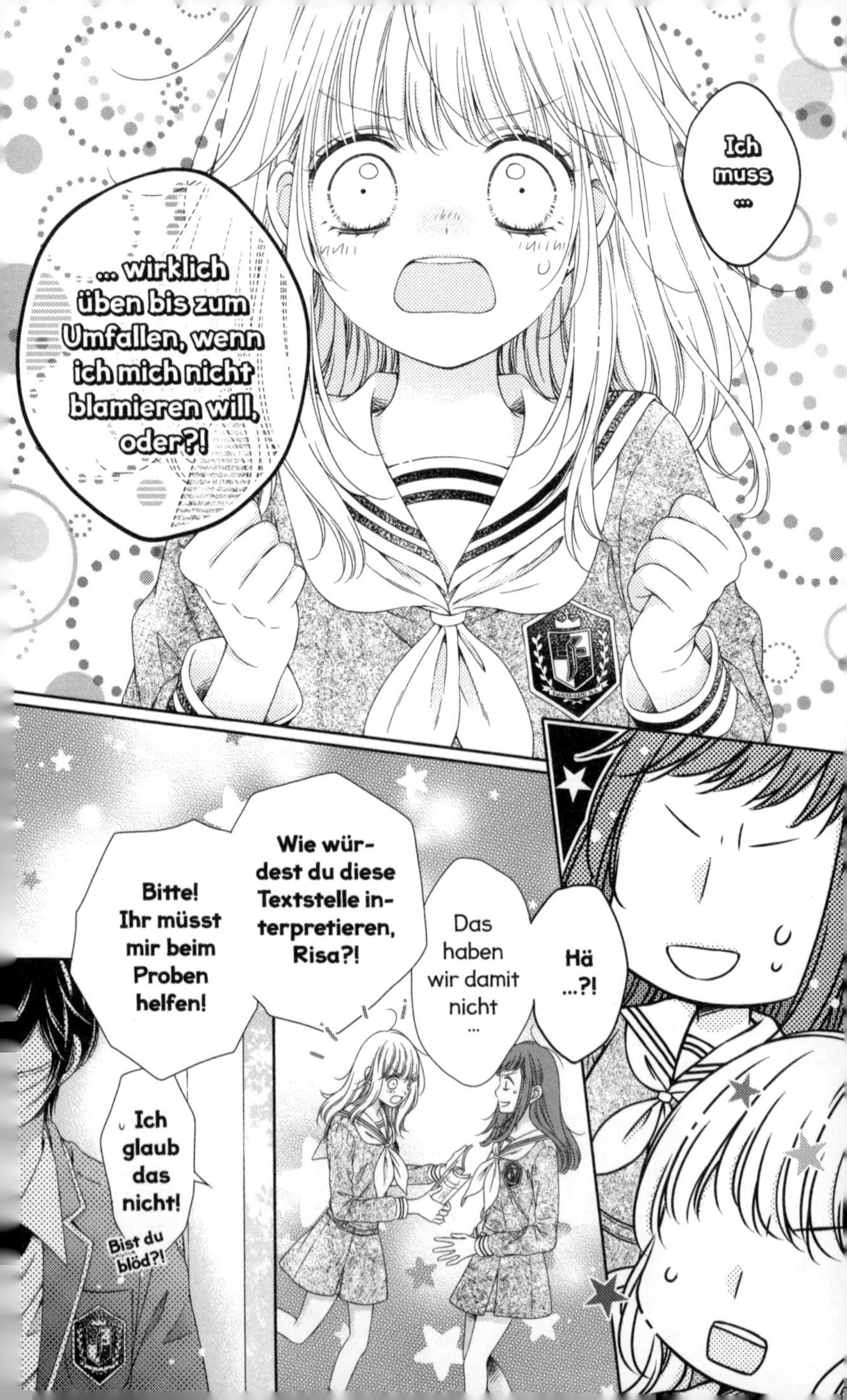

Ich muss …
… wirklich üben bis zum Umfallen, wenn ich mich nicht blamieren will, oder?!
Hä …?!
Das haben wir damit nicht …
Wie würdest du diese Textstelle interpretieren, Risa?!
Bitte! Ihr müsst mir beim Proben helfen!
Ich glaub das nicht!
Bist du blöd?!

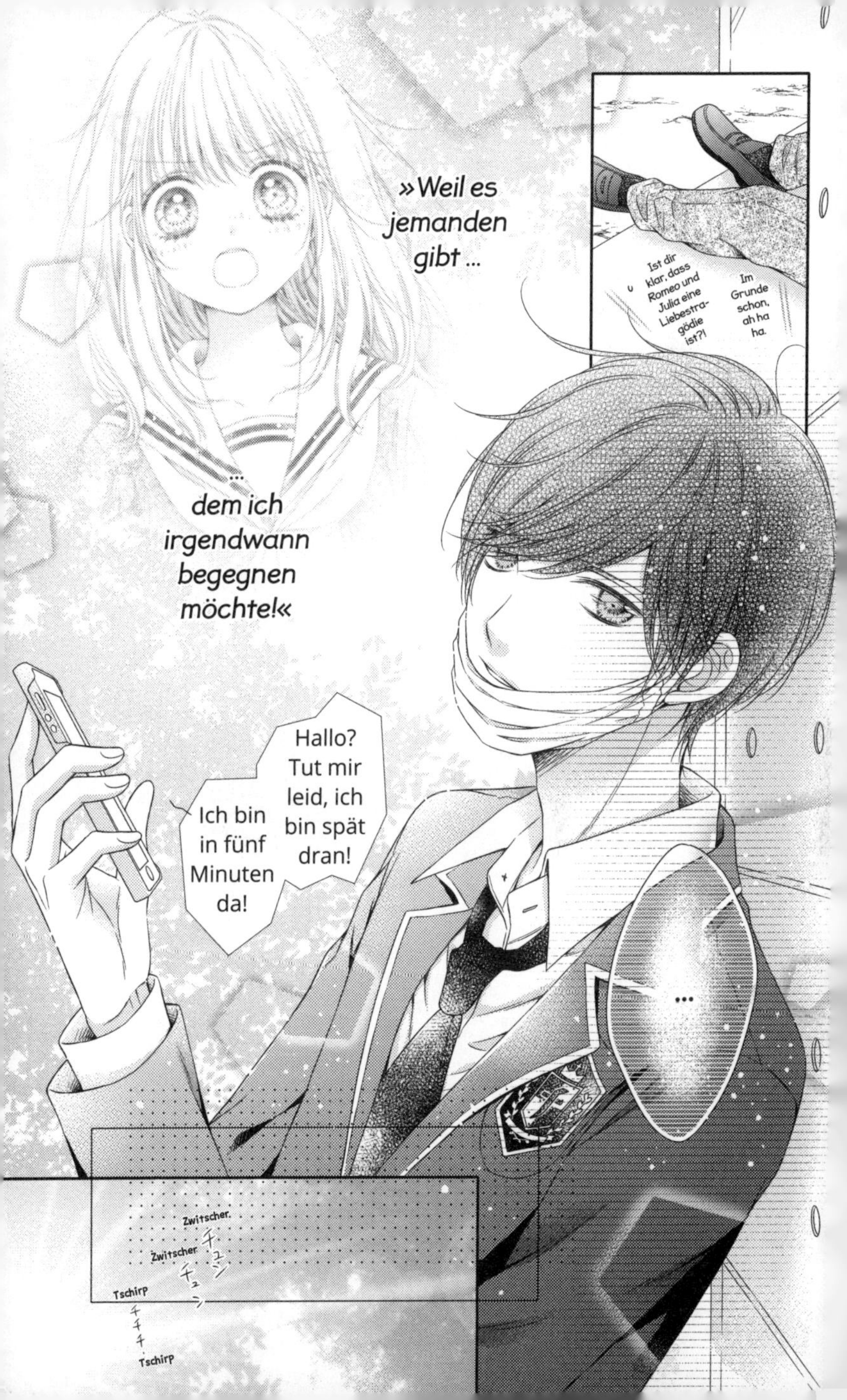
Ist dir klar, dass Romeo und Julia eine Liebestra-gödie ist?!
Im Grunde schon, ah ha ha.
»Weil es jemanden gibt ...
... dem ich irgendwann begegnen möchte!«
Hallo? Tut mir leid, ich bin spät dran!
Ich bin in fünf Minuten da!
...
Zwitscher
Zwitscher
チュン
チュン
Tschirp
チチチ
Tschirp

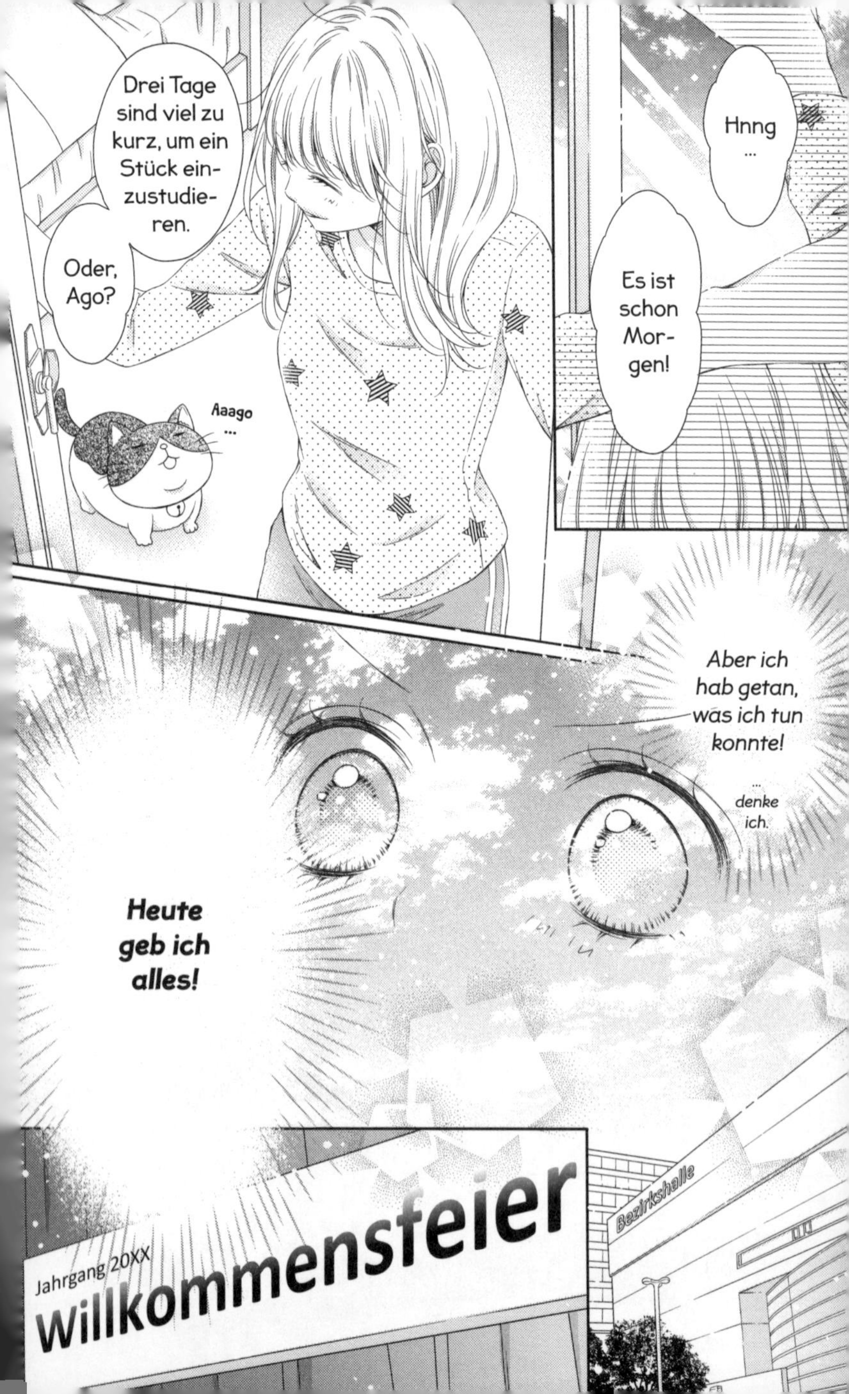
Hnng ...
Es ist schon Morgen!
Drei Tage sind viel zu kurz, um ein Stück einzustudieren.
Oder, Ago?
Aaago ...
Aber ich hab getan, was ich tun konnte!
... denke ich.
Heute geb ich alles!
Bezirkshalle
Jahrgang 20XX
Willkommensfeier

Hallo und freut mich, euch kennenzulernen♪

1

Dies ist der erste Band von Reflections of Ultramarine. Egal ob ihr zum ersten Mal einen Manga von mir in den Händen haltet oder seit langer Zeit mal wieder in eines meiner Werke schaut, ich freu mich♪
Ich bin MYPN (Mayupon). Hallo, hallo♪

Eigentlich bin ich ja langsam zu alt für süße Spitznamen, die mit -pon enden. (Lach) Aber jetzt habe ich ihn schon so lange benutzt, dass er mir fast wie eine Art Künstlername vorkommt. Vielleicht übertreibe ich auch. Ich weiß es nicht. Aber seid doch einfach so lieb und beachtet ihn gar nicht weiter. (Lach)

Im ersten Band meiner letzten Serie (Last Exit Love) hatte ich in einer der Randkolumnen versprochen, darauf zu achten, dass meine Schrift nicht zu klein wird, doch dann schrumpften meine Buchstaben trotzdem wieder mit jedem weiteren Band. Deshalb werde ich dieses Mal wirklich aufpassen♪

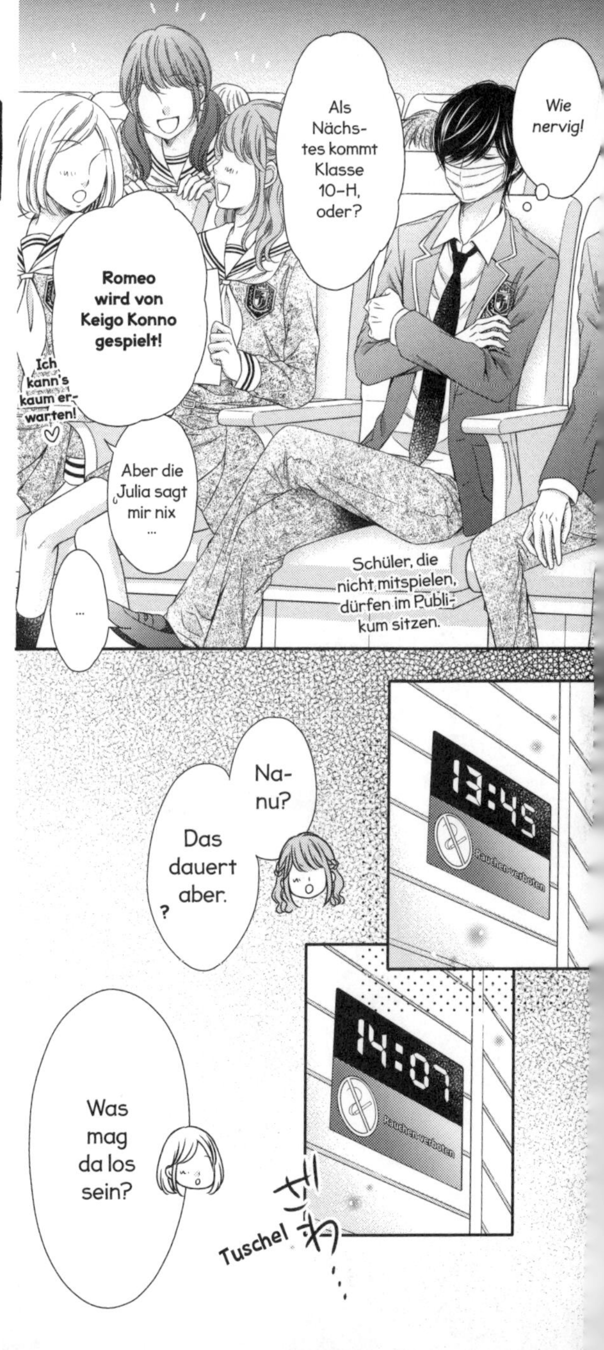

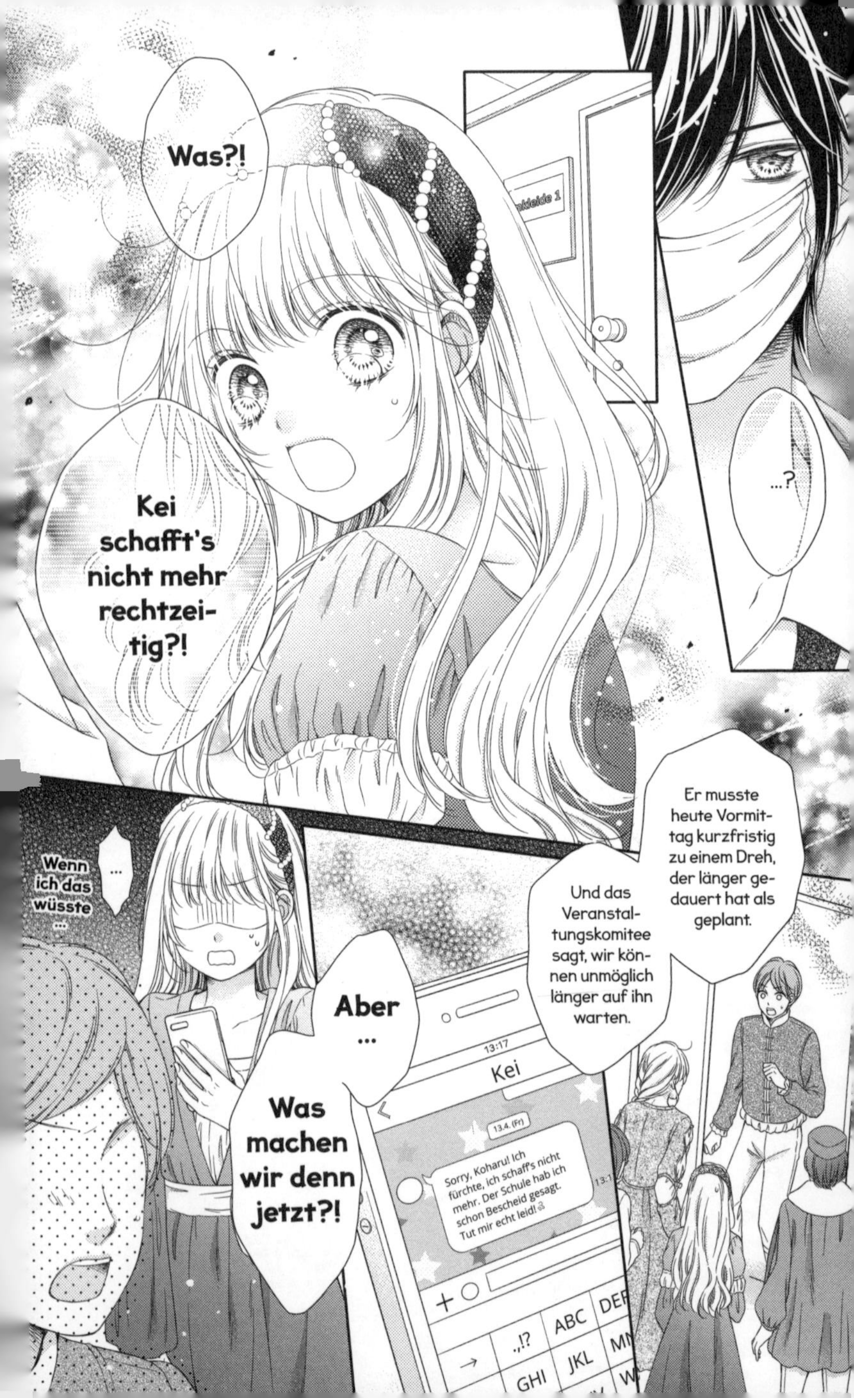
...?
Was?!
Kei schafft's nicht mehr rechtzeitig?!
Er musste heute Vormittag kurzfristig zu einem Dreh, der länger gedauert hat als geplant.
Und das Veranstaltungskomitee sagt, wir können unmöglich länger auf ihn warten.
13:17
Kei
13.4. (Fr)
Sorry, Koharu! Ich fürchte, ich schaff's nicht mehr. Der Schule hab ich schon Bescheid gesagt. Tut mir echt leid!
Aber ...
Was machen wir denn jetzt?!
...
Wenn ich das wüsste ...

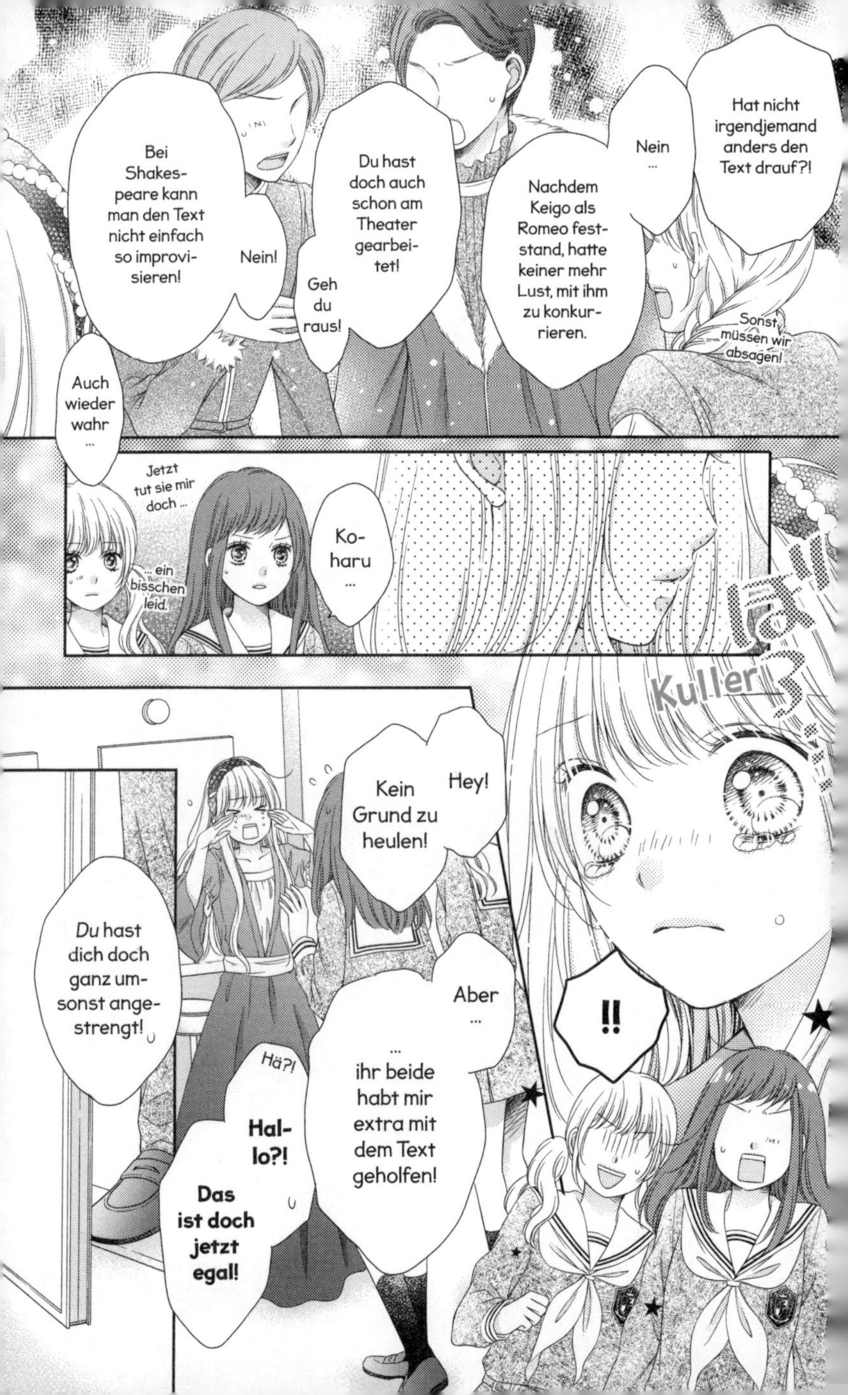

Hat nicht irgendjemand anders den Text drauf?!
Nein …
Nachdem Keigo als Romeo feststand, hatte keiner mehr Lust, mit ihm zu konkurrieren.
Sonst müssen wir absagen!
Du hast doch auch schon am Theater gearbeitet!
Geh du raus!
Bei Shakespeare kann man den Text nicht einfach so improvisieren!
Nein!
Auch wieder wahr …
Ko-haru …
Jetzt tut sie mir doch …
… ein bisschen leid.
Kuller
Hey!
Kein Grund zu heulen!
Du hast dich doch ganz umsonst angestrengt!
!!
Aber …
… ihr beide habt mir extra mit dem Text geholfen!
Hä?!
Hallo?!
Das ist doch jetzt egal!

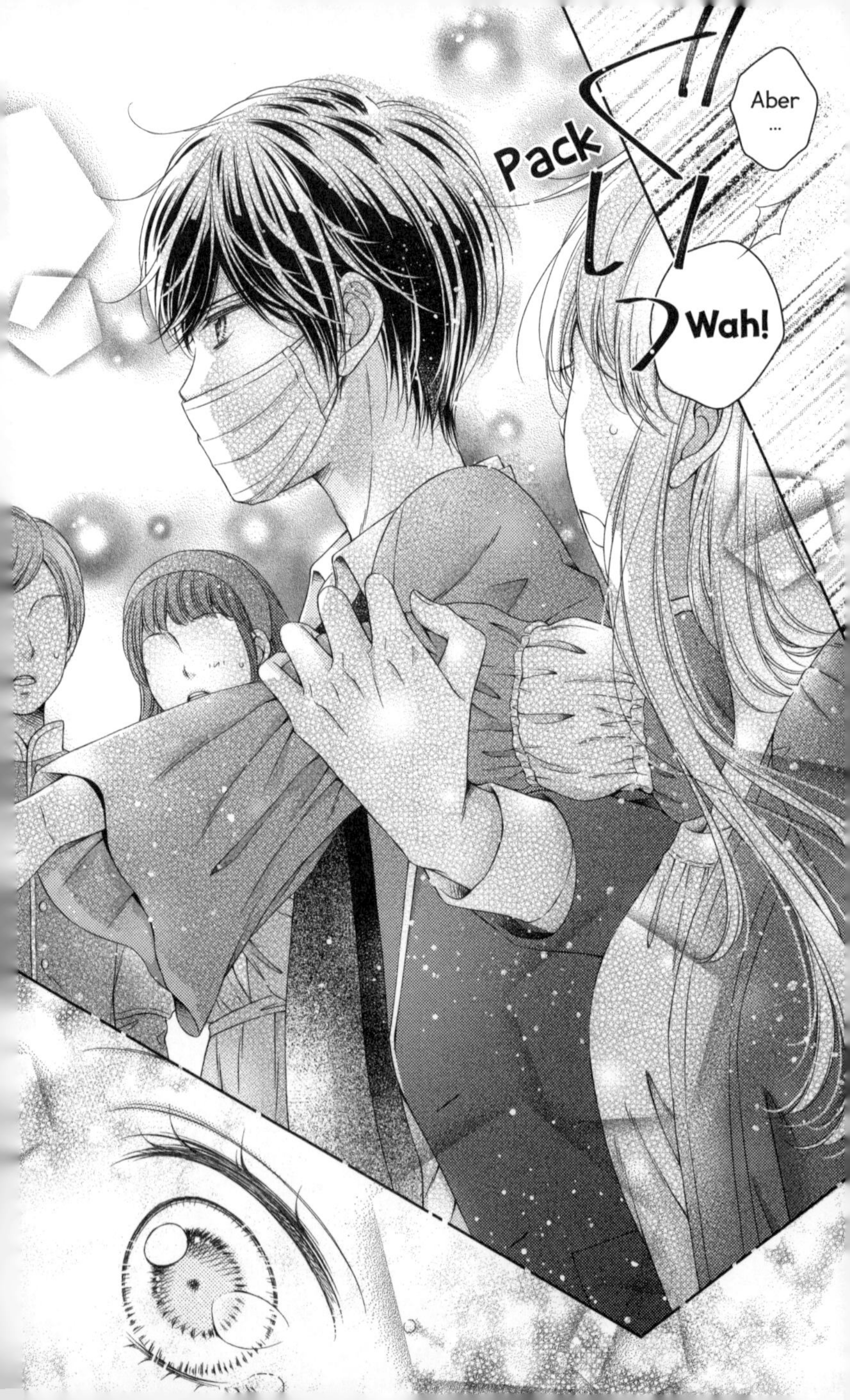
Aber ...
Pack
Wah!

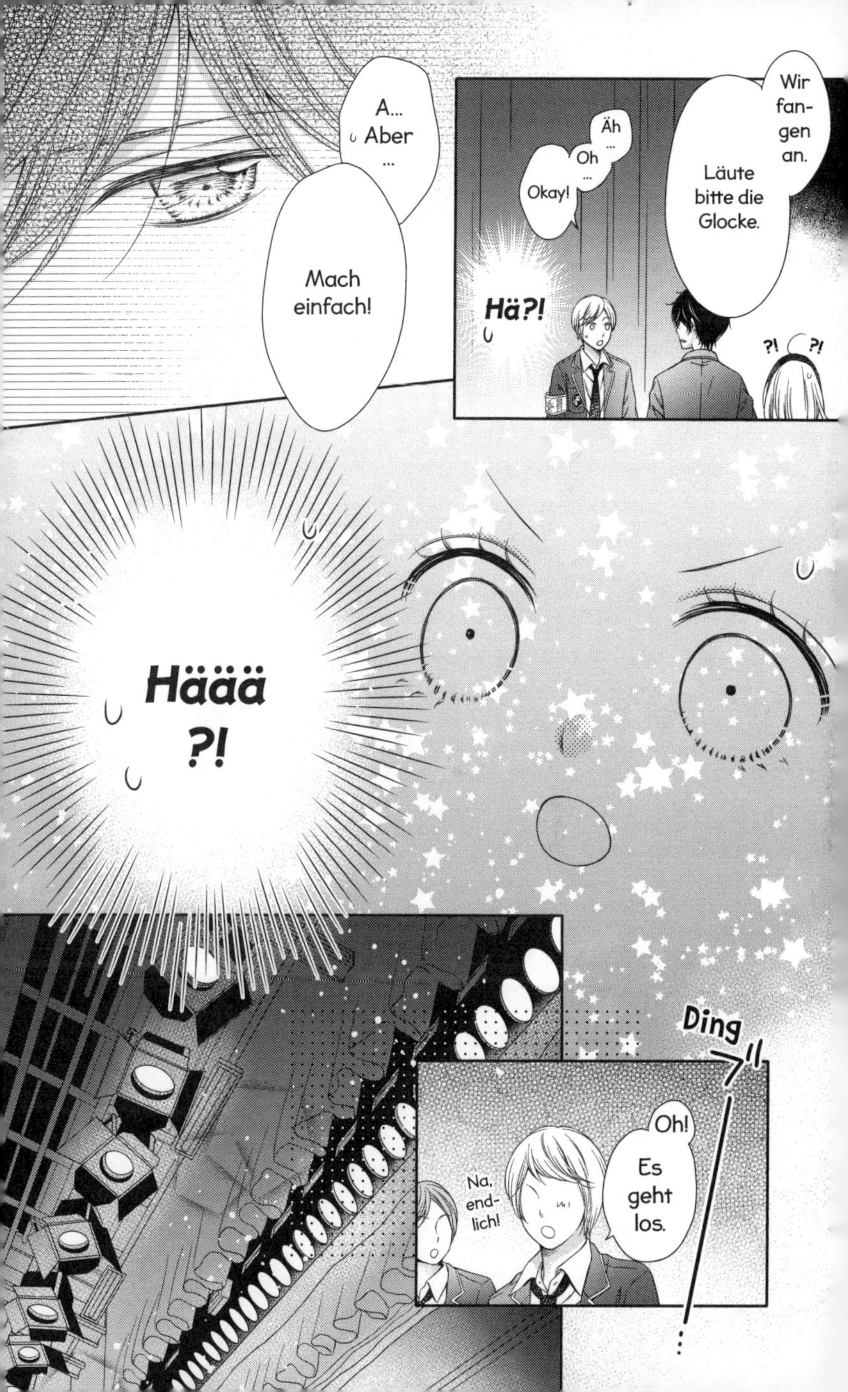

Wir fangen an.
Läute bitte die Glocke.
Äh …
Oh …
Okay!
Hä?!
?! ?!
A… Aber …
Mach einfach!
Häää ?!
Ding
Oh!
Es geht los.
Na, endlich!

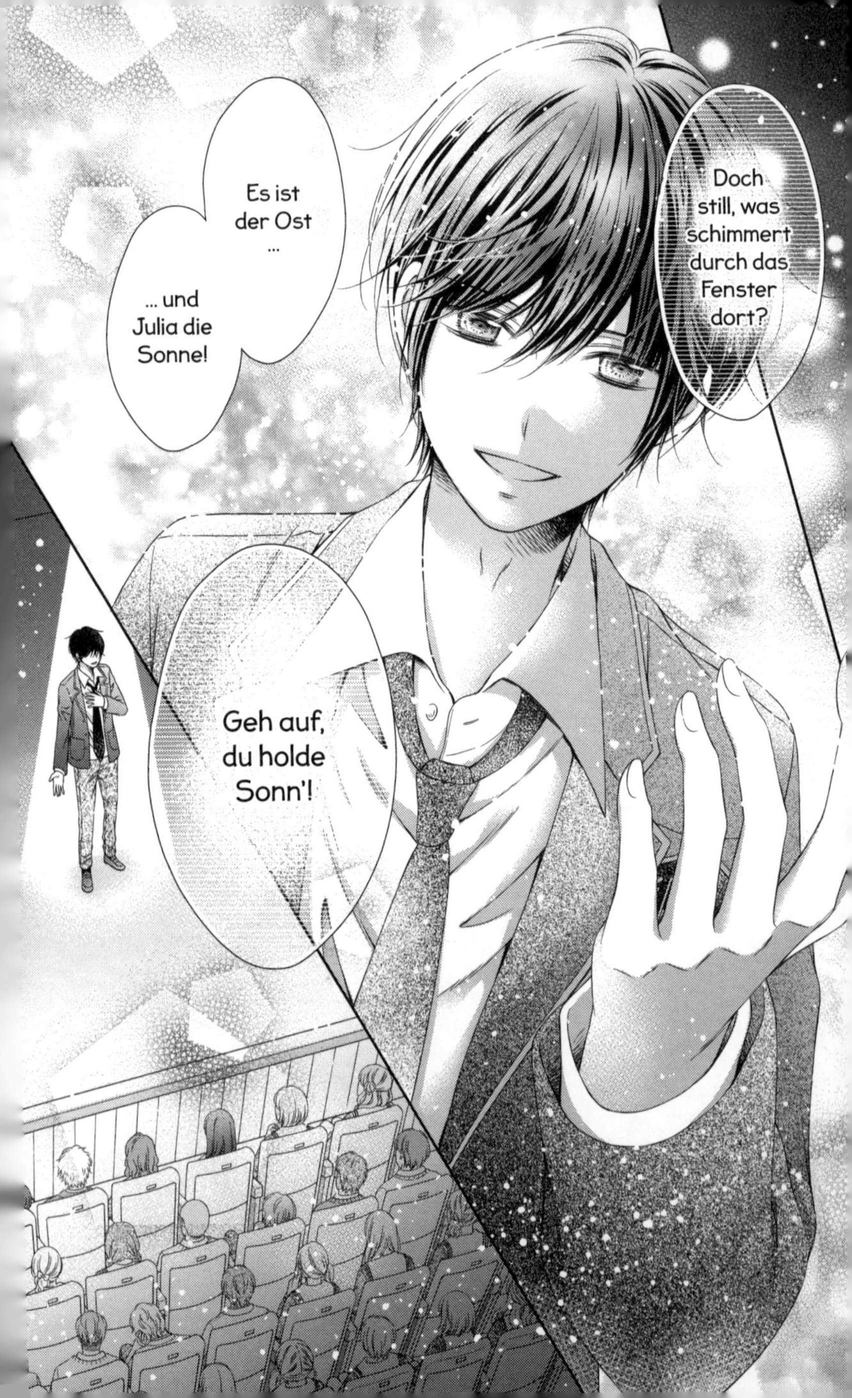

Doch still, was schimmert durch das Fenster dort?
Es ist der Ost ...
... und Julia die Sonne!
Geh auf, du holde Sonn'!

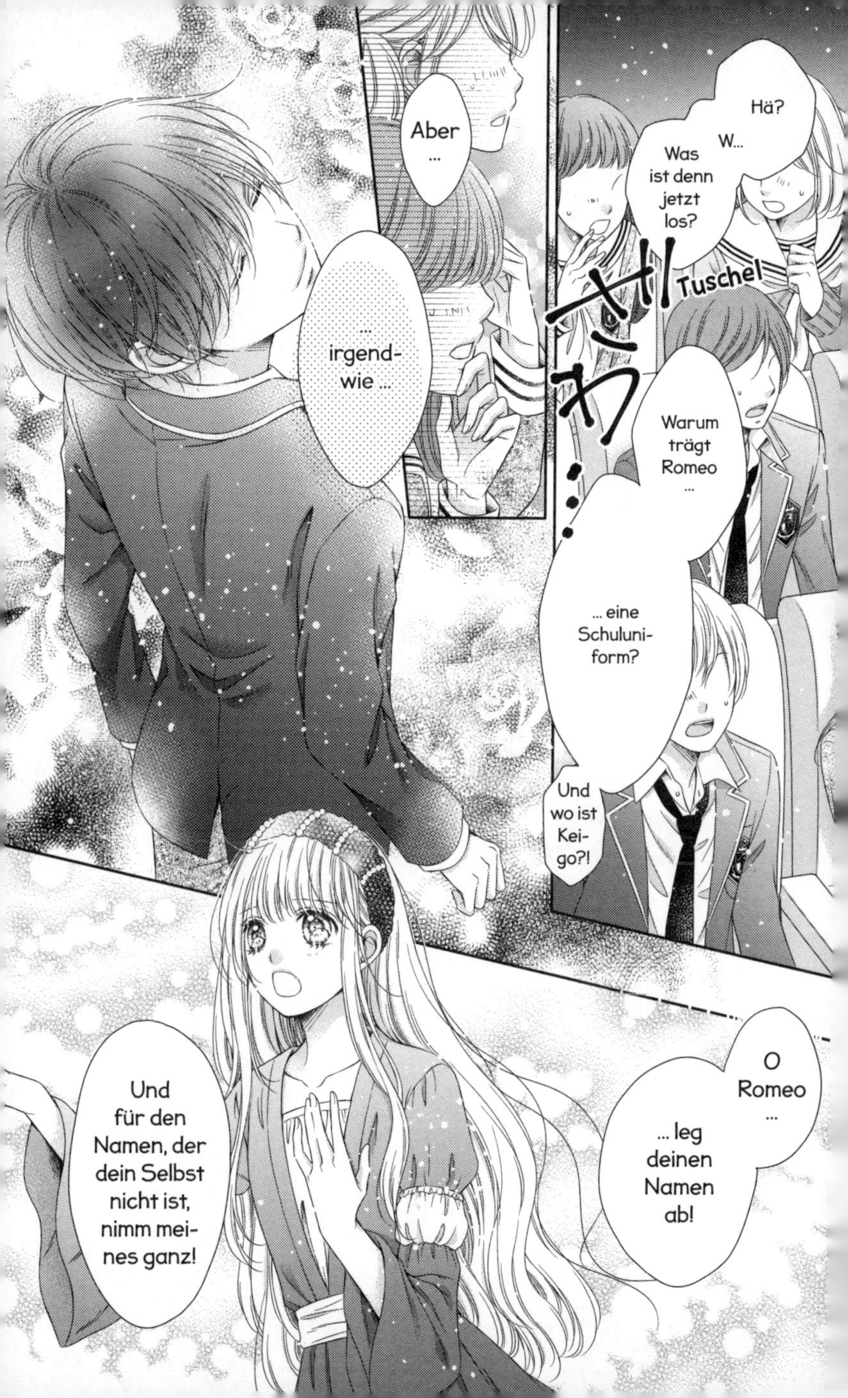
Hä?
W…
Was ist denn jetzt los?
ざわ…
Tuschel
Warum trägt Romeo …
… eine Schuluniform?
Und wo ist Keigo?!
Aber …
… irgendwie …
O Romeo …
… leg deinen Namen ab!
Und für den Namen, der dein Selbst nicht ist, nimm meines ganz!

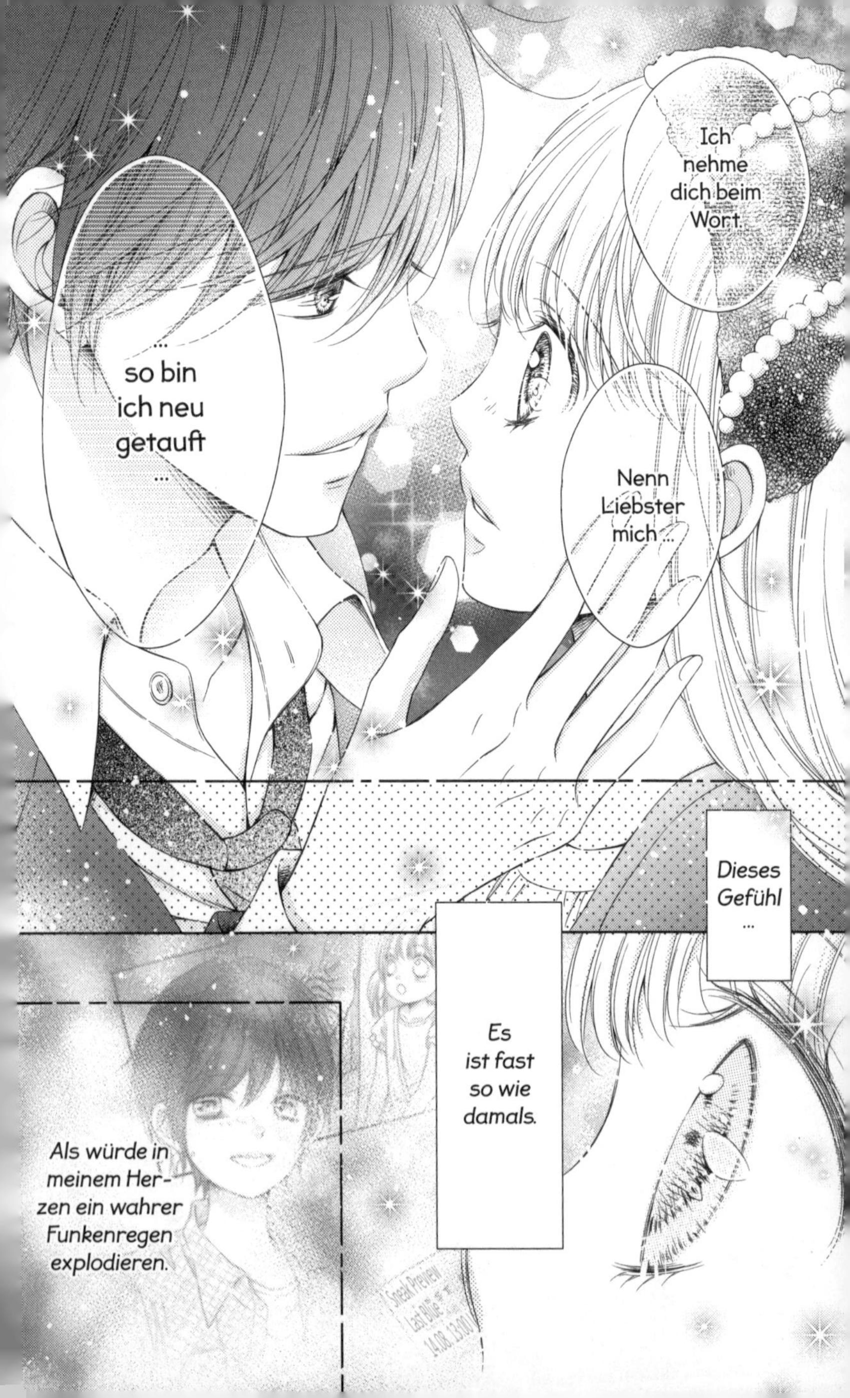
Ich nehme dich beim Wort.
Nenn Liebster mich ...
... so bin ich neu getauft ...
Dieses Gefühl ...
Es ist fast so wie damals.
Als würde in meinem Her-
zen ein wahrer
Funkenregen
explodieren.
Sneak Preview
Last Blue

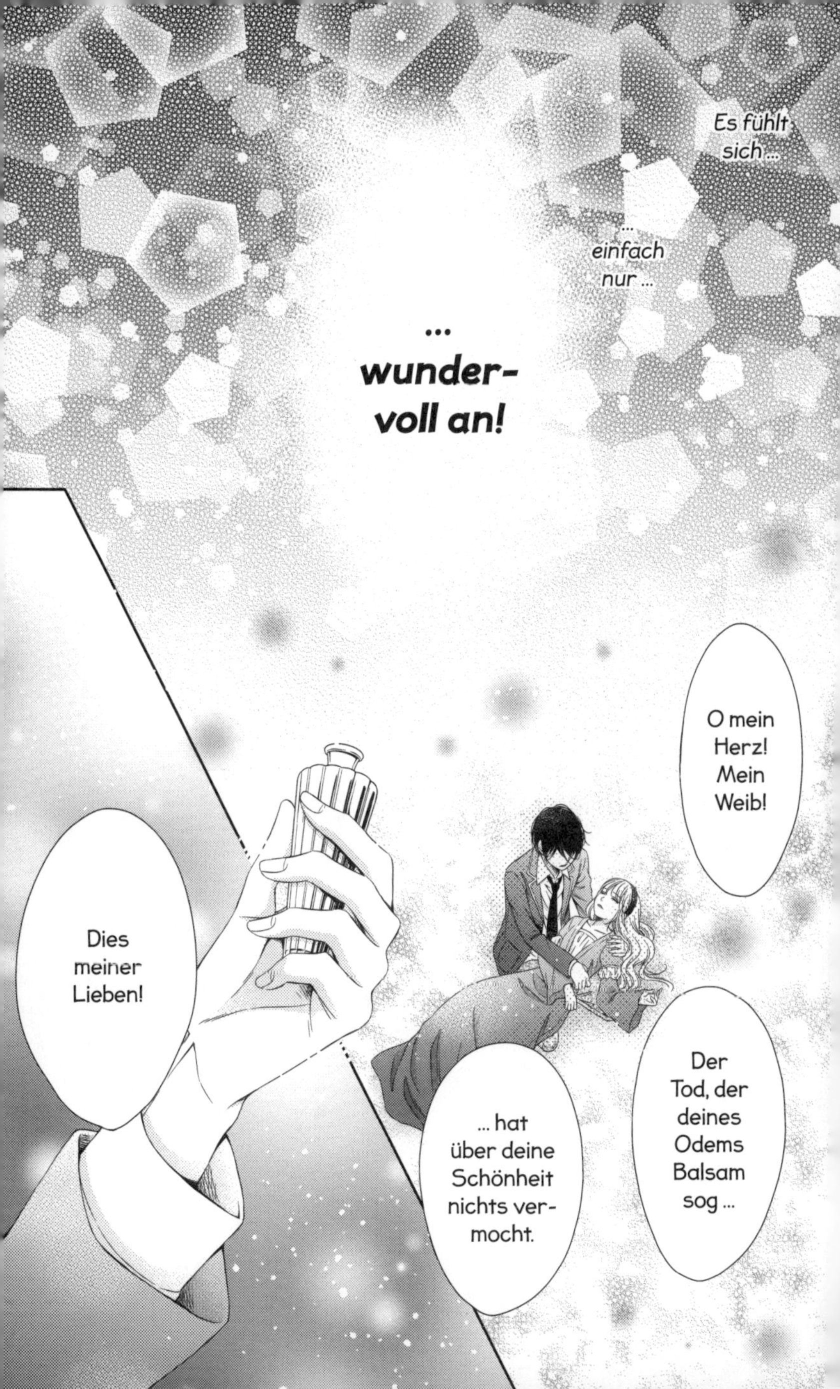
Es fühlt sich ...
... einfach nur ...
... wunder-voll an!
O mein Herz! Mein Weib!
Der Tod, der deines Odems Balsam sog ...
... hat über deine Schönheit nichts ver-mocht.
Dies meiner Lieben!

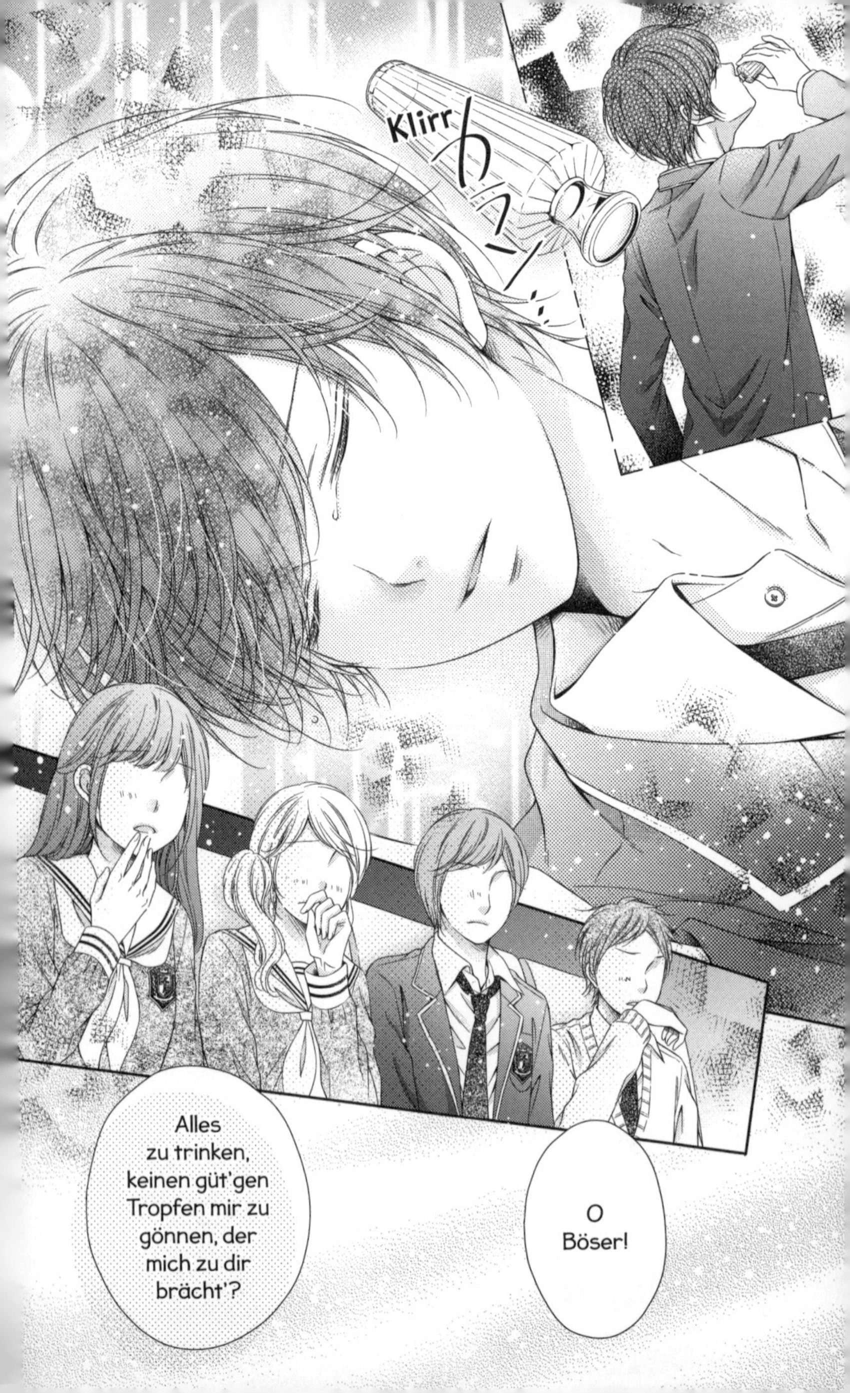
Klirr
O Böser!
Alles zu trinken, keinen güt'gen Tropfen mir zu gönnen, der mich zu dir brächt'?

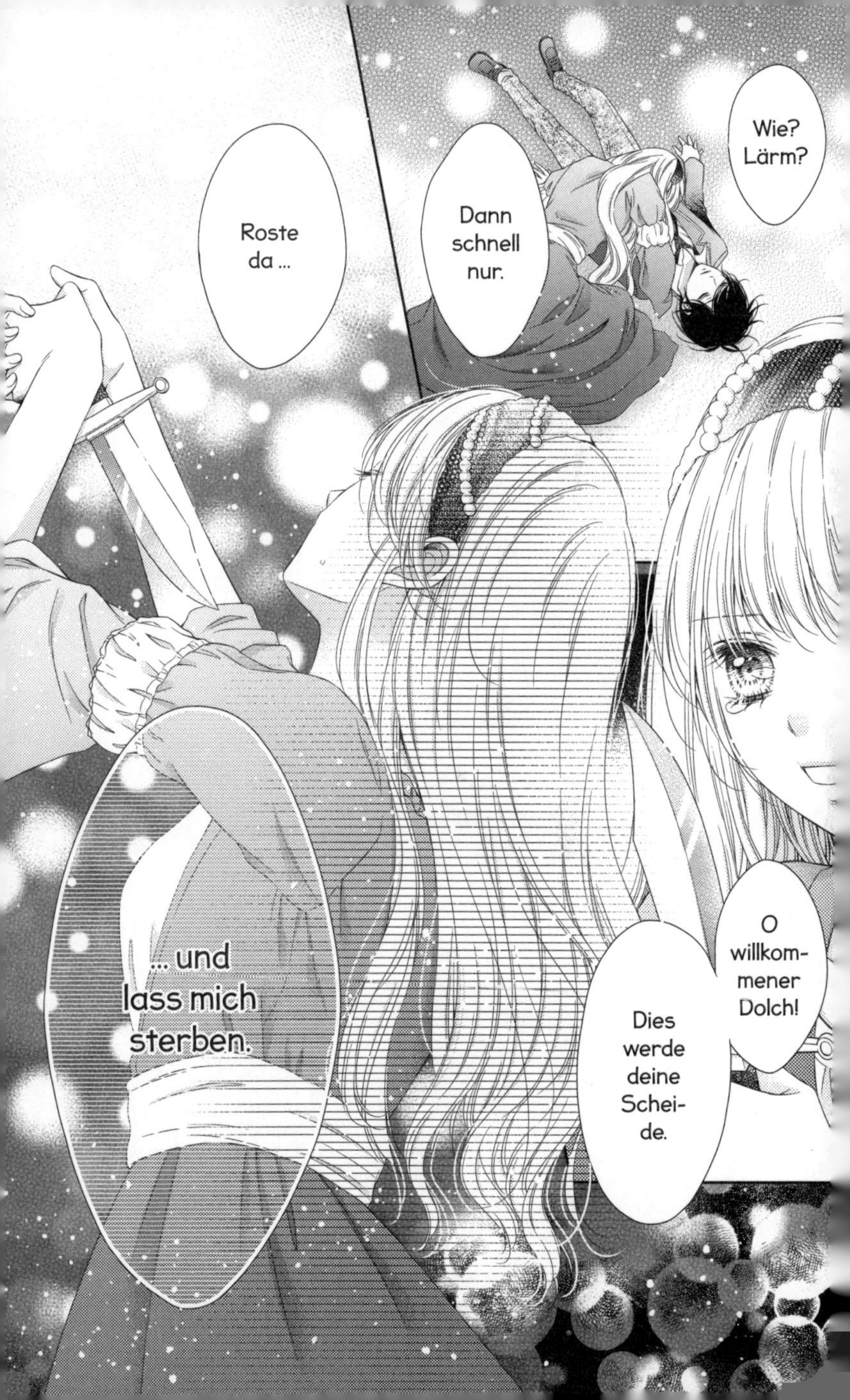

Wie? Lärm?
Dann schnell nur.
O willkommener Dolch!
Dies werde deine Scheide.
Roste da ...
... und lass mich sterben.

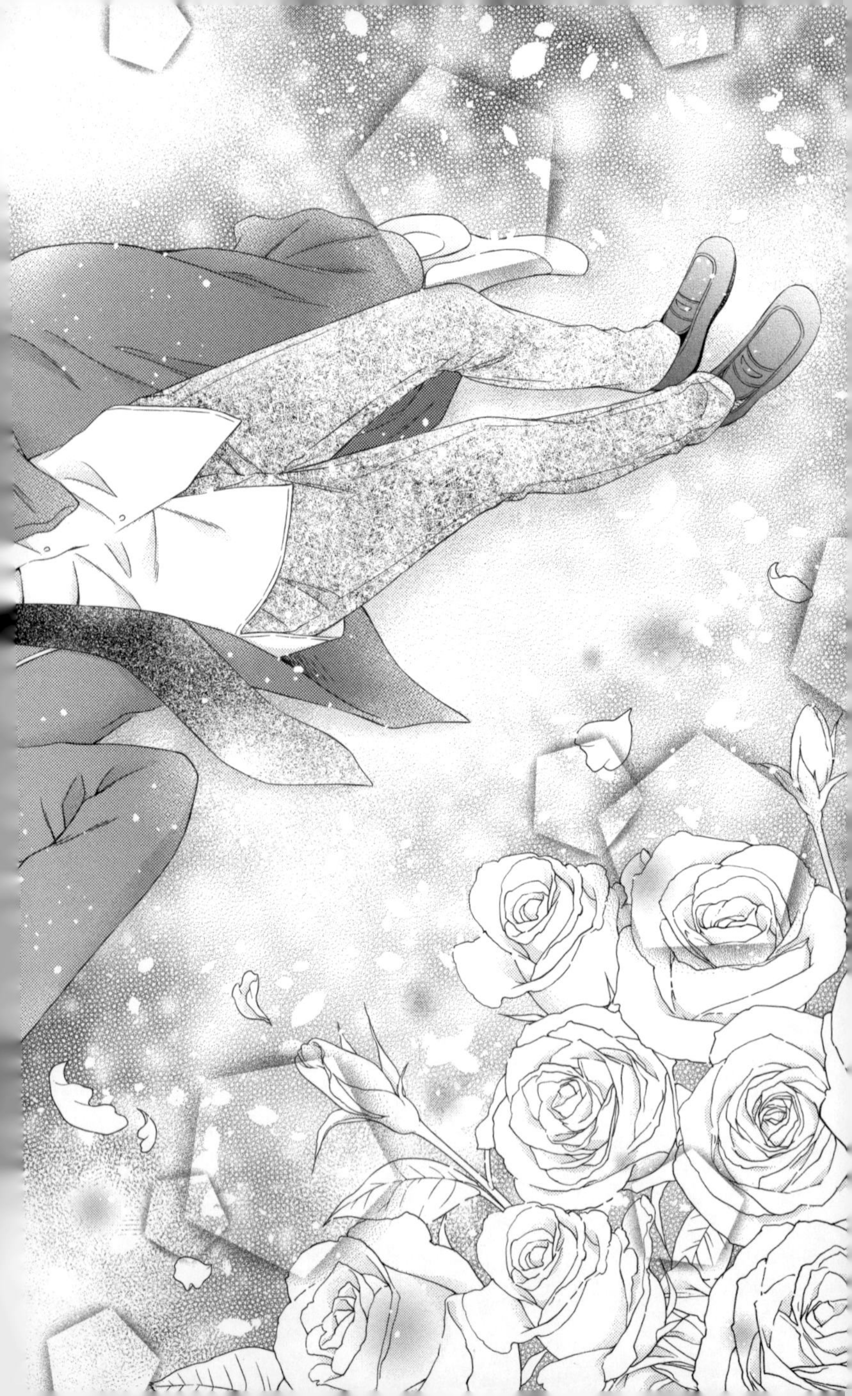

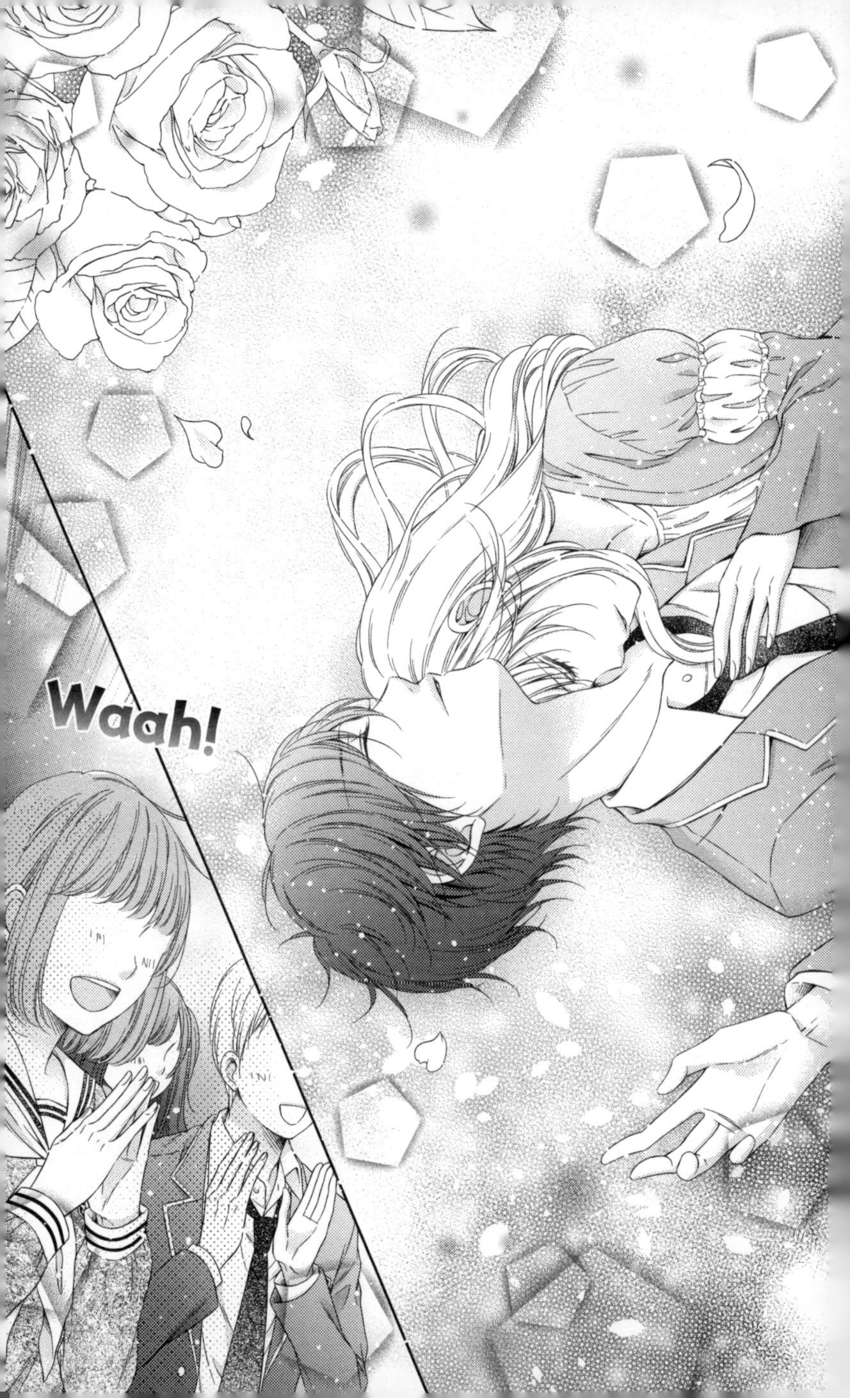
Waah!

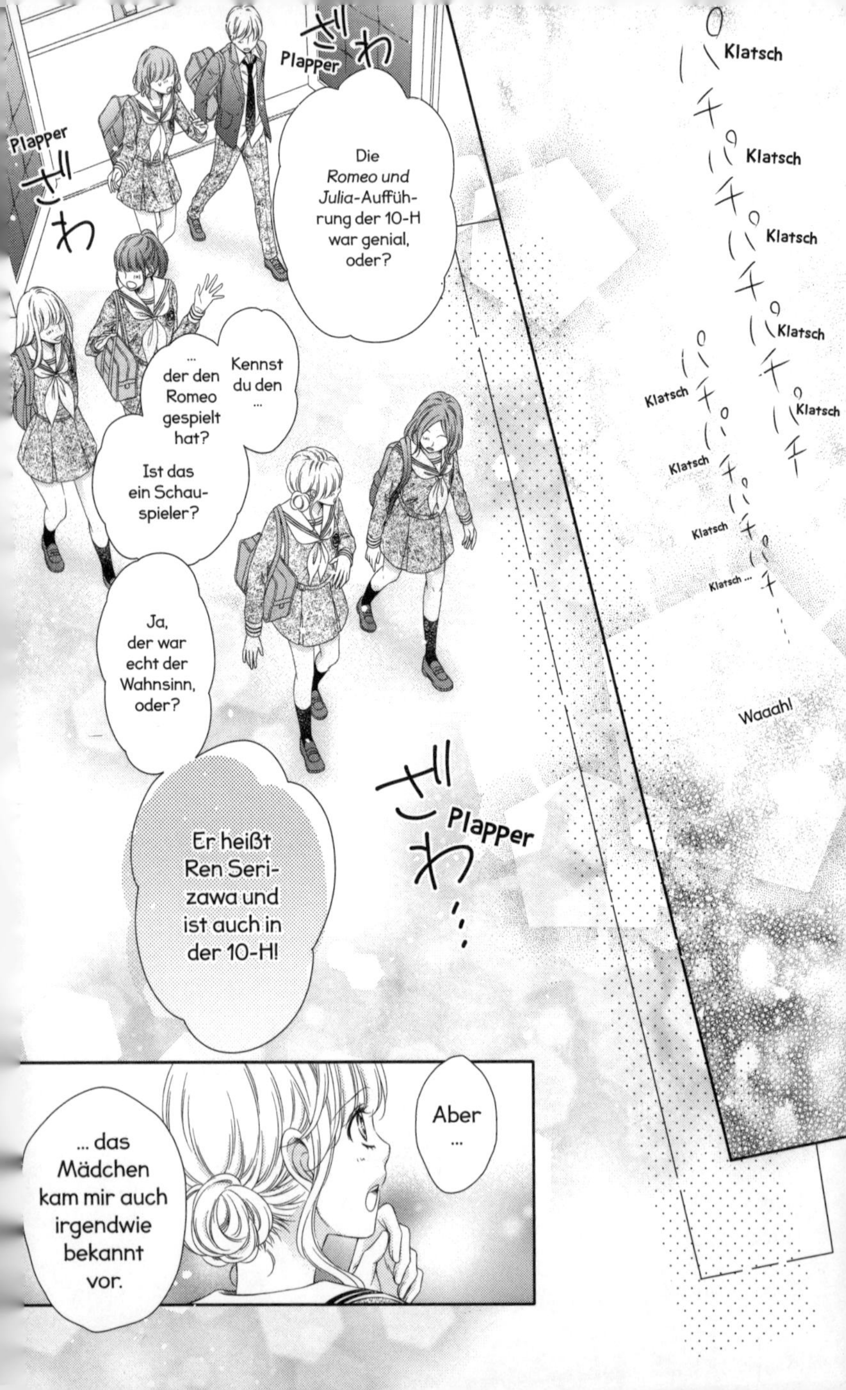
Klatsch
Klatsch
Klatsch
Klatsch
Klatsch
Klatsch
Klatsch
Klatsch
Klatsch ...
Waaah!
Plapper
Plapper
Die *Romeo und Julia*-Aufführung der 10-H war genial, oder?
Kennst du den ...
... der den Romeo gespielt hat?
Ist das ein Schauspieler?
Ja, der war echt der Wahnsinn, oder?
Plapper
Er heißt Ren Serizawa und ist auch in der 10-H!
Aber ...
... das Mädchen kam mir auch irgendwie bekannt vor.

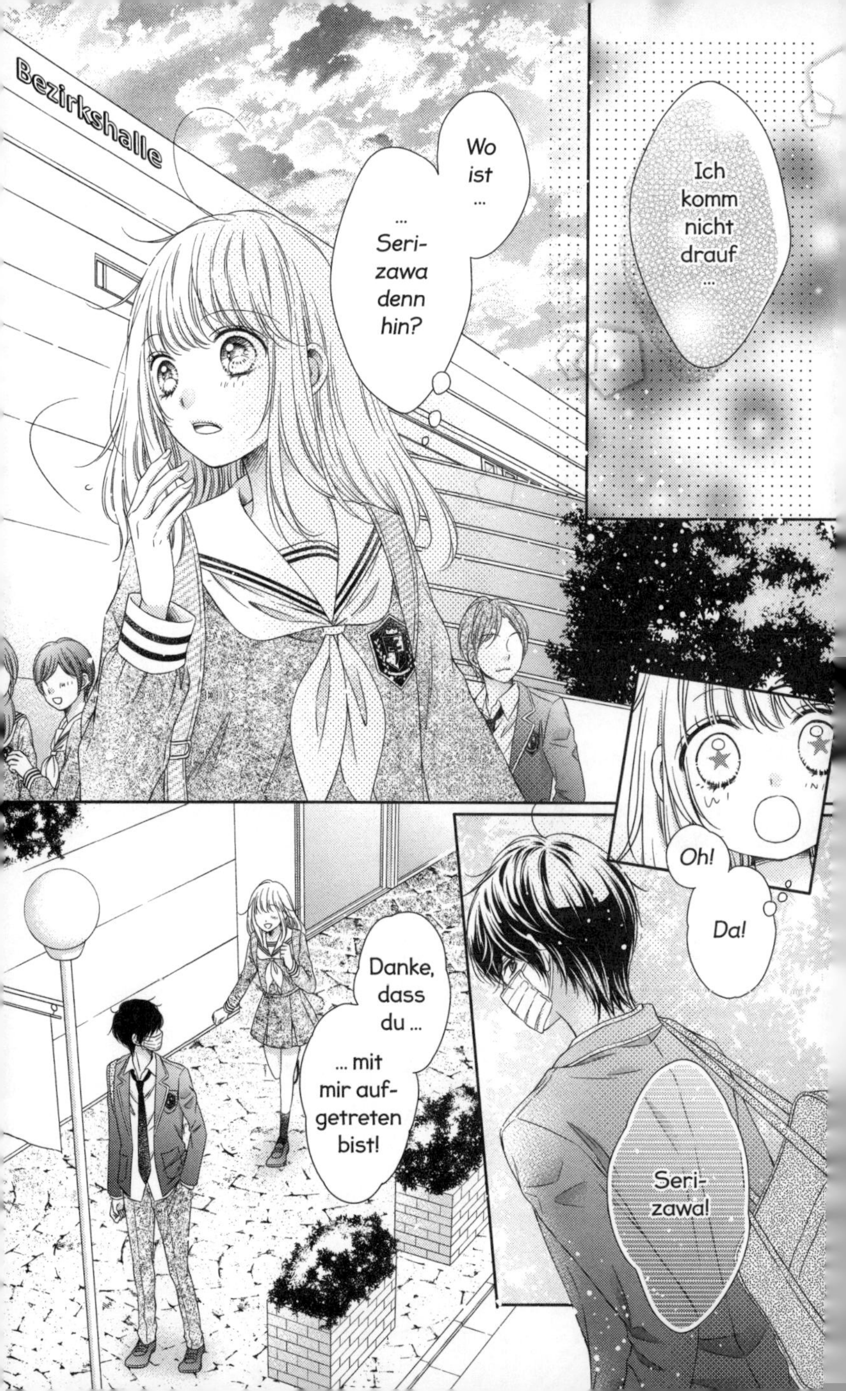
Bezirkshalle
Ich komm nicht drauf …
Wo ist … … Seri-zawa denn hin?
Oh! Da!
Seri-zawa!
Danke, dass du …
… mit mir auf-getreten bist!

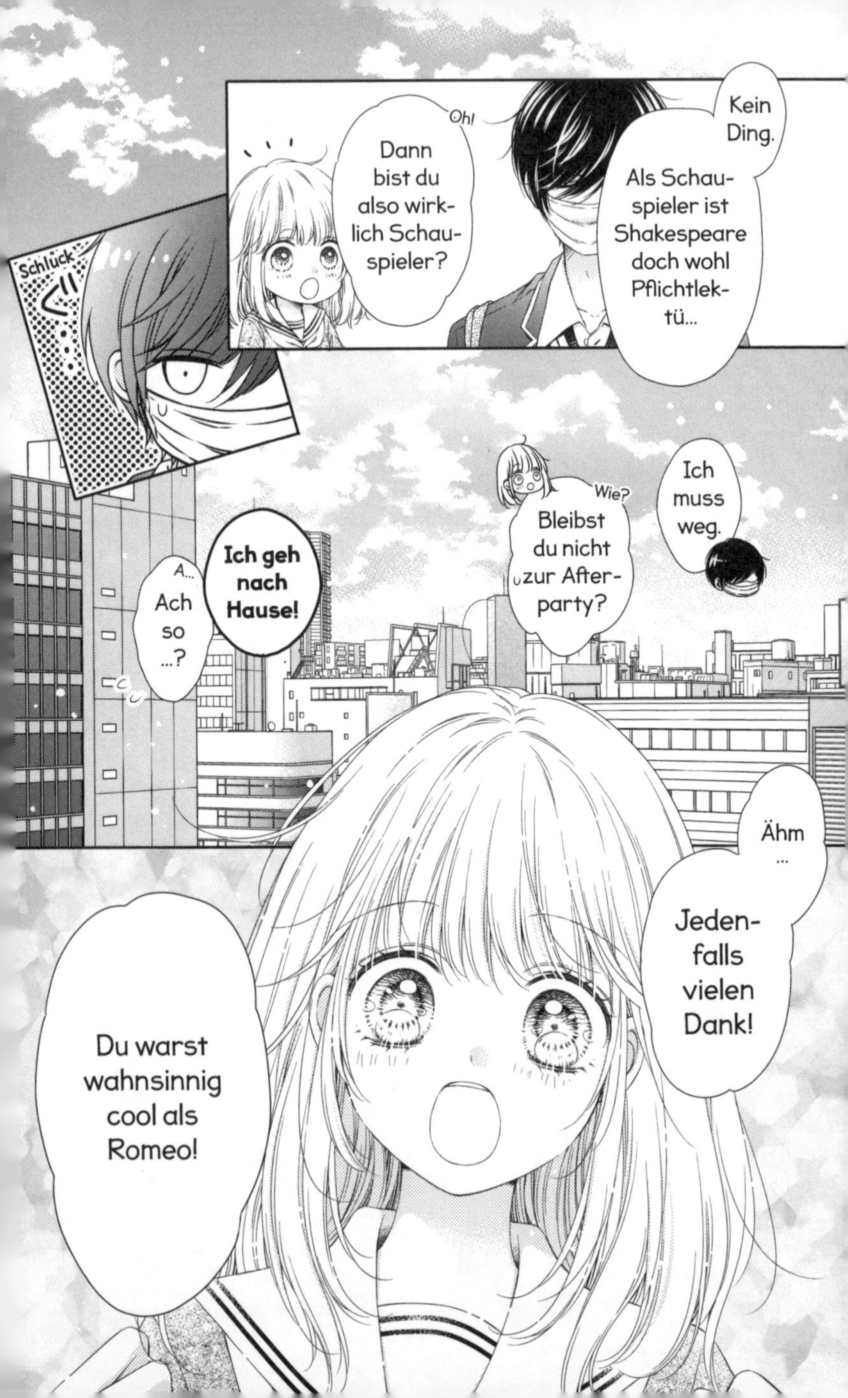
Kein Ding.
Als Schauspieler ist Shakespeare doch wohl Pflichtlektü...
Oh!
Dann bist du also wirklich Schauspieler?
Schluck
Ich muss weg.
Wie?
Bleibst du nicht zur Afterparty?
Ich geh nach Hause!
A...
Ach so ...?
Ähm ...
Jedenfalls vielen Dank!
Du warst wahnsinnig cool als Romeo!

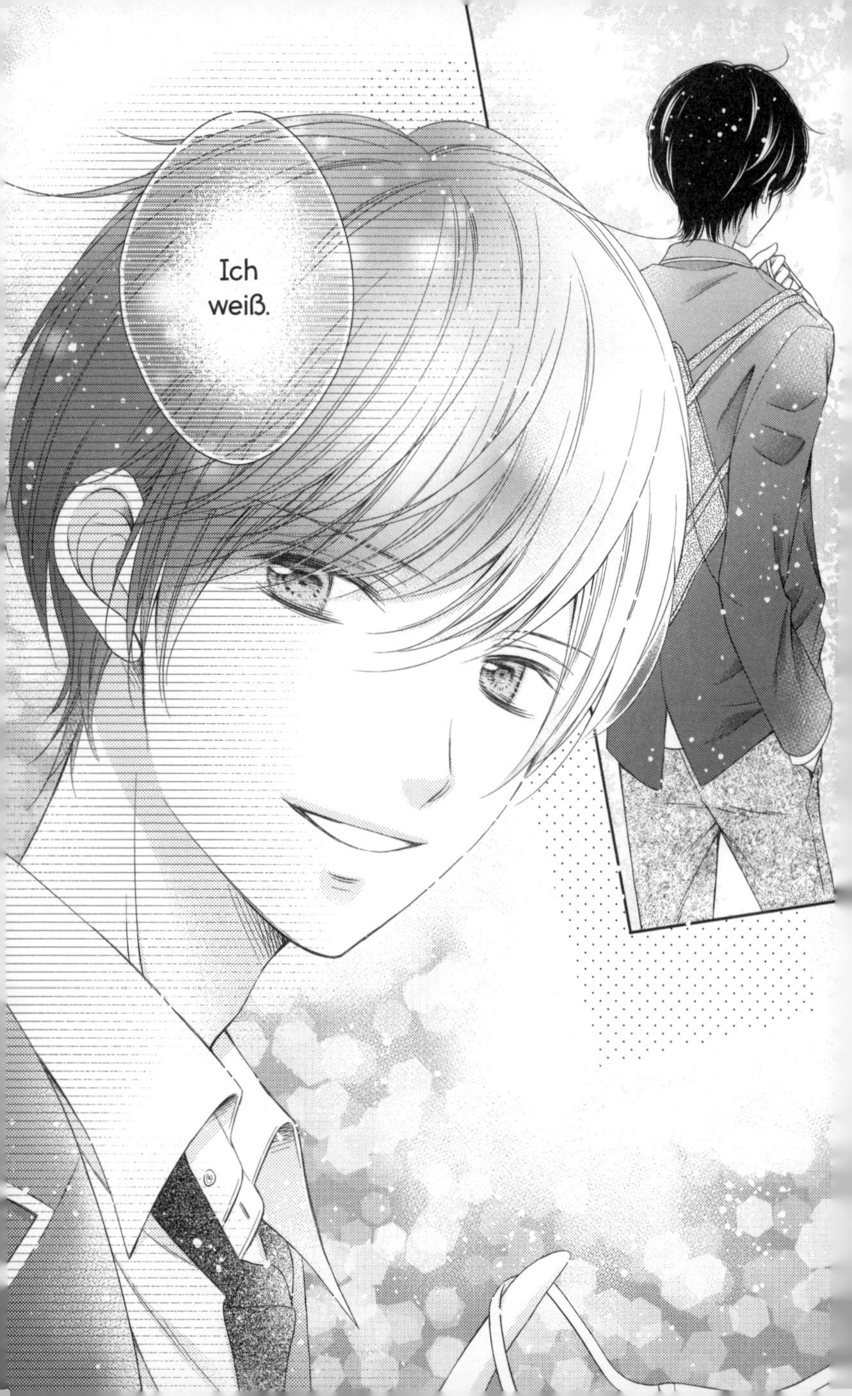
Ich weiß.

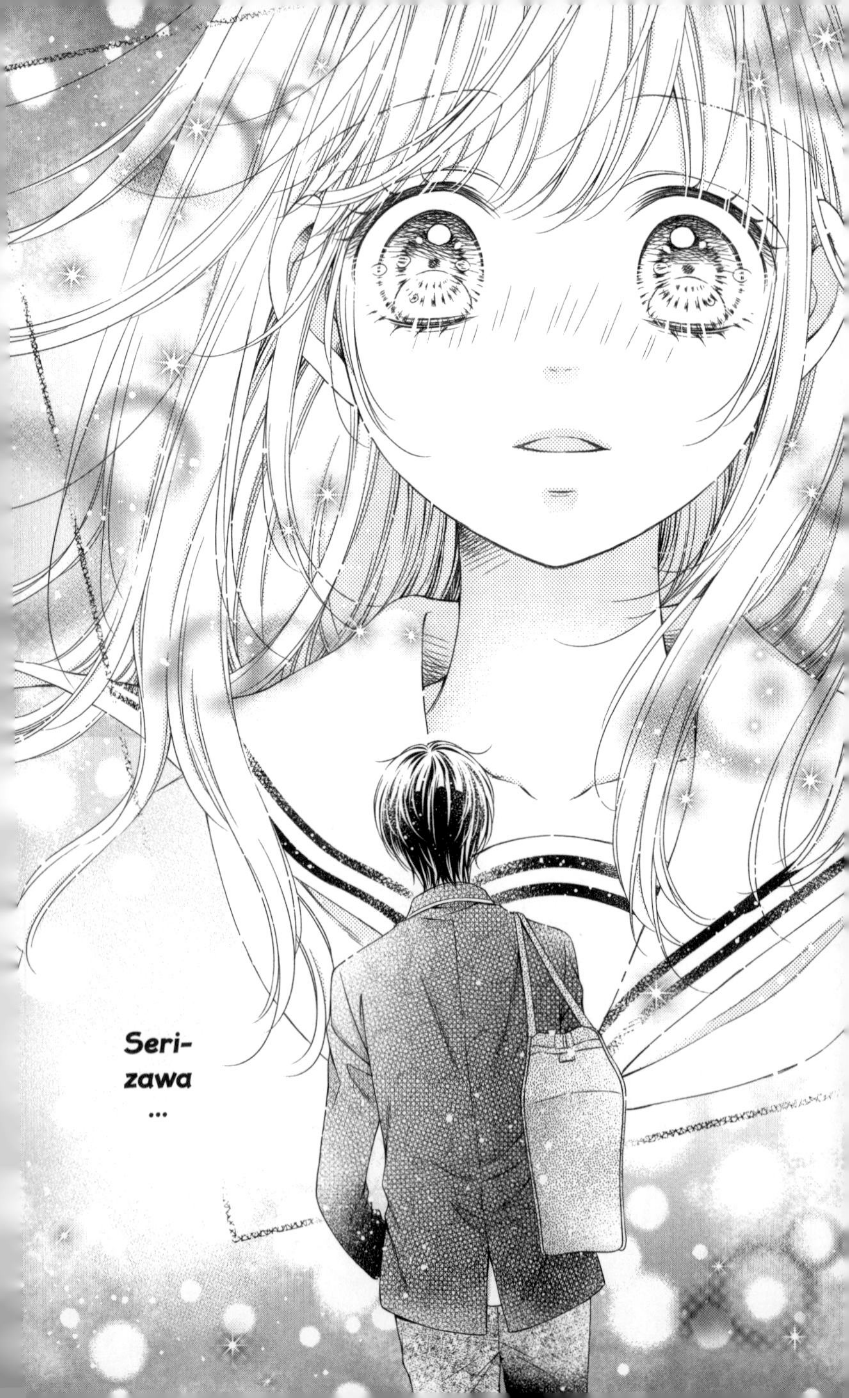
Seri-
zawa
...

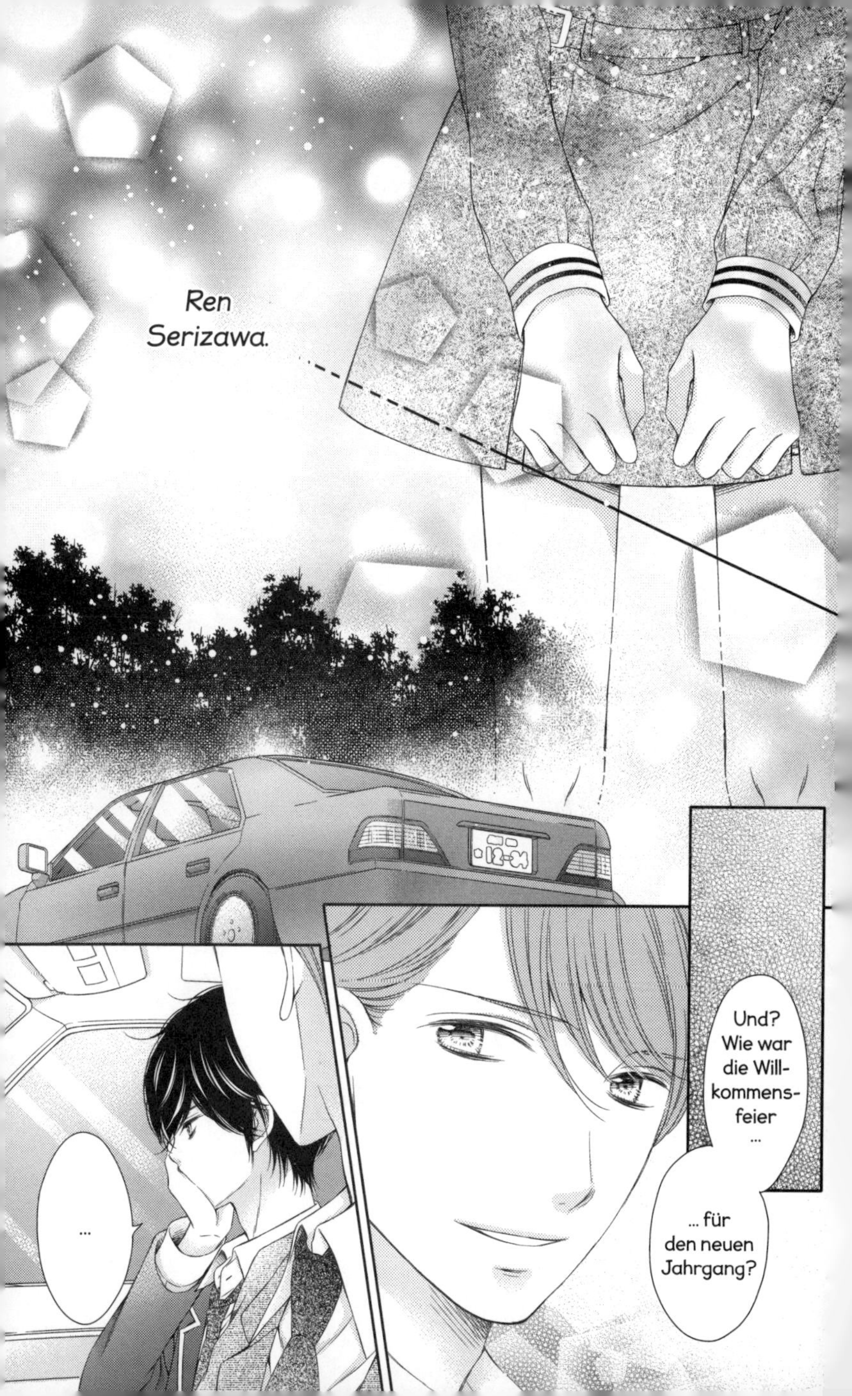
Ren Serizawa.
Und? Wie war die Willkommensfeier ...
... für den neuen Jahrgang?
...

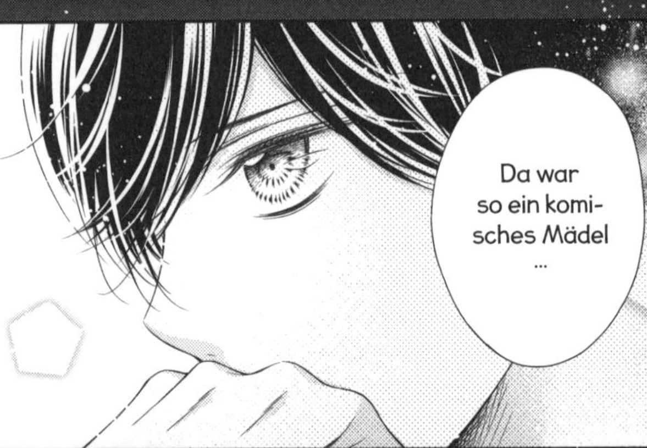

Vor uns liegen Tage voller neuer Erfahrungen, Melancholie und Glück.

Das war erst der Anfang.

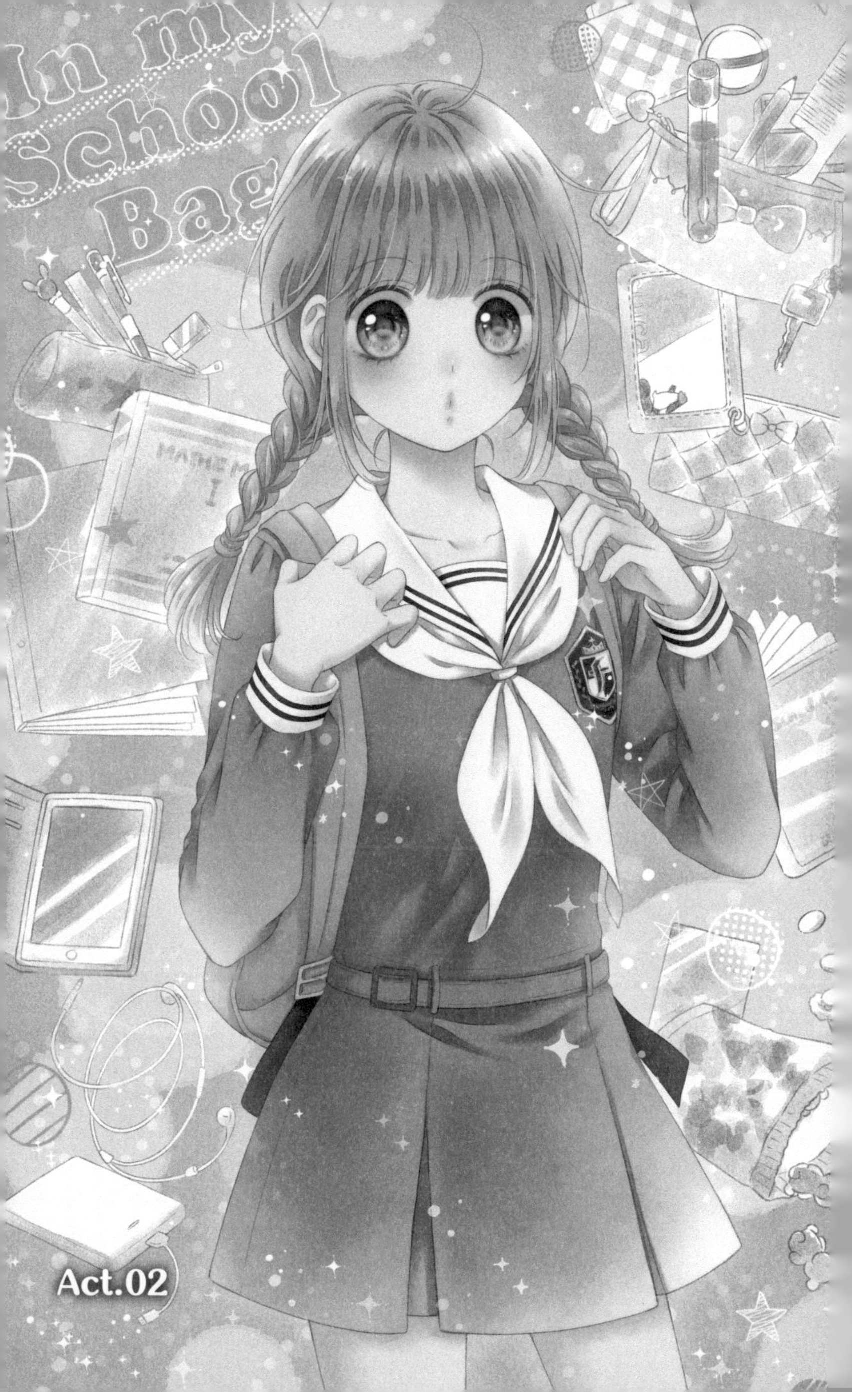

In my School Bag
Act.02

Reflections of Ultramarine

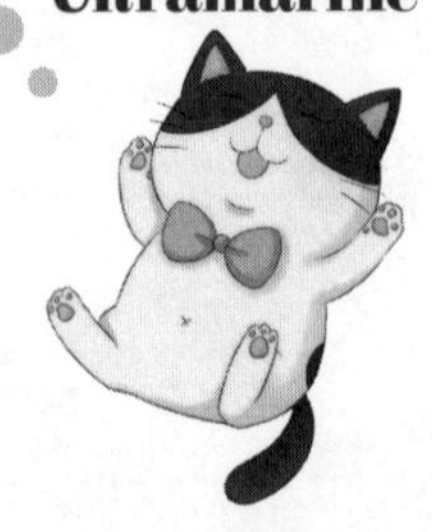

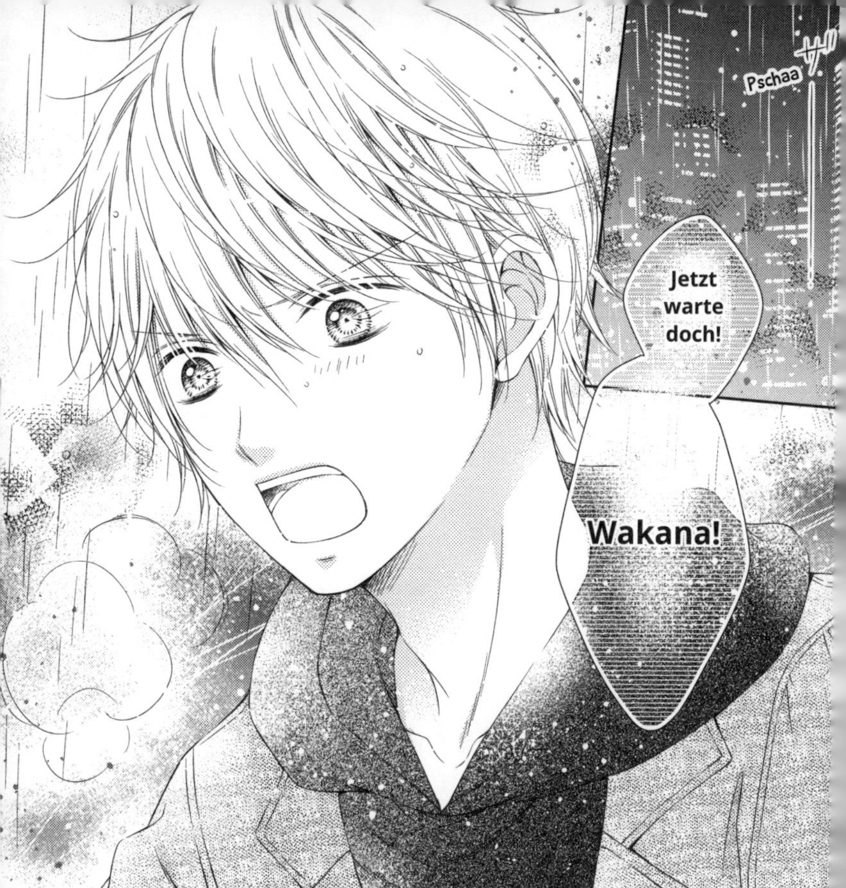

Über die Coverillus von Kapitel 1 und 2 & mehr

※ Vorsicht! Diese Kolumnen können Spoiler enthalten!

Die Titelseite des ersten Kapitels wollte ich so gestalten, dass sie einen Eindruck von der Serie vermittelt, und das ist dabei herausgekommen. Es ist eines der Bilder, für die ich mir in den letzten Jahren am meisten Zeit genommen habe, und ich hatte viel Spaß dabei, es zu zeichnen! Die Coverillu von Kapitel 2 ist inspiriert von diesen Videos, die man häufig auf YouTube oder Instagram sieht, in denen Frauen den Inhalt ihrer Handtaschen vorstellen. Die liebe ich nämlich, also habe ich so was in der Art versucht.

Videos, in denen der Inhalt von Feder- oder Kosmetiktaschen vorgestellt wird, liebe ich übrigens auch. ♡

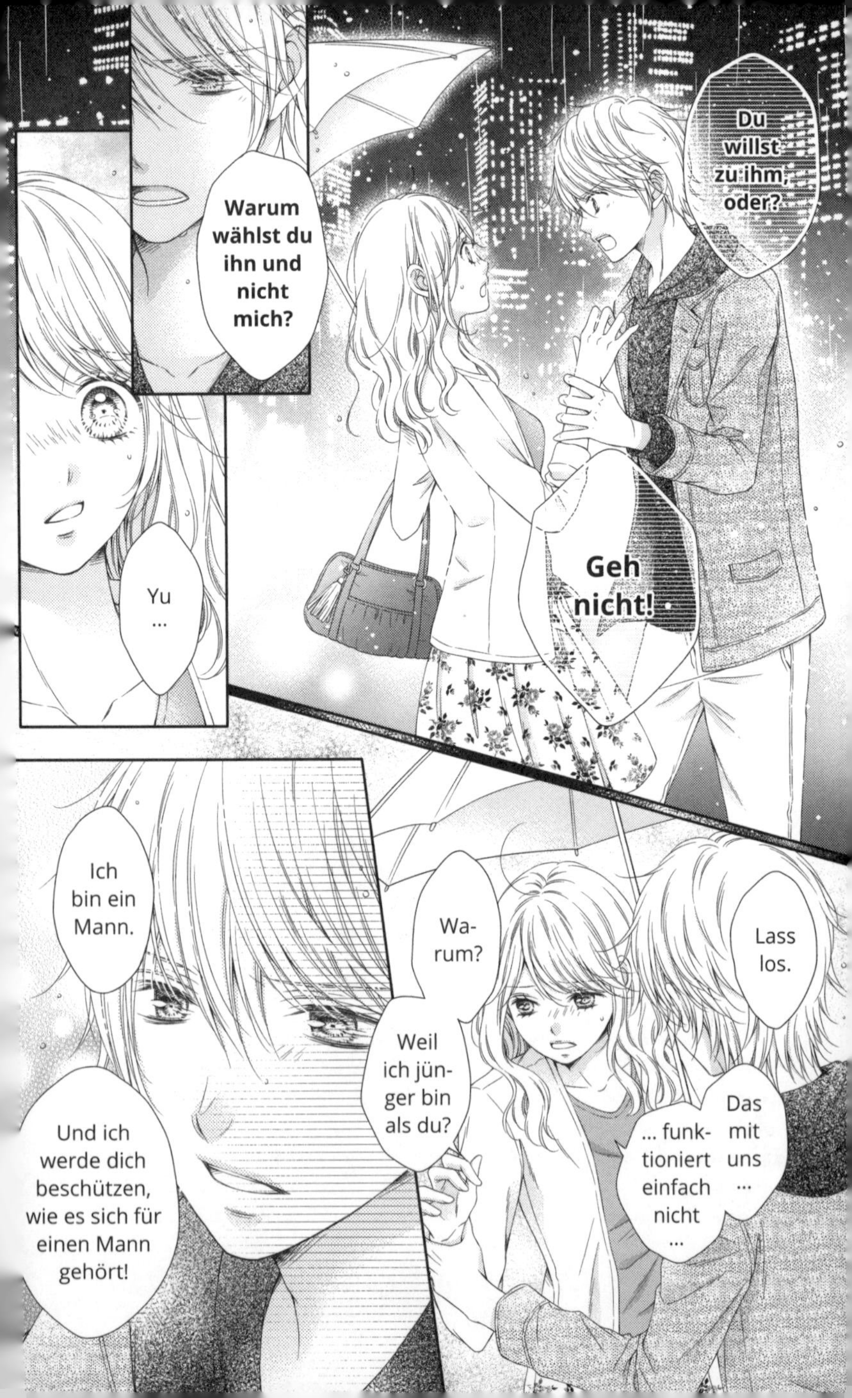
Du willst zu ihm, oder?
Warum wählst du ihn und nicht mich?
Yu ...
Geh nicht!
Lass los.
Das mit uns ...
... funktioniert einfach nicht ...
Wa-rum?
Weil ich jün-ger bin als du?
Ich bin ein Mann.
Und ich werde dich beschützen, wie es sich für einen Mann gehört!

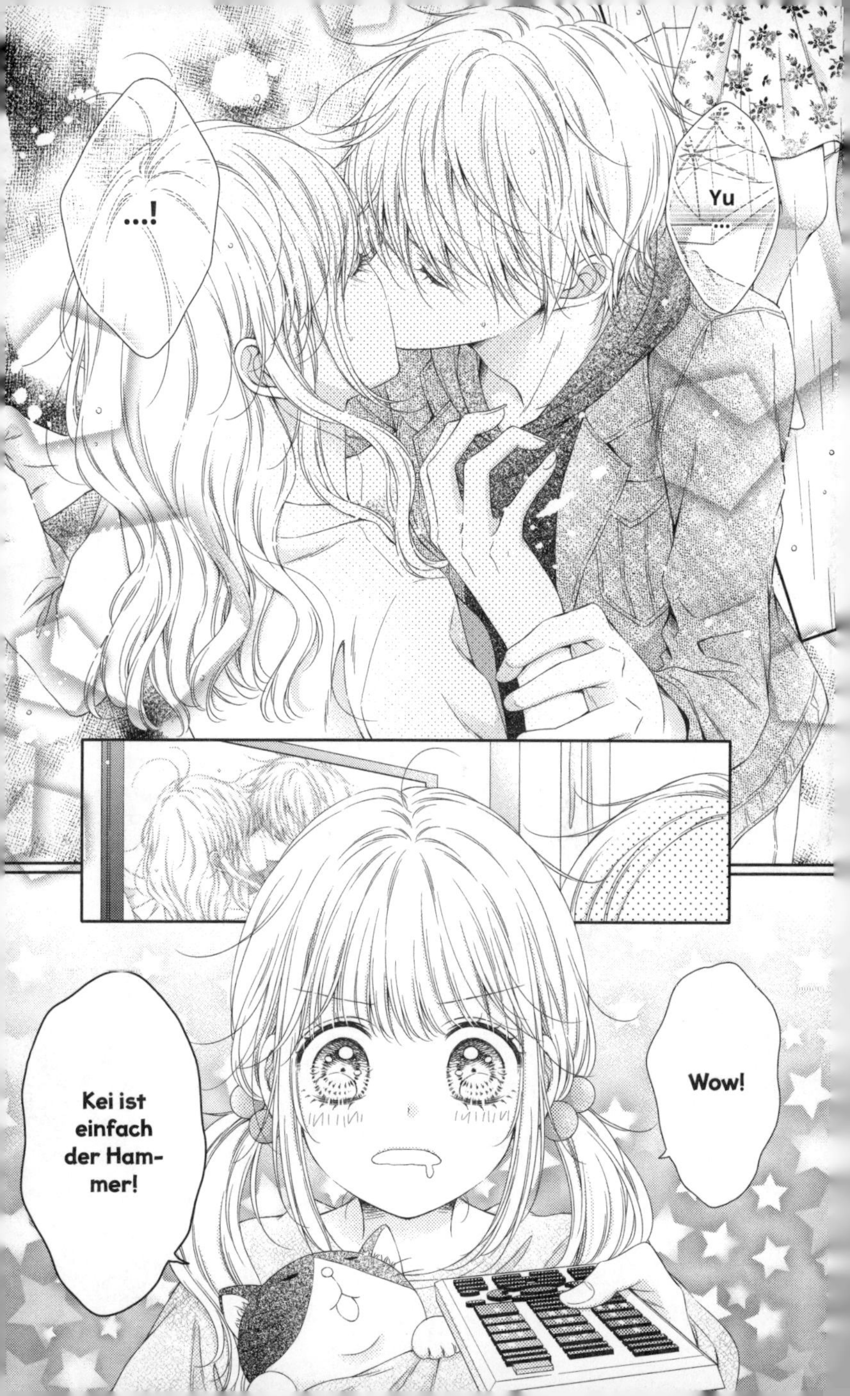
Yu …
...!
Wow!
Kei ist einfach der Ham-mer!

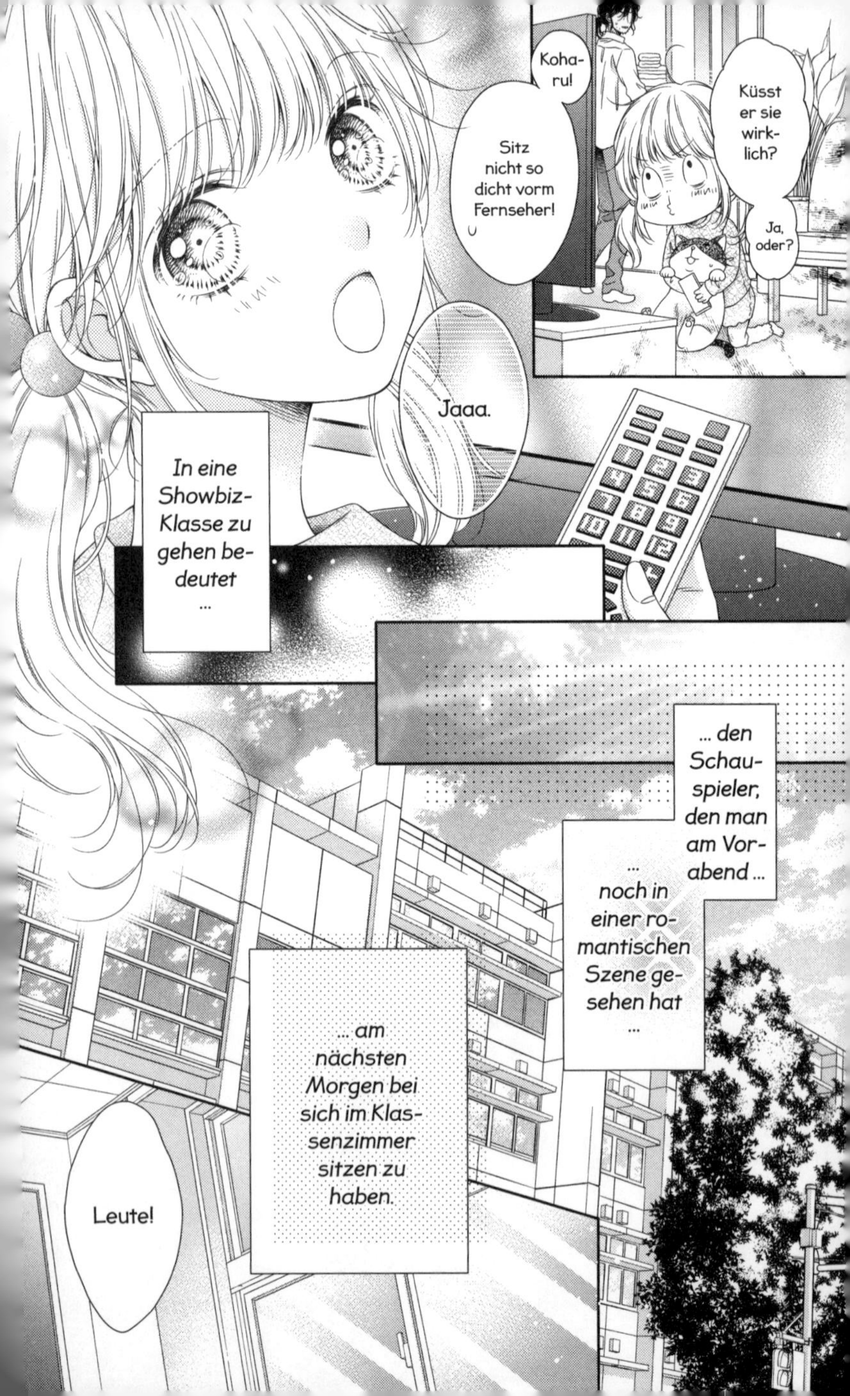
Koharu!
Küsst er sie wirklich?
Ja, oder?
Sitz nicht so dicht vorm Fernseher!
Jaaa.
In eine Showbiz-Klasse zu gehen bedeutet ...
... den Schauspieler, den man am Vorabend ...
... noch in einer romantischen Szene gesehen hat ...
... am nächsten Morgen bei sich im Klassenzimmer sitzen zu haben.
Leute!

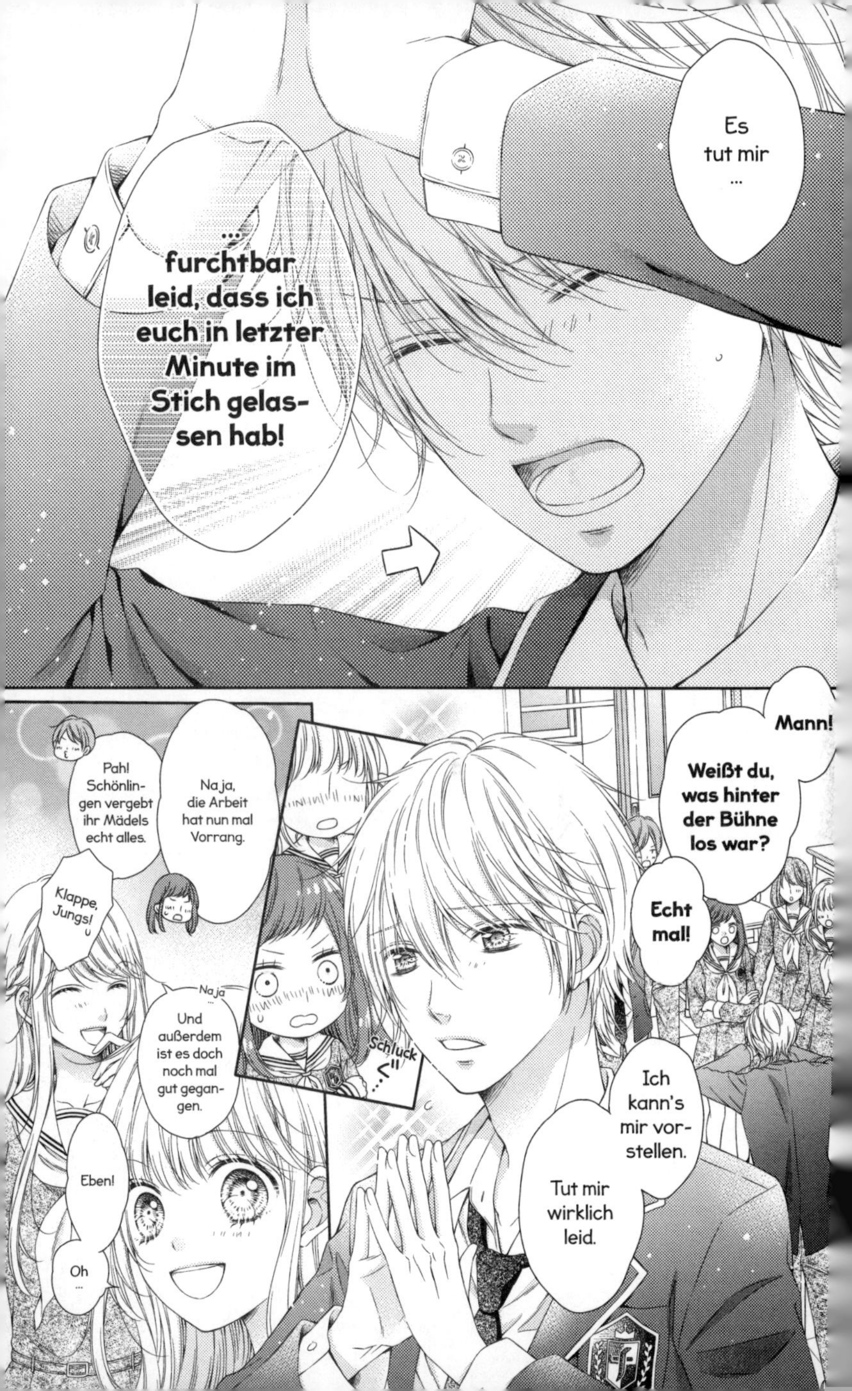
Es tut mir …
… furchtbar leid, dass ich euch in letzter Minute im Stich gelassen hab!
Mann!
Weißt du, was hinter der Bühne los war?
Echt mal!
Ich kann's mir vorstellen.
Tut mir wirklich leid.
Schluck
Na ja, die Arbeit hat nun mal Vorrang.
Pah! Schönlingen vergebt ihr Mädels echt alles.
Klappe, Jungs!
Na ja …
Und außerdem ist es doch noch mal gut gegangen.
Eben!
Oh …

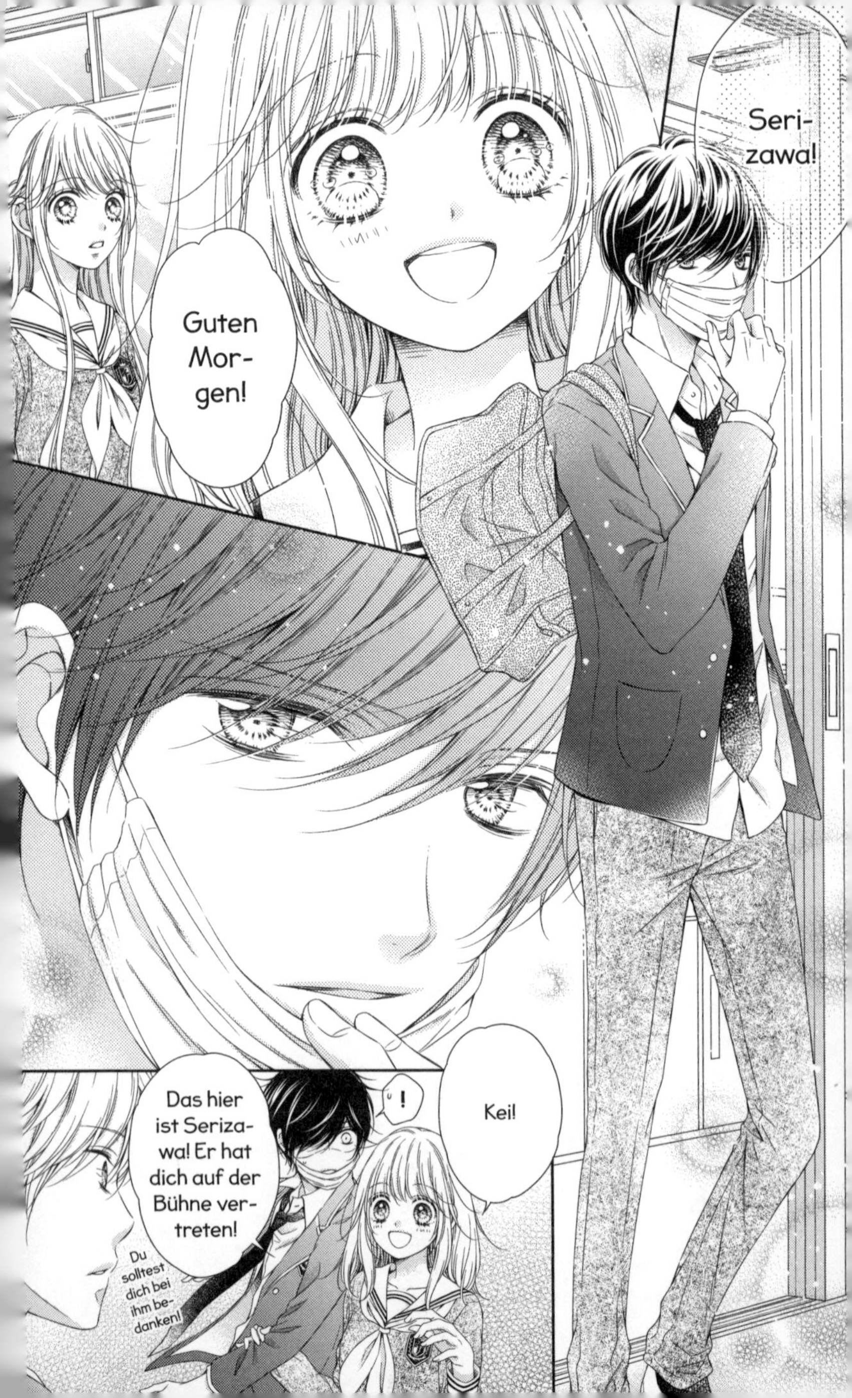
Serizawa!
Guten Morgen!
Kei!
!
Das hier ist Serizawa! Er hat dich auf der Bühne vertreten!
Du solltest dich bei ihm bedanken!

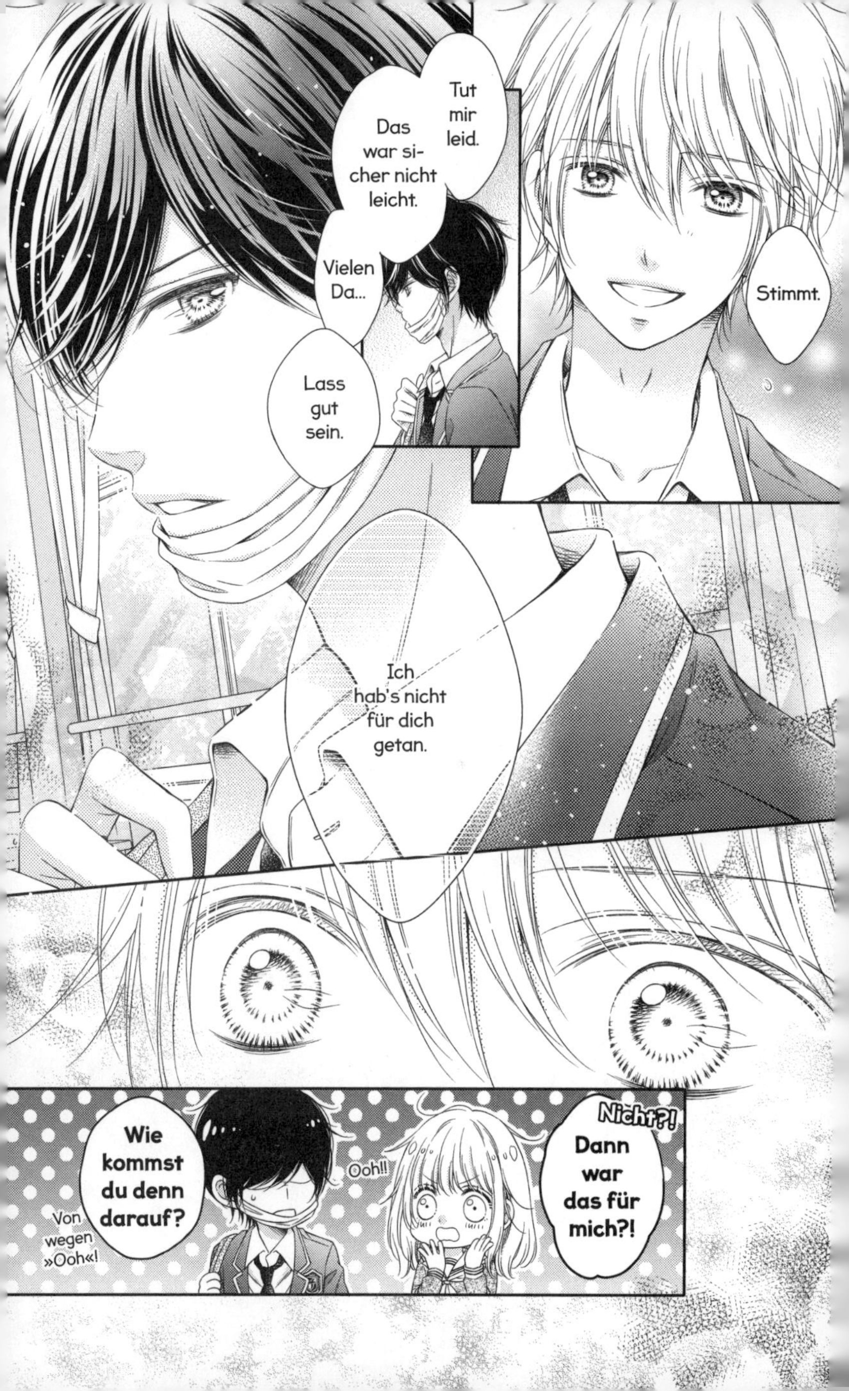
Stimmt.
Tut mir leid.
Das war sicher nicht leicht.
Vielen Da...
Lass gut sein.
Ich hab's nicht für dich getan.
Nicht?!
Dann war das für mich?!
Ooh!!
Wie kommst du denn darauf?
Von wegen »Ooh«!

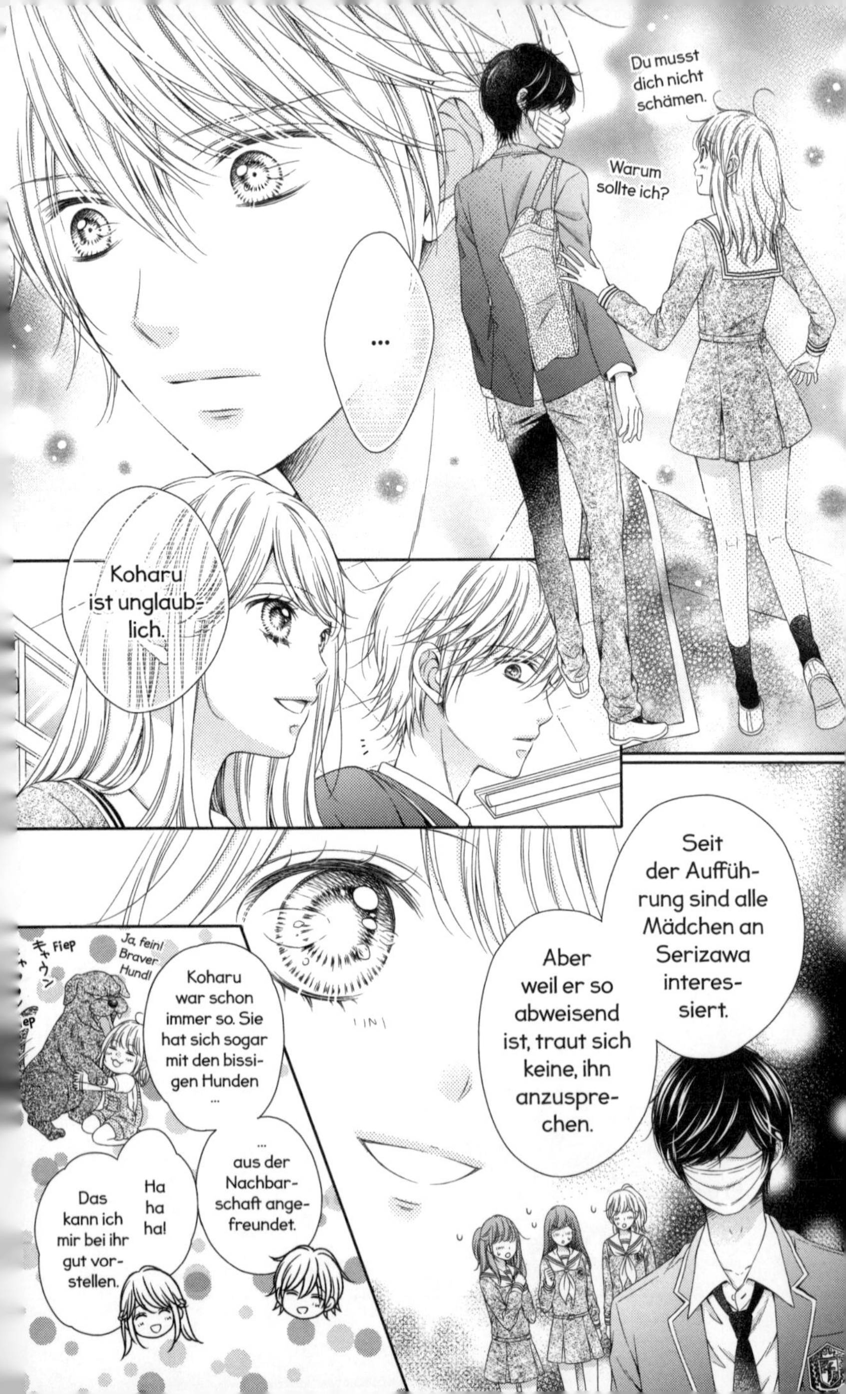

Du musst dich nicht schämen.
Warum sollte ich?
...
Koharu ist unglaub-lich.
Seit der Aufführung sind alle Mädchen an Serizawa interessiert.
Aber weil er so abweisend ist, traut sich keine, ihn anzusprechen.
Koharu war schon immer so. Sie hat sich sogar mit den bissigen Hunden ...
Ja, fein! Braver Hund!
Fiep
... aus der Nachbarschaft angefreundet.
Ha ha ha!
Das kann ich mir bei ihr gut vorstellen.

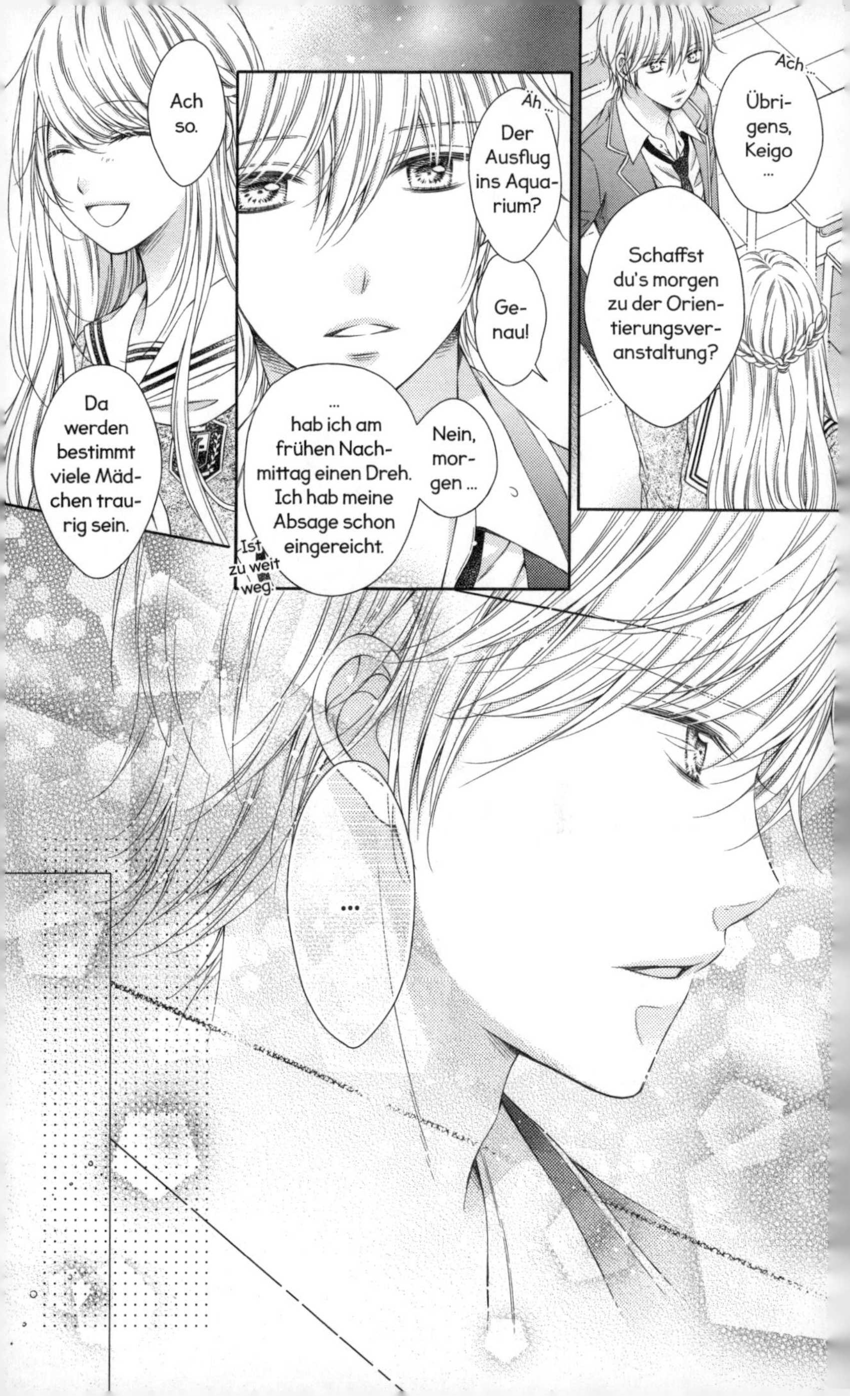
Ach ...
Übrigens, Keigo ...
Schaffst du's morgen zu der Orientierungsveranstaltung?
Äh ...
Der Ausflug ins Aquarium?
Genau!
Nein, morgen ...
... hab ich am frühen Nachmittag einen Dreh. Ich hab meine Absage schon eingereicht.
Ist zu weit weg!
Ach so.
Da werden bestimmt viele Mädchen traurig sein.
...

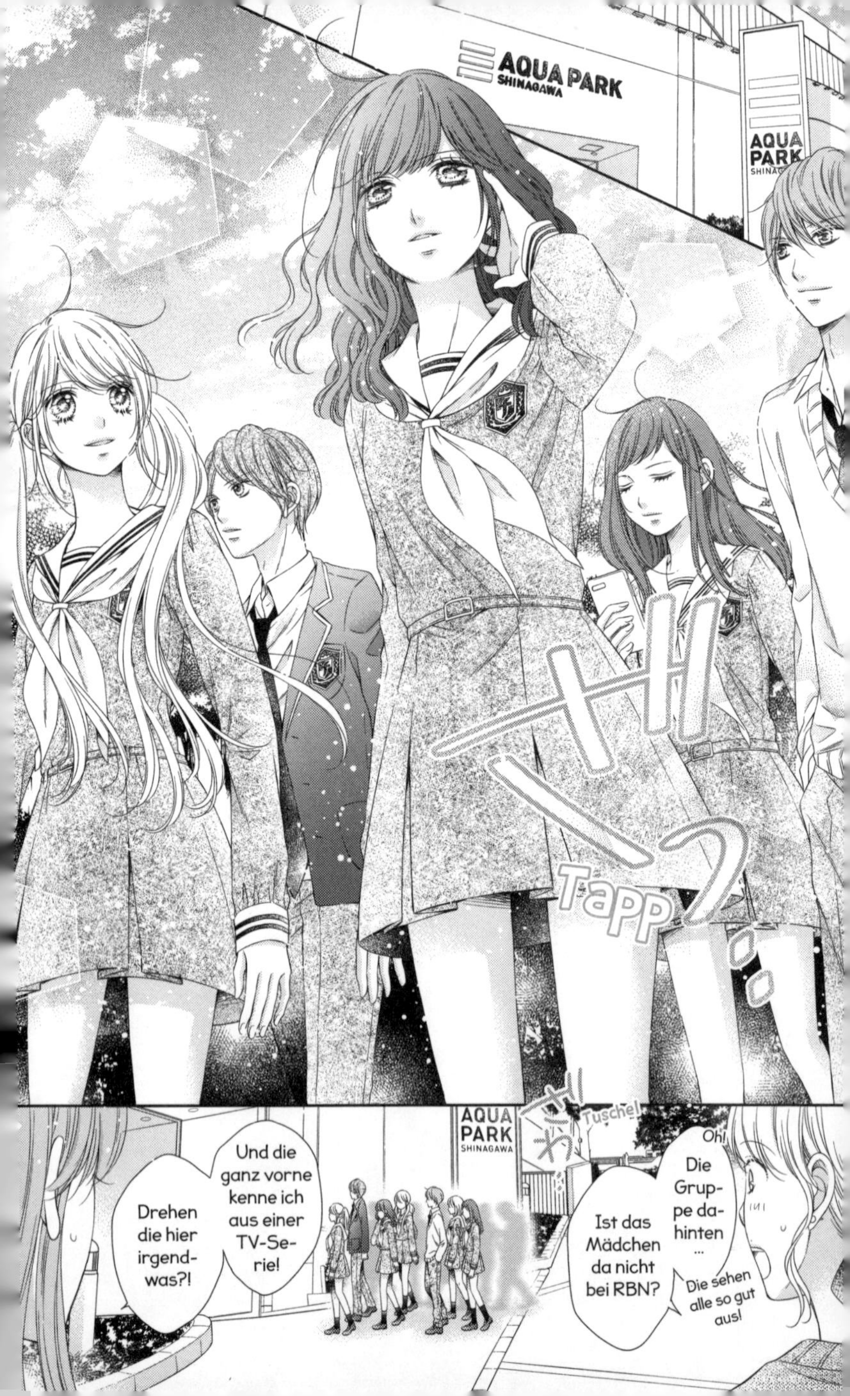
AQUA PARK SHINAGAWA
AQUA PARK SHINAGAWA
Tapp
AQUA PARK SHINAGAWA
Tusche!
Oh!
Die Grup-pe da-hinten ...
Die sehen alle so gut aus!
Ist das Mädchen da nicht bei RBN?
Und die ganz vorne kenne ich aus einer TV-Se-rie!
Drehen die hier irgend-was?!

Zu kleine Schrift? 2

Trotz meines guten Vorsatzes merke ich, wie meine Buchstaben jetzt schon wieder kleiner werden ... (Lach) Dafür, dass ich mich immer darüber beschwere, dass ich nicht weiß, womit ich die Randspalten füllen soll, schreibe ich sie wirklich proppenvoll, und das trotz meiner kleinen Schrift. Das fällt mir immer auf, wenn ich alte Manga von mir durchblättere. (Ich hab nicht gesagt, dass auch was Vernünftiges drinsteht.) Sonst habe ich mir, wann immer der erste Band einer neuen Serie erschienen ist, den Kopf darüber zerbrochen, ob ich die Randspalten nicht einfach leer lassen soll. Das ist schon zu einer Art Ritual geworden. Doch dankenswerterweise höre ich von meinen Lesern häufig, dass sie nicht nur meine Manga, sondern auch die Randkolumnen mögen. Also habe ich beschlossen, nicht mehr darüber nachzudenken und, solange ich das Glück habe, Manga veröffentlichen zu dürfen, einfach wie bisher weiterzumachen. In diesem Sinne, freut euch auch auf den Randspaltentalk der Folgebände von Reflections of Ultramarine? Das wird ein ganzer Roman?

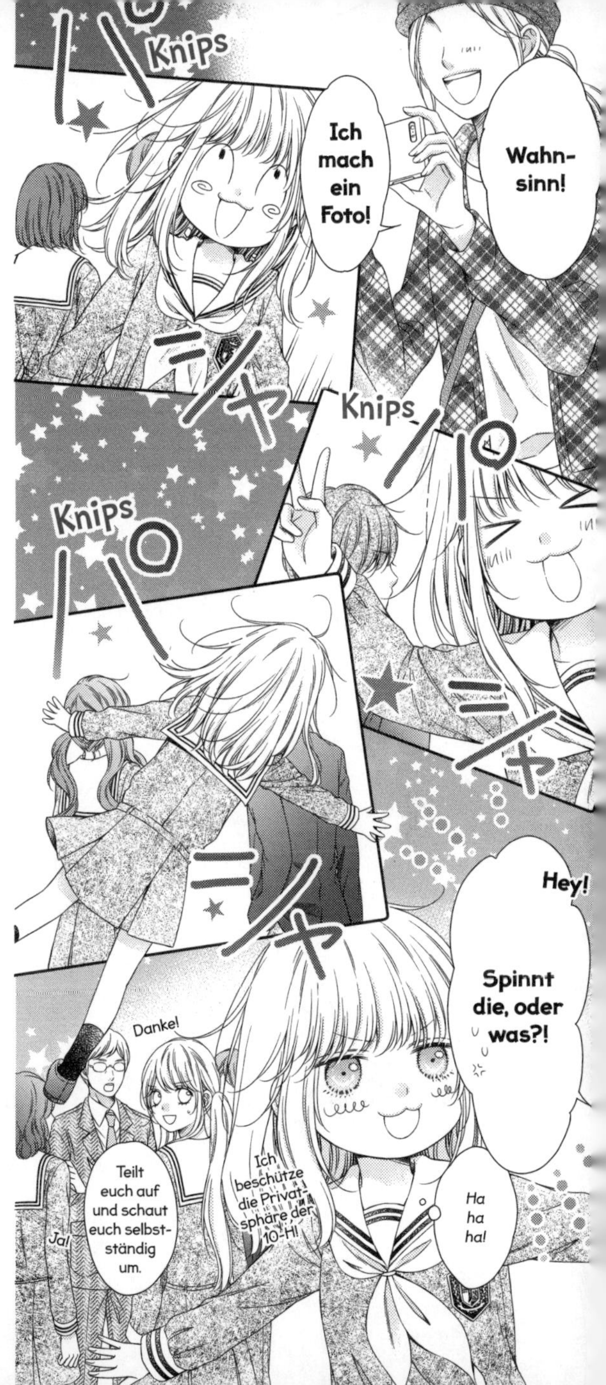

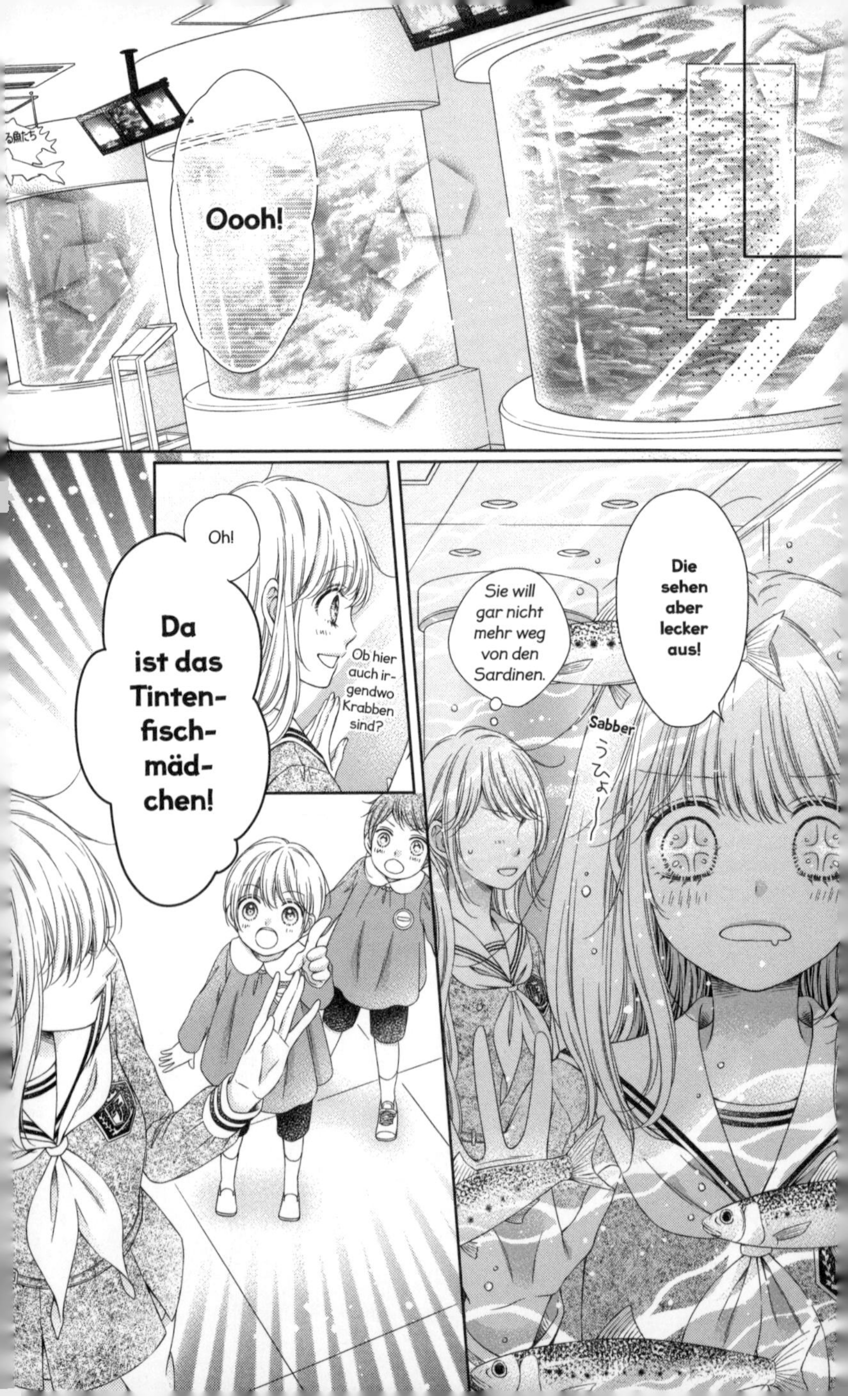
る魚たち
Oooh!
Die sehen aber lecker aus!
Sabber
うひょ～
Sie will gar nicht mehr weg von den Sardinen.
Oh!
Ob hier auch ir-gendwo Krabben sind?
Da ist das Tinten-fisch-mäd-chen!

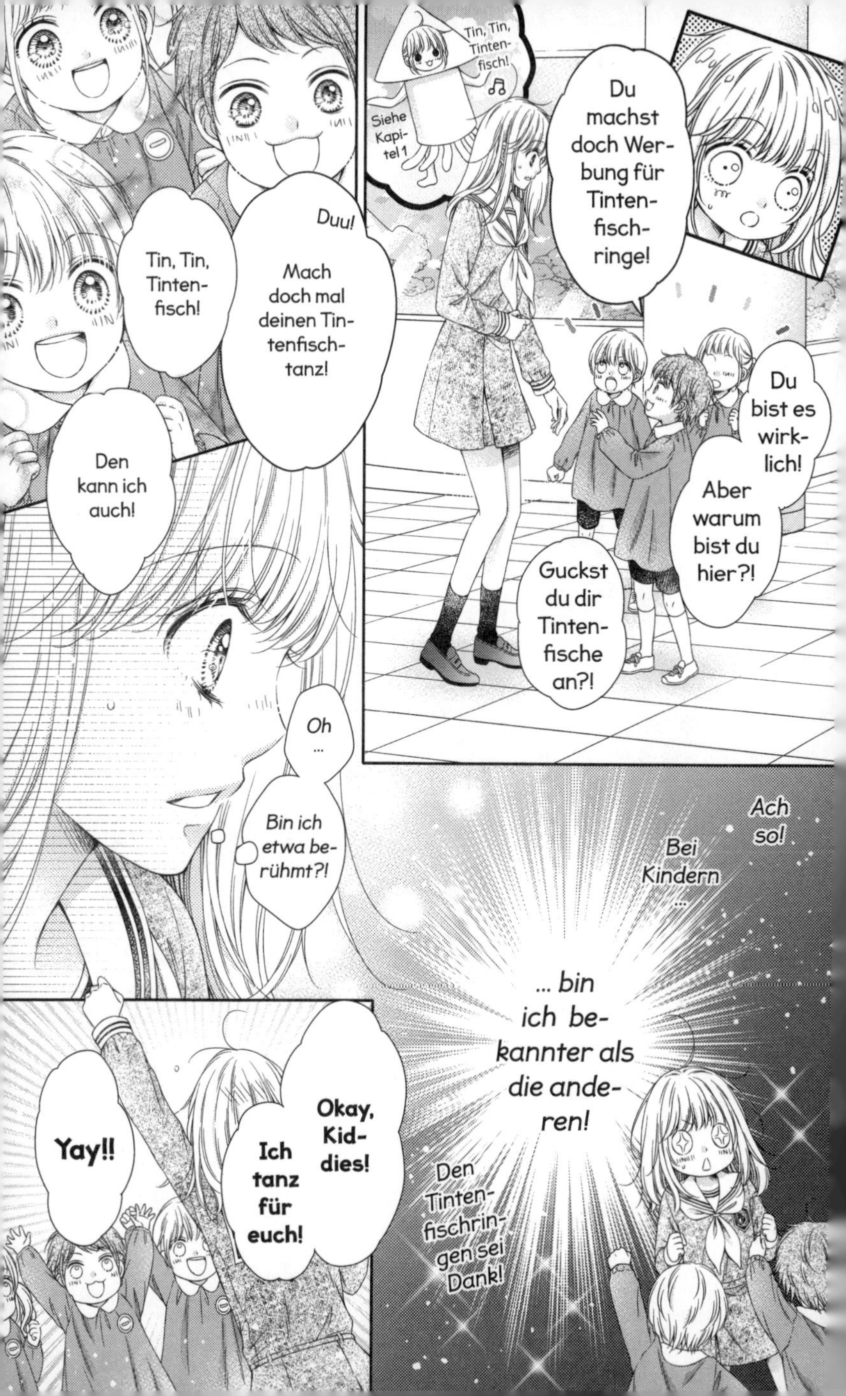
Du machst doch Werbung für Tintenfischringe!
Tin, Tin, Tintenfisch! ♫
Siehe Kapitel 1
Du bist es wirklich!
Aber warum bist du hier?!
Guckst du dir Tintenfische an?!
Duuu!
Mach doch mal deinen Tintenfischtanz!
Tin, Tin, Tintenfisch!
Den kann ich auch!
Oh ...
Bin ich etwa berühmt?!
Ach so!
Bei Kindern ...
... bin ich bekannter als die anderen!
Den Tintenfischringen sei Dank!
Okay, Kiddies!
Ich tanz für euch!
Yay!!

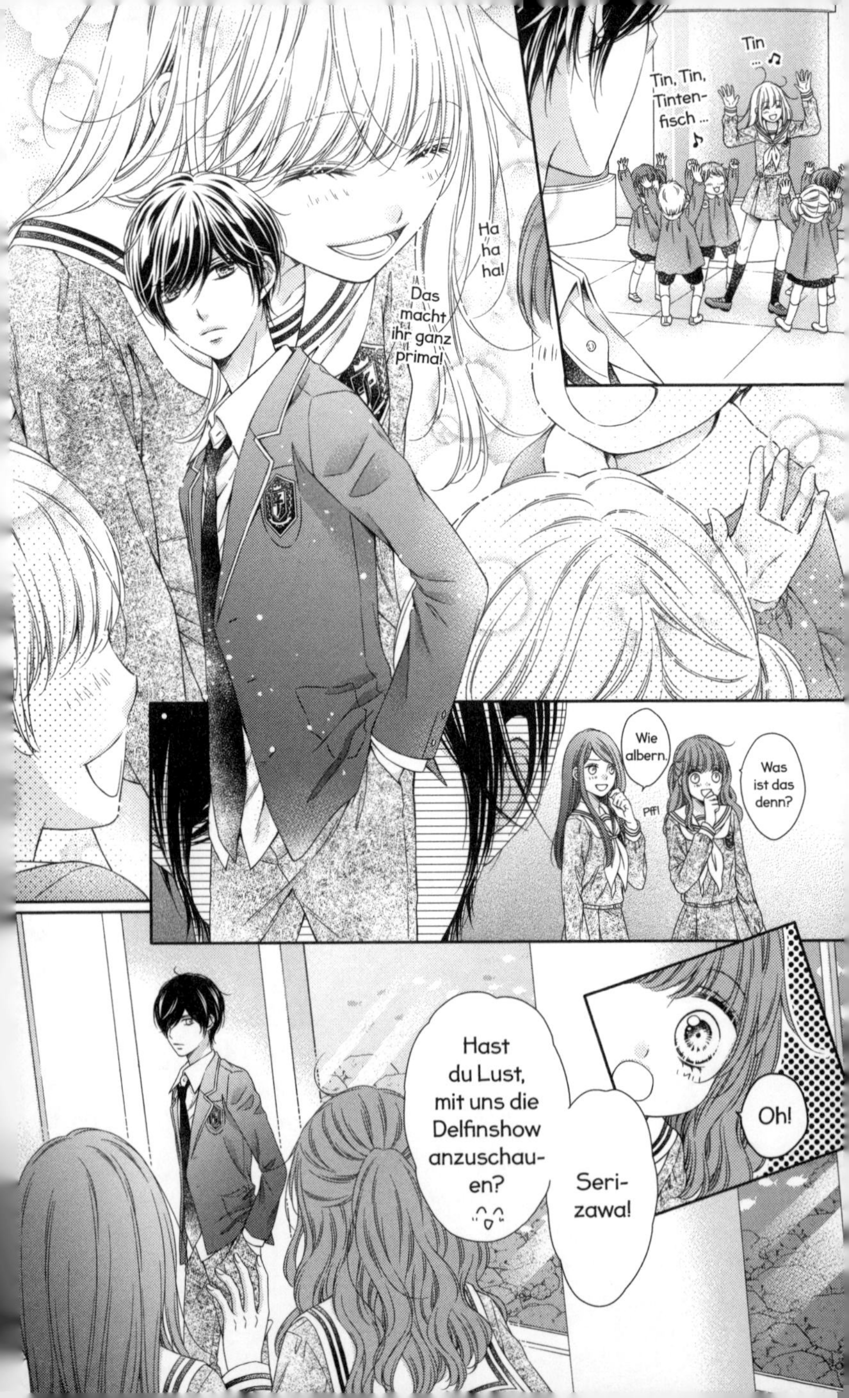
Tin ...
Tin, Tin, Tintenfisch ...
Ha ha ha!
Das macht ihr ganz prima!
Was ist das denn?
Wie albern.
Pff!
Oh!
Seri-zawa!
Hast du Lust, mit uns die Delfinshow anzuschauen?

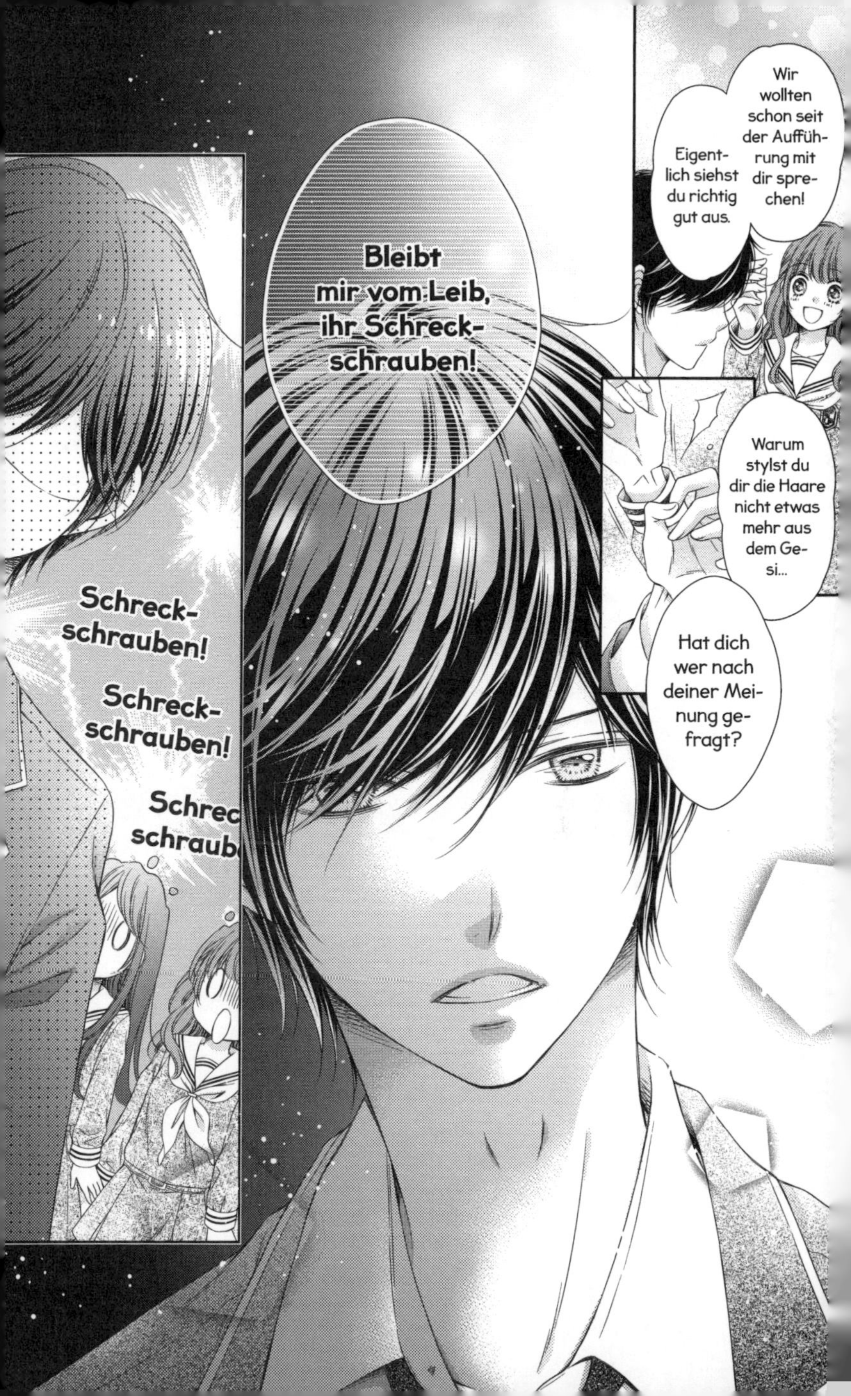
Wir wollten schon seit der Aufführung mit dir sprechen!
Eigentlich siehst du richtig gut aus.
Warum stylst du dir die Haare nicht etwas mehr aus dem Gesi...
Hat dich wer nach deiner Meinung gefragt?
Bleibt mir vom Leib, ihr Schreckschrauben!
Schreckschrauben!
Schreckschrauben!

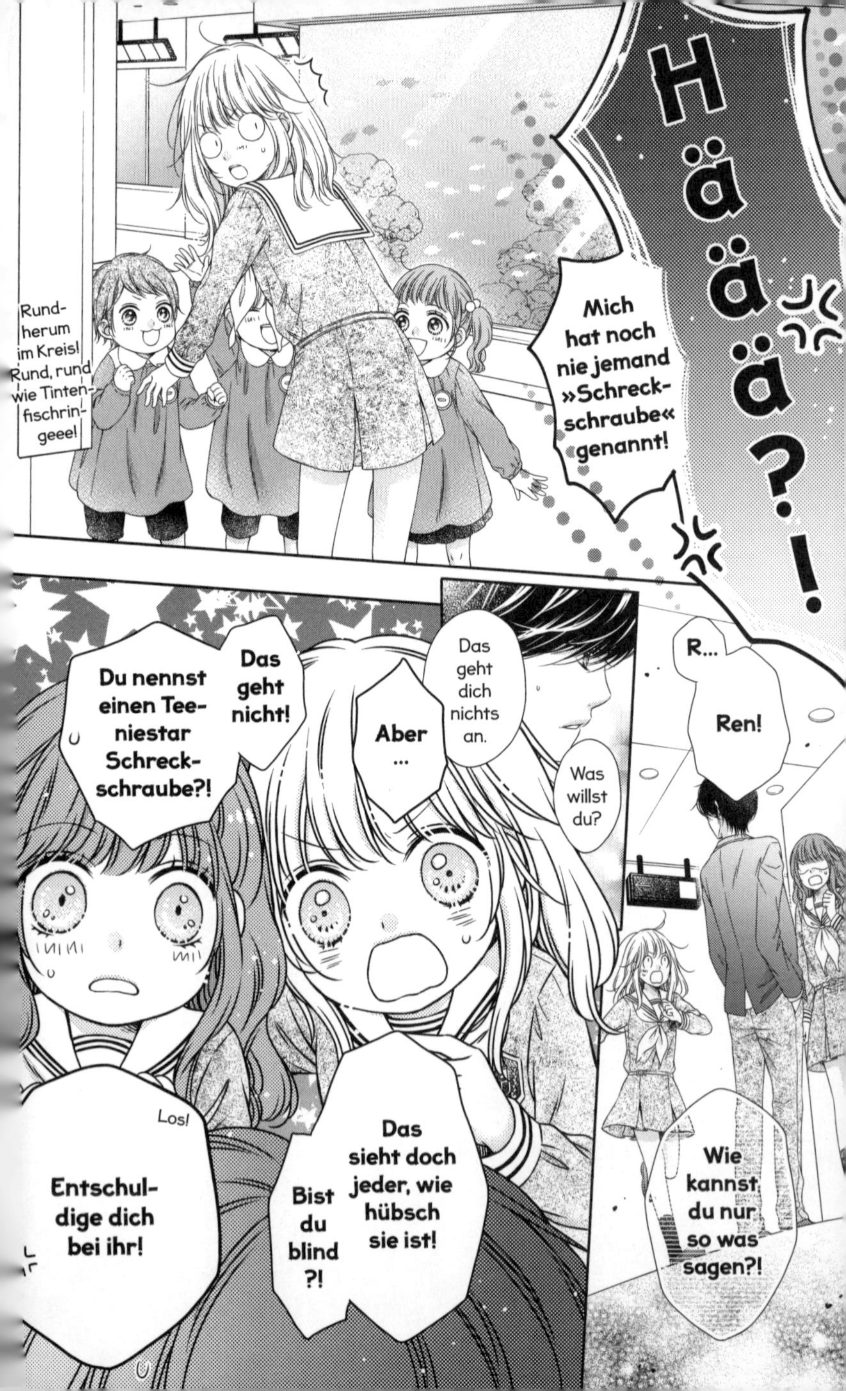
Hääää?!
Mich hat noch nie jemand »Schreckschraube« genannt!
Rundherum im Kreis! Rund, rund wie Tintenfischringeee!
R...
Ren!
Was willst du?
Das geht dich nichts an.
Aber ...
Das geht nicht!
Du nennst einen Teeniestar Schreckschraube?!
Wie kannst du nur so was sagen?!
Das sieht doch jeder, wie hübsch sie ist!
Bist du blind?!
Los!
Entschuldige dich bei ihr!

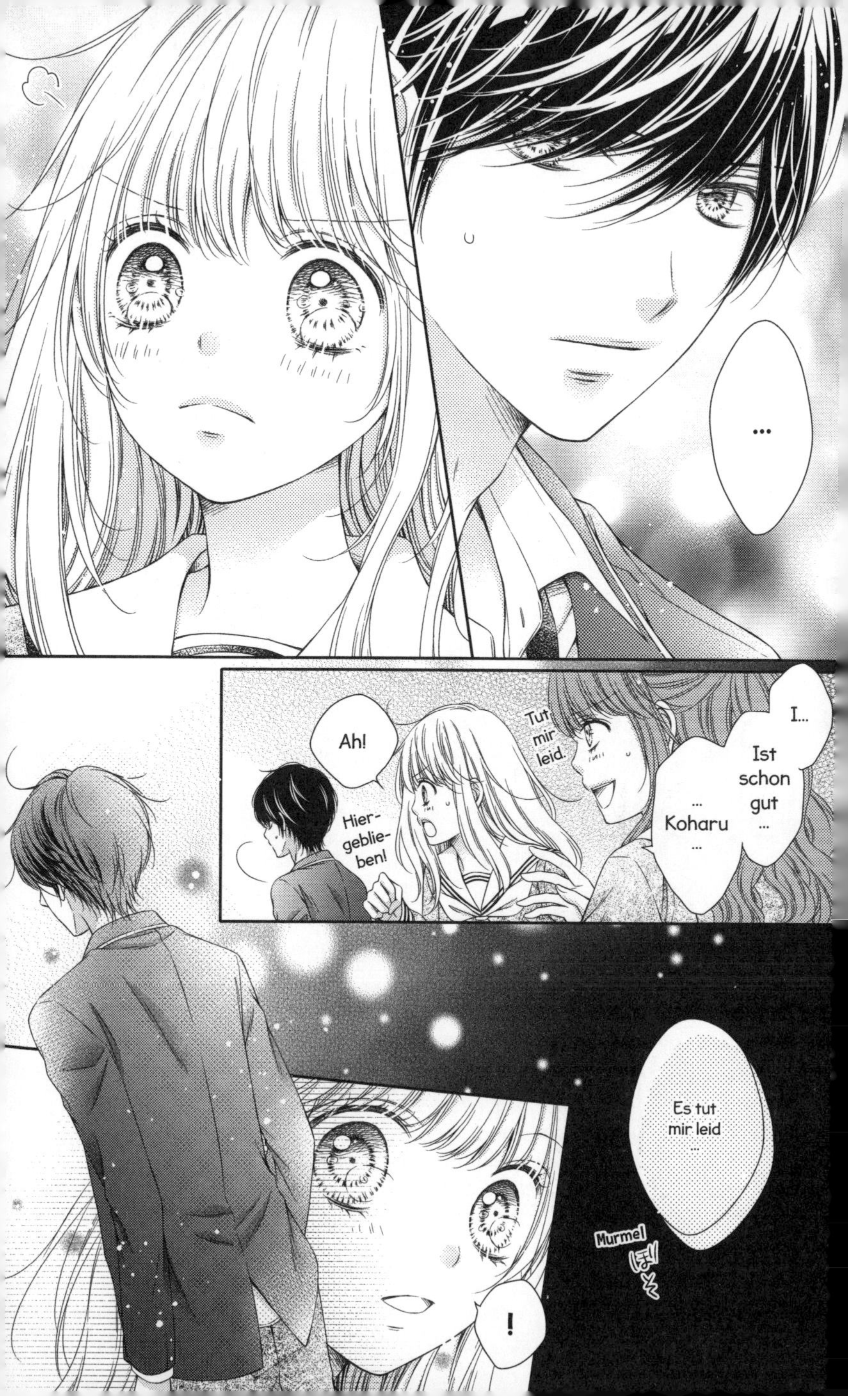
...
I...
Ist schon gut ...
... Koharu ...
Tut mir leid.
Ah!
Hiergeblieben!
Es tut mir leid ...
Murmel
ぼそ
!

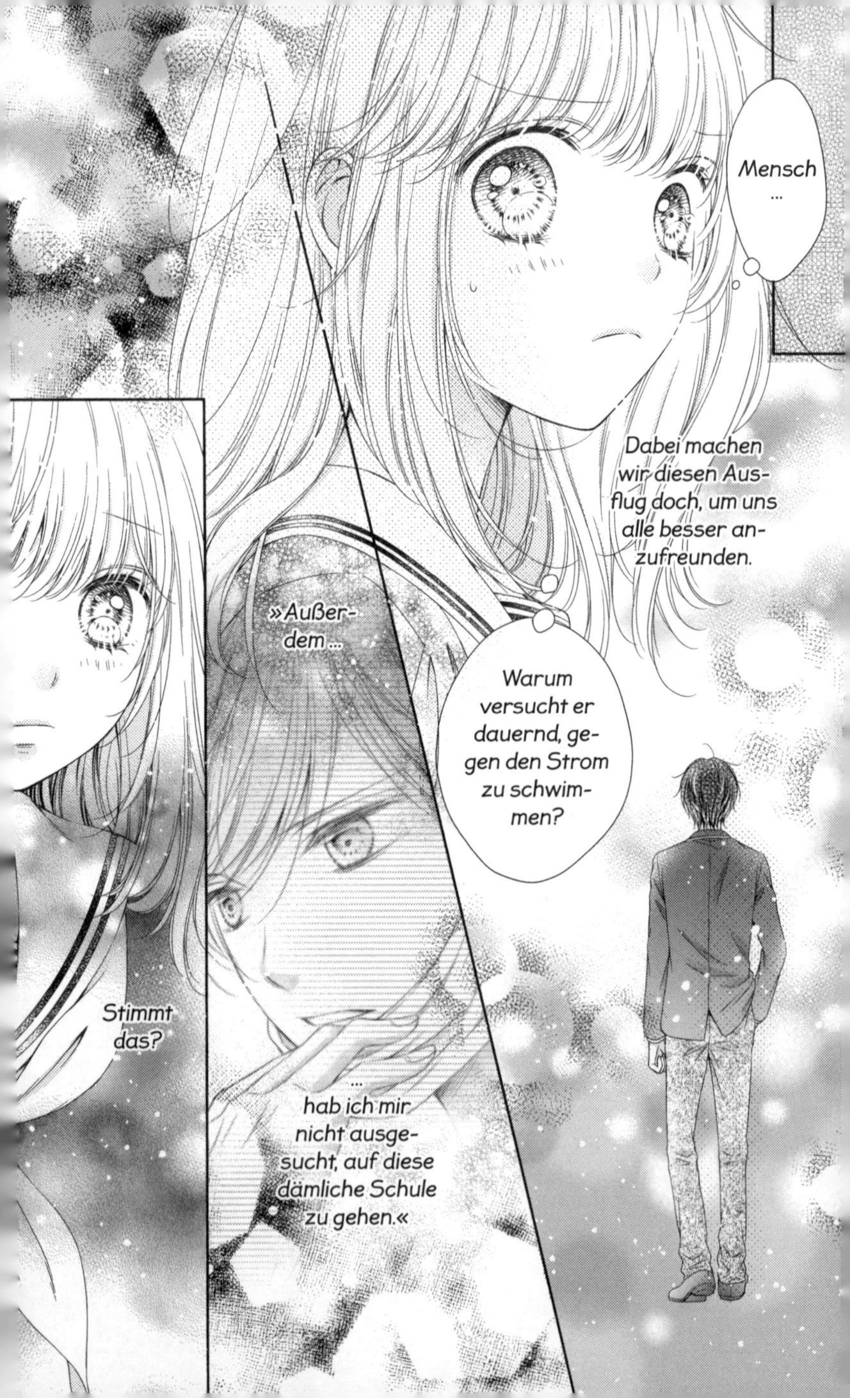

Mensch ...
Dabei machen wir diesen Ausflug doch, um uns alle besser anzufreunden.
Warum versucht er dauernd, gegen den Strom zu schwimmen?
»Außerdem ...
... hab ich mir nicht ausgesucht, auf diese dämliche Schule zu gehen.«
Stimmt das?

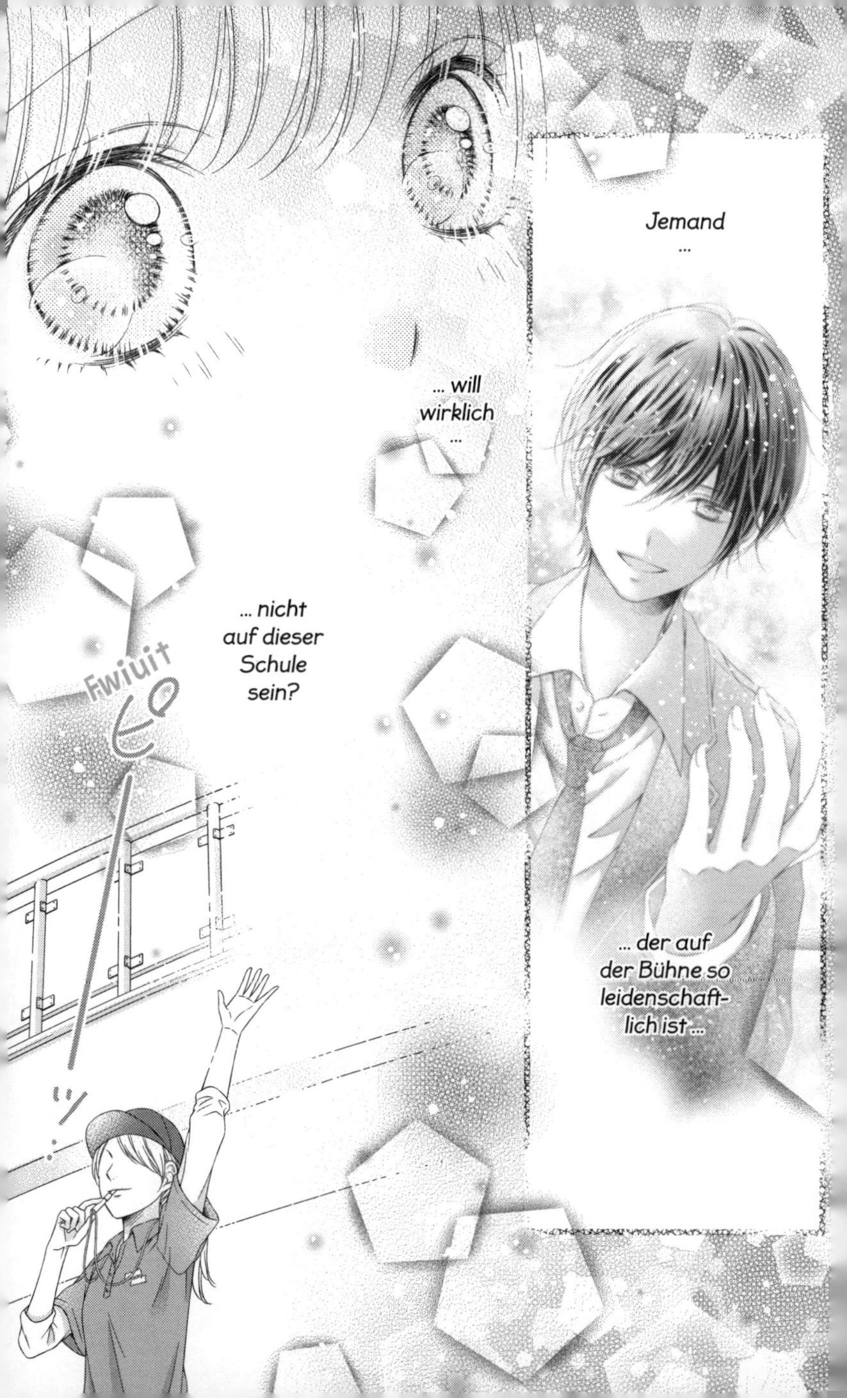
Jemand
...
... der auf
der Bühne so
leidenschaft-
lich ist ...
... will
wirklich
...
... nicht
auf dieser
Schule
sein?
Fwiuit

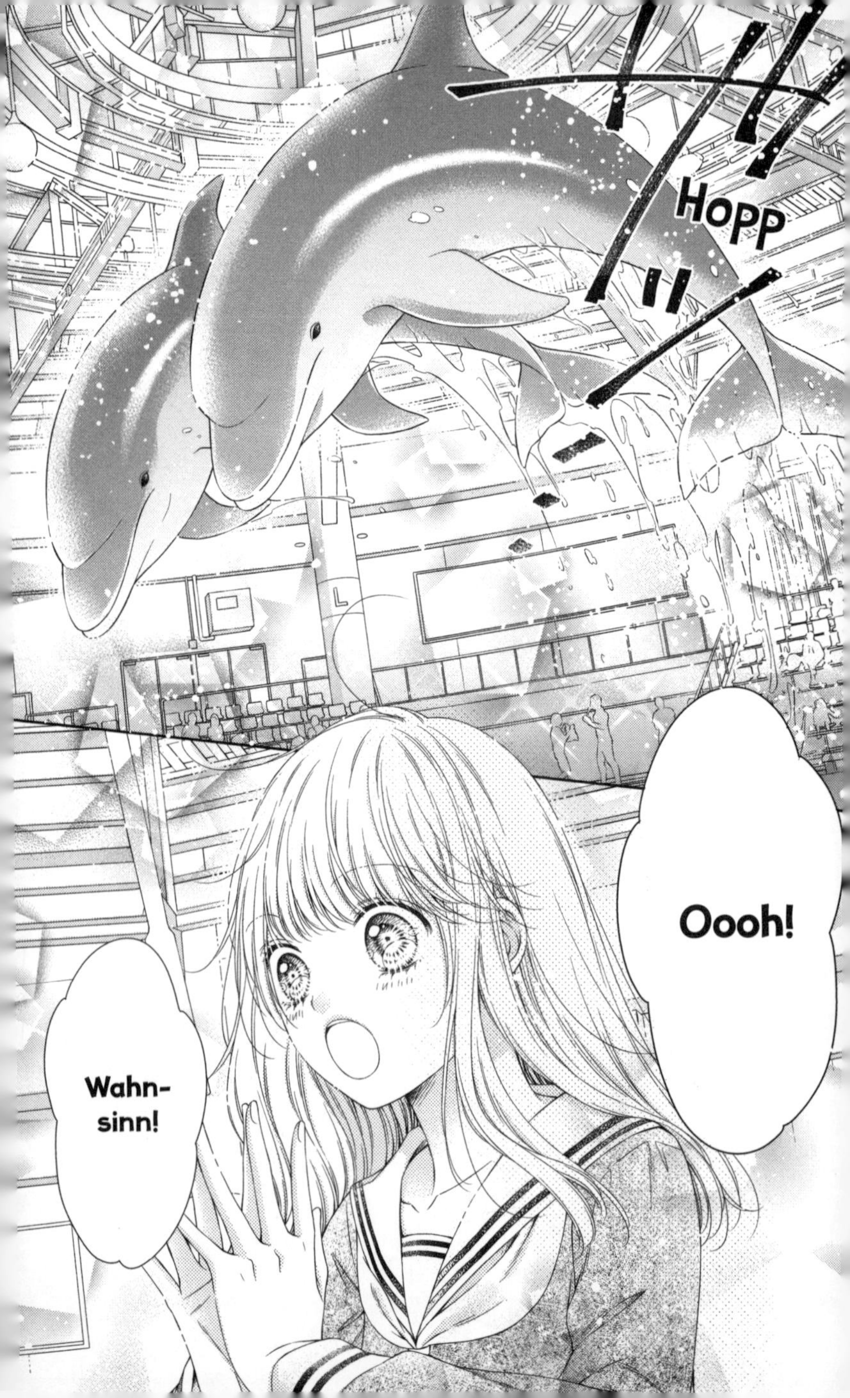
HOPP
Oooh!
Wahn-
sinn!

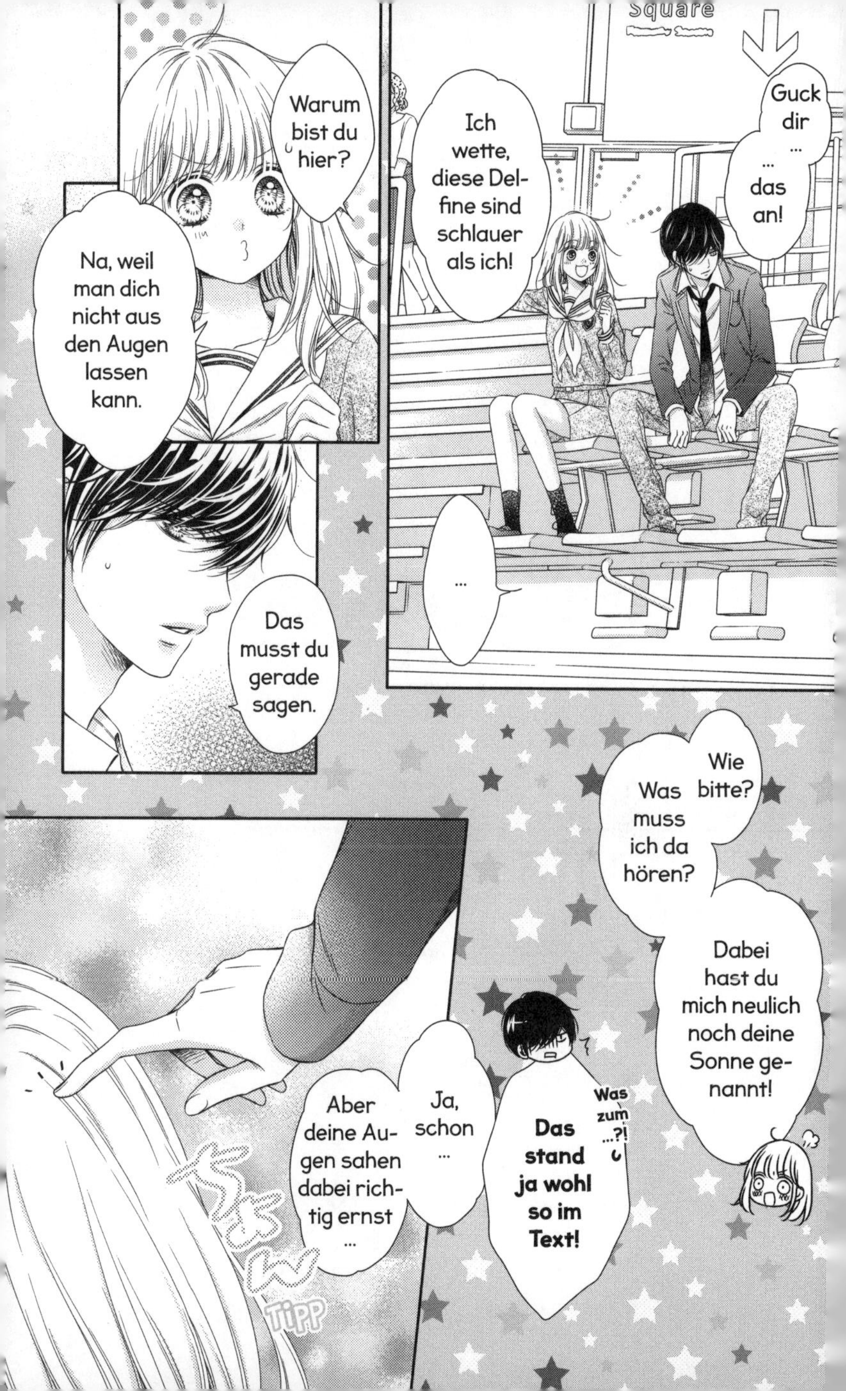
Square
Guck dir ... ... das an!
Ich wette, diese Delfine sind schlauer als ich!
Warum bist du hier?
Na, weil man dich nicht aus den Augen lassen kann.
...
Das musst du gerade sagen.
Wie bitte?
Was muss ich da hören?
Dabei hast du mich neulich noch deine Sonne genannt!
Was zum ...?!
Das stand ja wohl so im Text!
Ja, schon ...
Aber deine Augen sahen dabei richtig ernst ...
TIPP

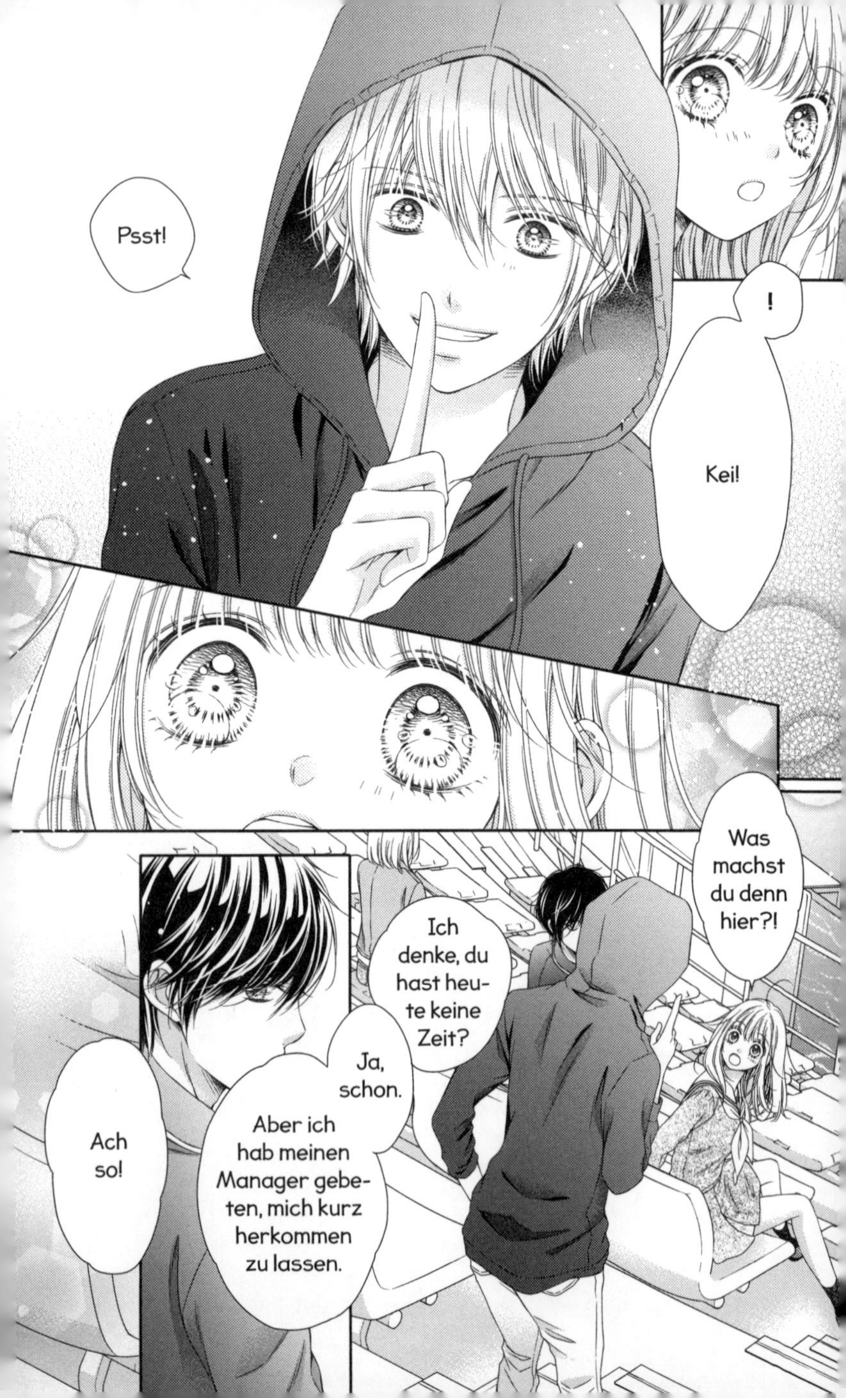

!
Psst!
Kei!
Was machst du denn hier?!
Ich denke, du hast heute keine Zeit?
Ja, schon.
Aber ich hab meinen Manager gebeten, mich kurz herkommen zu lassen.
Ach so!

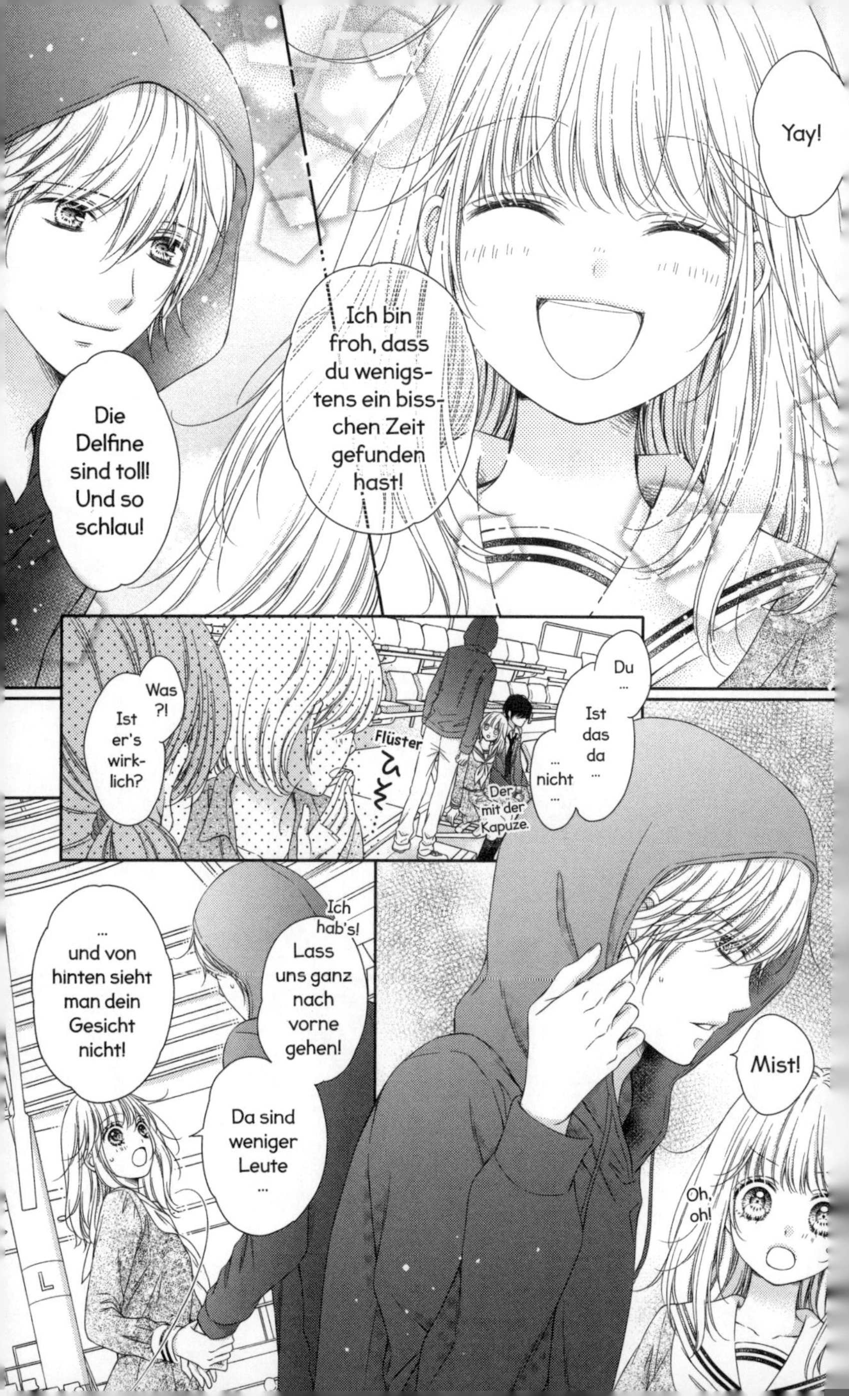

Yay!
Ich bin froh, dass du wenigstens ein bisschen Zeit gefunden hast!
Die Delfine sind toll! Und so schlau!
Du …
Ist das da …
… nicht …
Der mit der Kapuze.
Flüster
Was?!
Ist er's wirklich?
Mist!
Oh, oh!
Ich hab's!
Lass uns ganz nach vorne gehen!
Da sind weniger Leute …
… und von hinten sieht man dein Gesicht nicht!

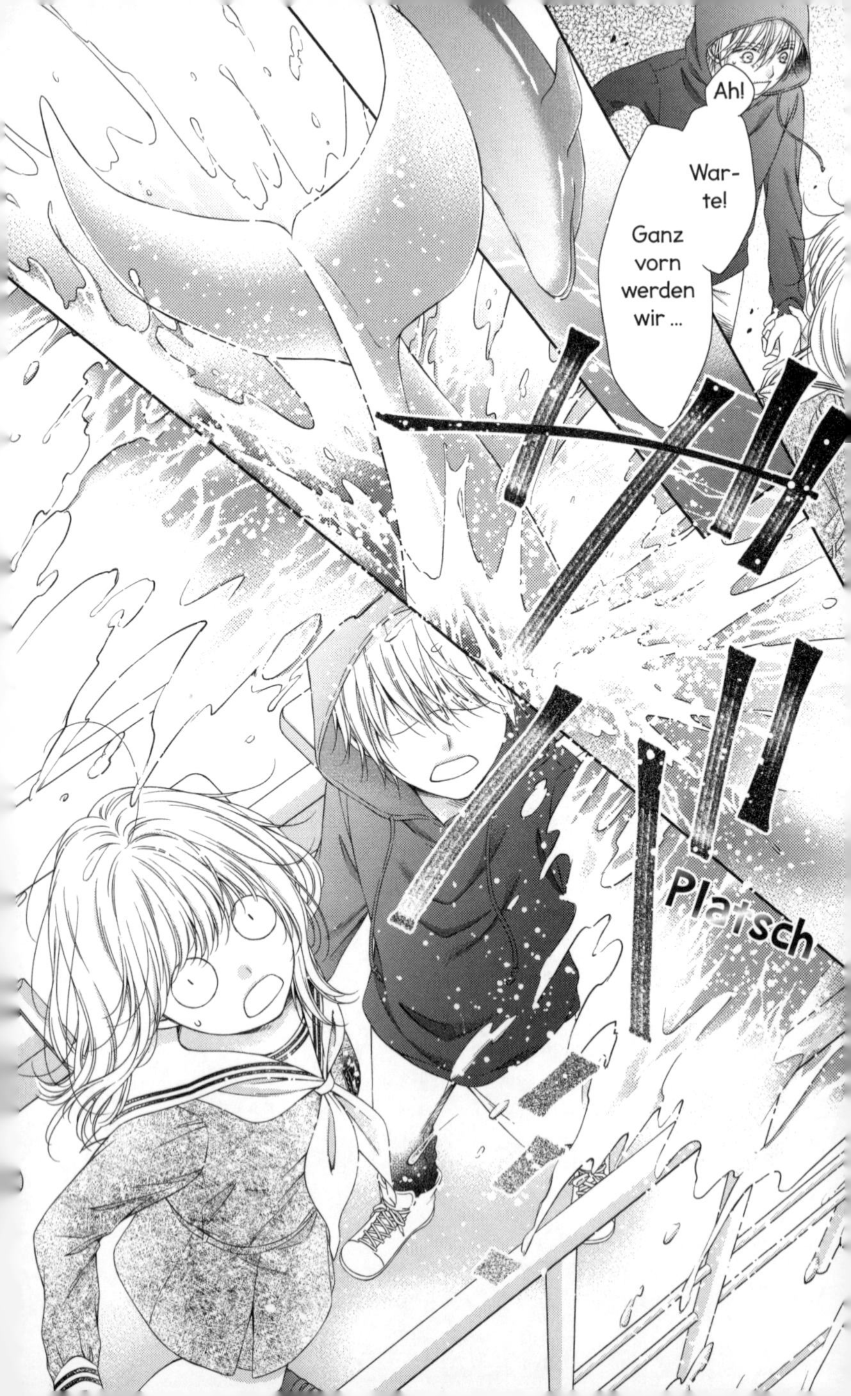
Ah!
Warte!
Ganz vorn werden wir ...
Platsch

Eigentlich ... **3**

... habe ich mir ja angewöhnt, im ersten Band jeder neuen Serie die Charakterprofile der Figuren zu veröffentlichen, doch dieses Mal werde ich aus diversen Gründen noch ein wenig damit warten. Im nächsten Band werde ich das schleunigst nachholen. ; Sorry?

Ach ja, und bei der Planung der Cover haben wir uns dieses Mal für die Gesichter der Charaktere im Close-up entschieden. Meine Redakteurin war Feuer und Flamme für diese Idee und hat sie enthusiastisch vertreten. Ich habe nur gebannt zugehört und gedacht: »Oh, das klingt eigentlich richtig gut? Bing« Also hab ich es dann genau so gemacht. (Lach)

Doch, MYPN meint das ernst? (Lach)

Allerdings scheue ich mich immer davor, Gesichter im Close-up zu zeichnen. Ich tue mich nämlich ziemlich schwer damit, auch auf Coverillustrationen. Aber andererseits ist es vielleicht gerade deshalb eine ganz gute Herausforderung für mich.
W... Wie habe ich mich geschlagen? (Lach)
Ich hoffe jedenfalls, dass ich mit der Zeit besser darin werde?

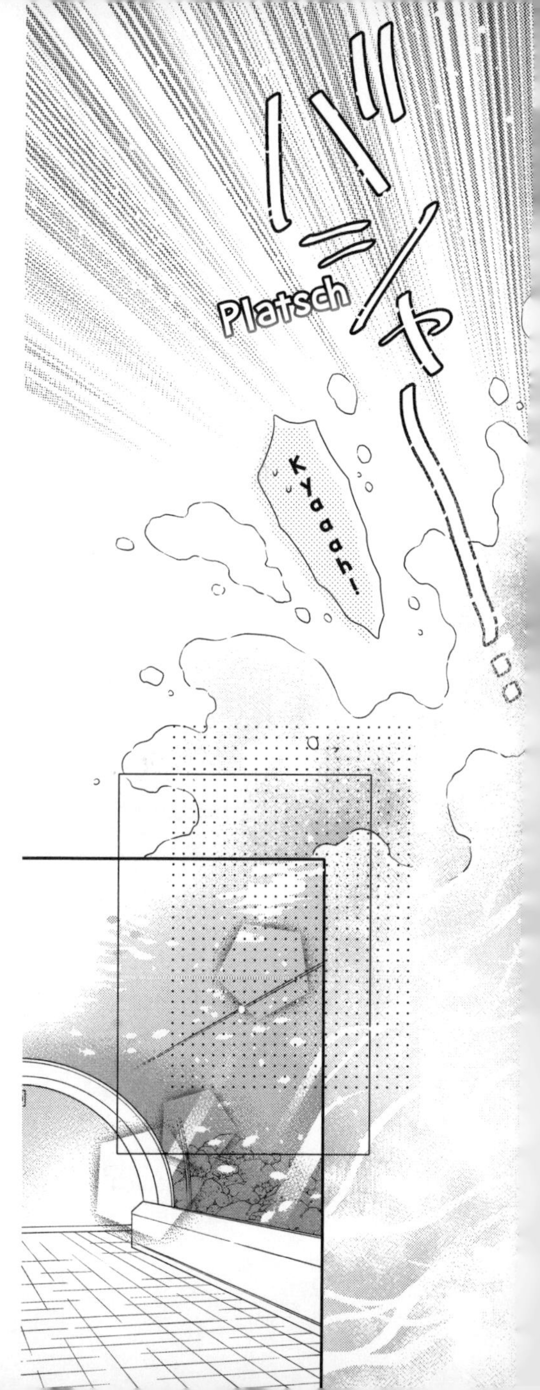

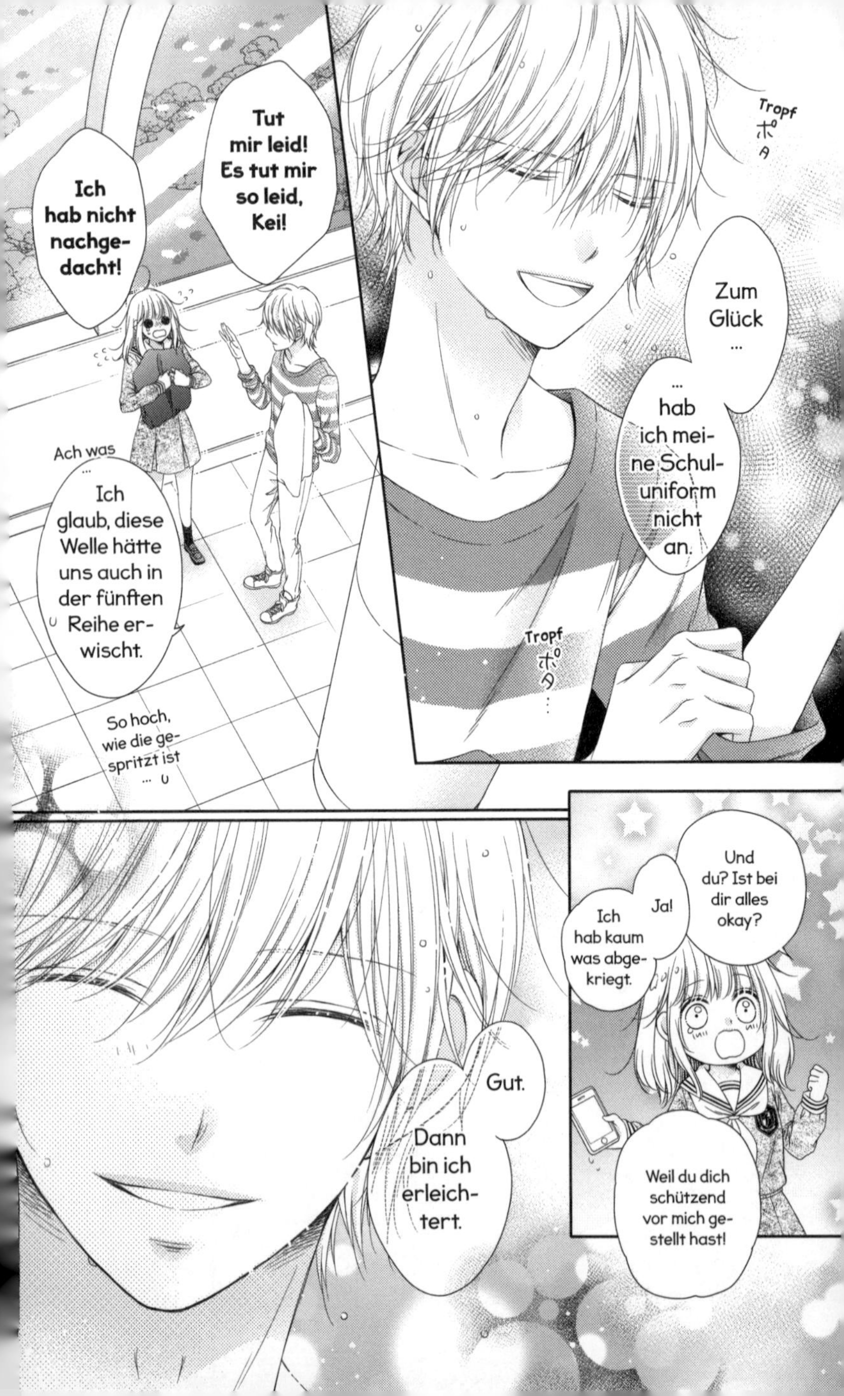

Tropf ポタ
Zum Glück ...
... hab ich meine Schuluniform nicht an.
Tropf ポタ ...
Tut mir leid! Es tut mir so leid, Kei!
Ich hab nicht nachgedacht!
Ach was ...
Ich glaub, diese Welle hätte uns auch in der fünften Reihe erwischt.
So hoch, wie die gespritzt ist ...
Und du? Ist bei dir alles okay?
Ja!
Ich hab kaum was abgekriegt.
Weil du dich schützend vor mich gestellt hast!
Gut.
Dann bin ich erleichtert.

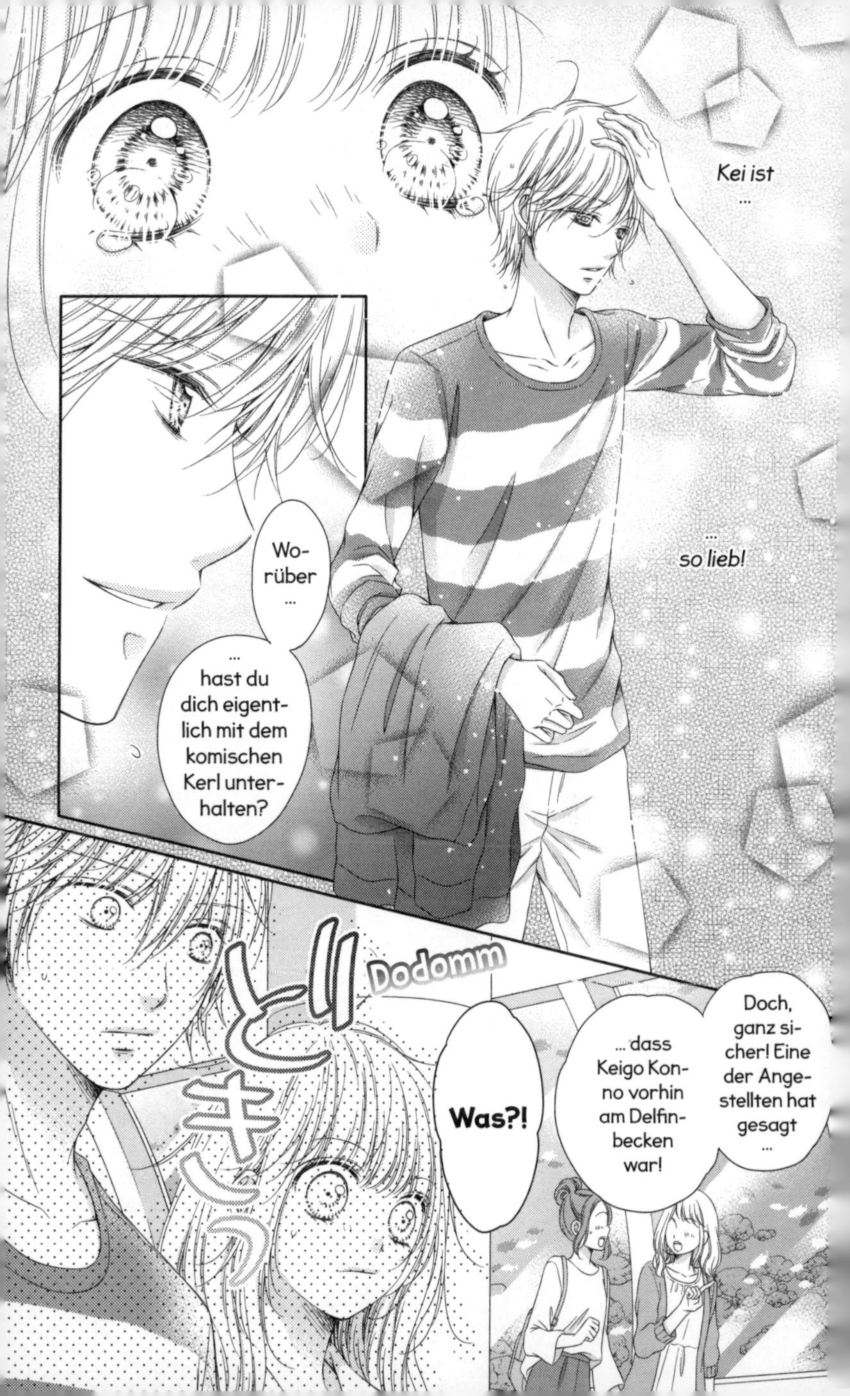
Kei ist ...
... so lieb!
Worüber ...
... hast du dich eigentlich mit dem komischen Kerl unterhalten?
Doch, ganz sicher! Eine der Angestellten hat gesagt ...
... dass Keigo Konno vorhin am Delfinbecken war!
Was?!
どきっ
Dodomm

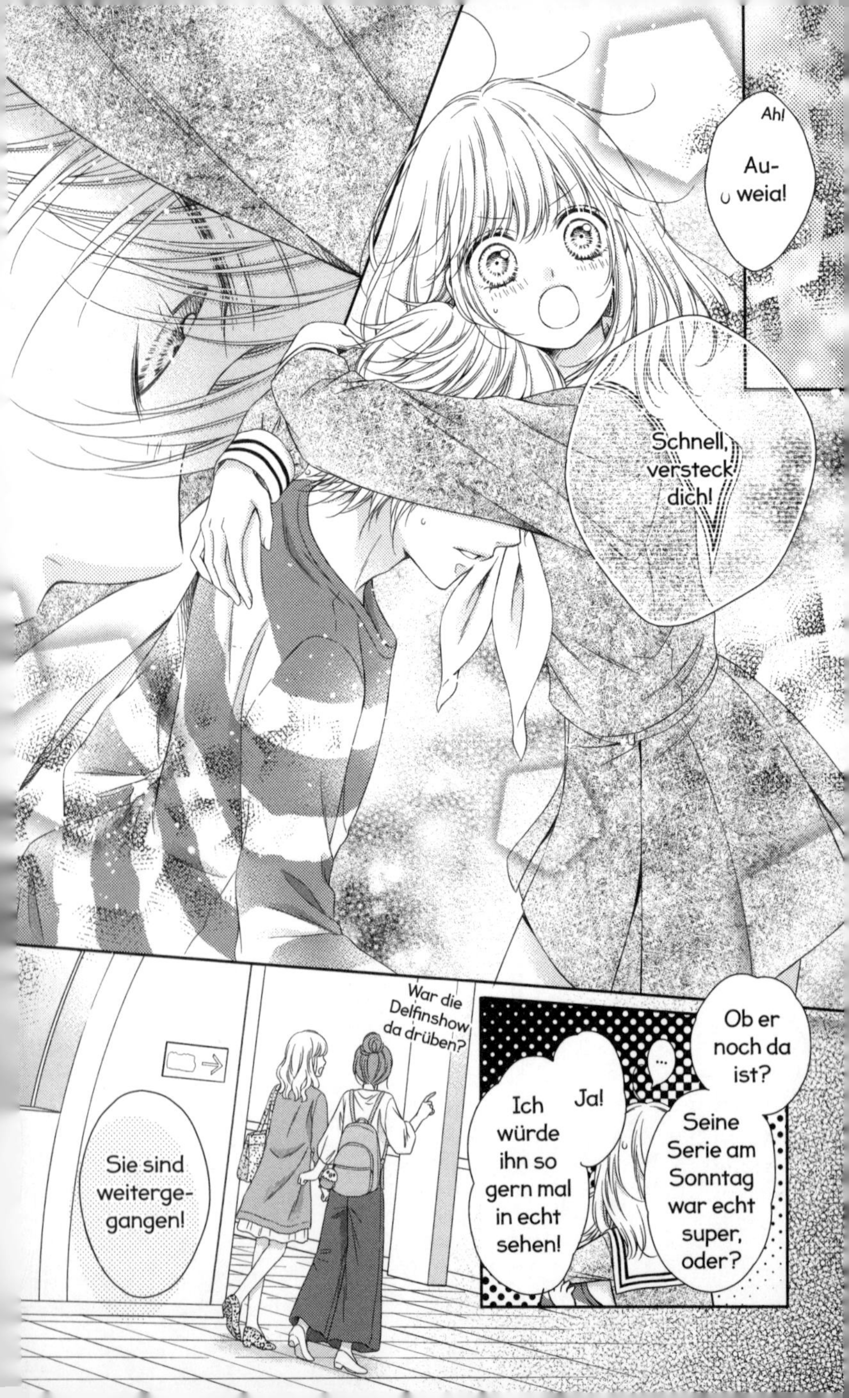
Ah!
Au-weia!
Schnell, versteck dich!
Ob er noch da ist?
...
Seine Serie am Sonntag war echt super, oder?
Ja!
Ich würde ihn so gern mal in echt sehen!
War die Delfinshow da drüben?
Sie sind weitergegangen!

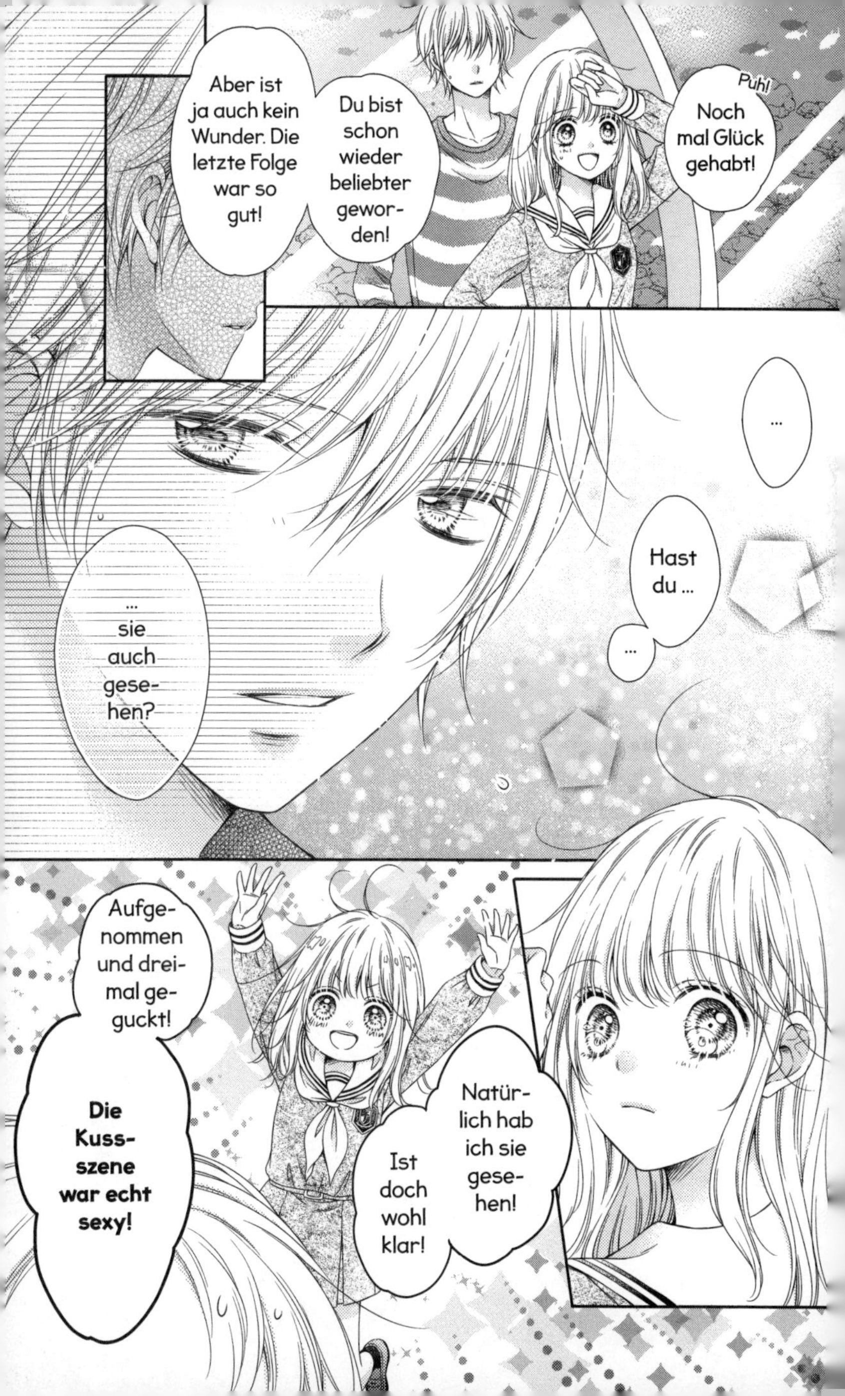
Puh!
Noch mal Glück gehabt!
Du bist schon wieder beliebter geworden!
Aber ist ja auch kein Wunder. Die letzte Folge war so gut!
...
Hast du ...
...
... sie auch gesehen?
Natürlich hab ich sie gesehen!
Ist doch wohl klar!
Aufgenommen und dreimal geguckt!
Die Kussszene war echt sexy!

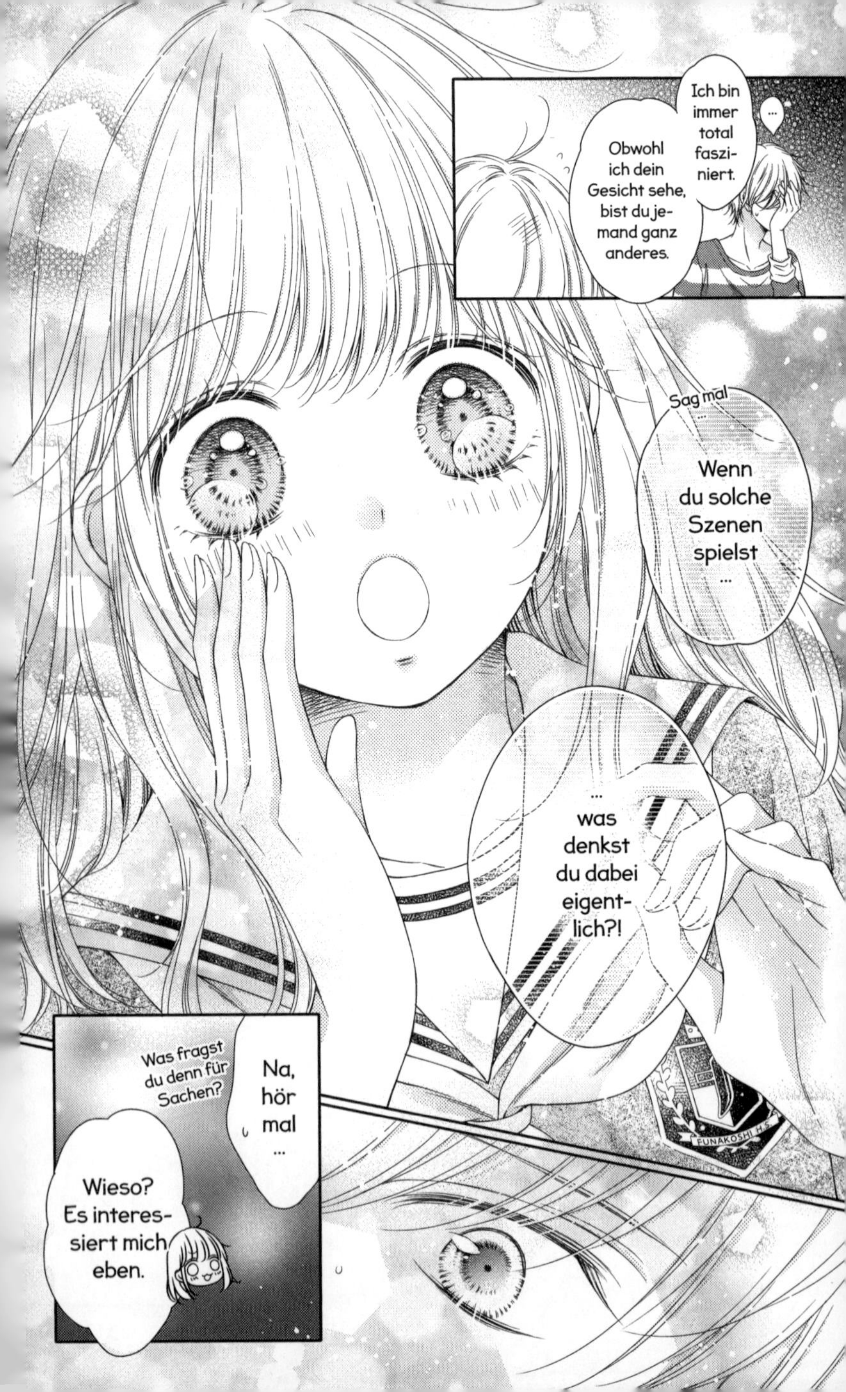
...
Ich bin immer total faszi-niert.
Obwohl ich dein Gesicht sehe, bist du je-mand ganz anderes.
Sag mal ...
Wenn du solche Szenen spielst ...
... was denkst du dabei eigent-lich?!
FUNAKOSHI H.S.
Na, hör mal ...
Was fragst du denn für Sachen?
Wieso? Es interes-siert mich eben.

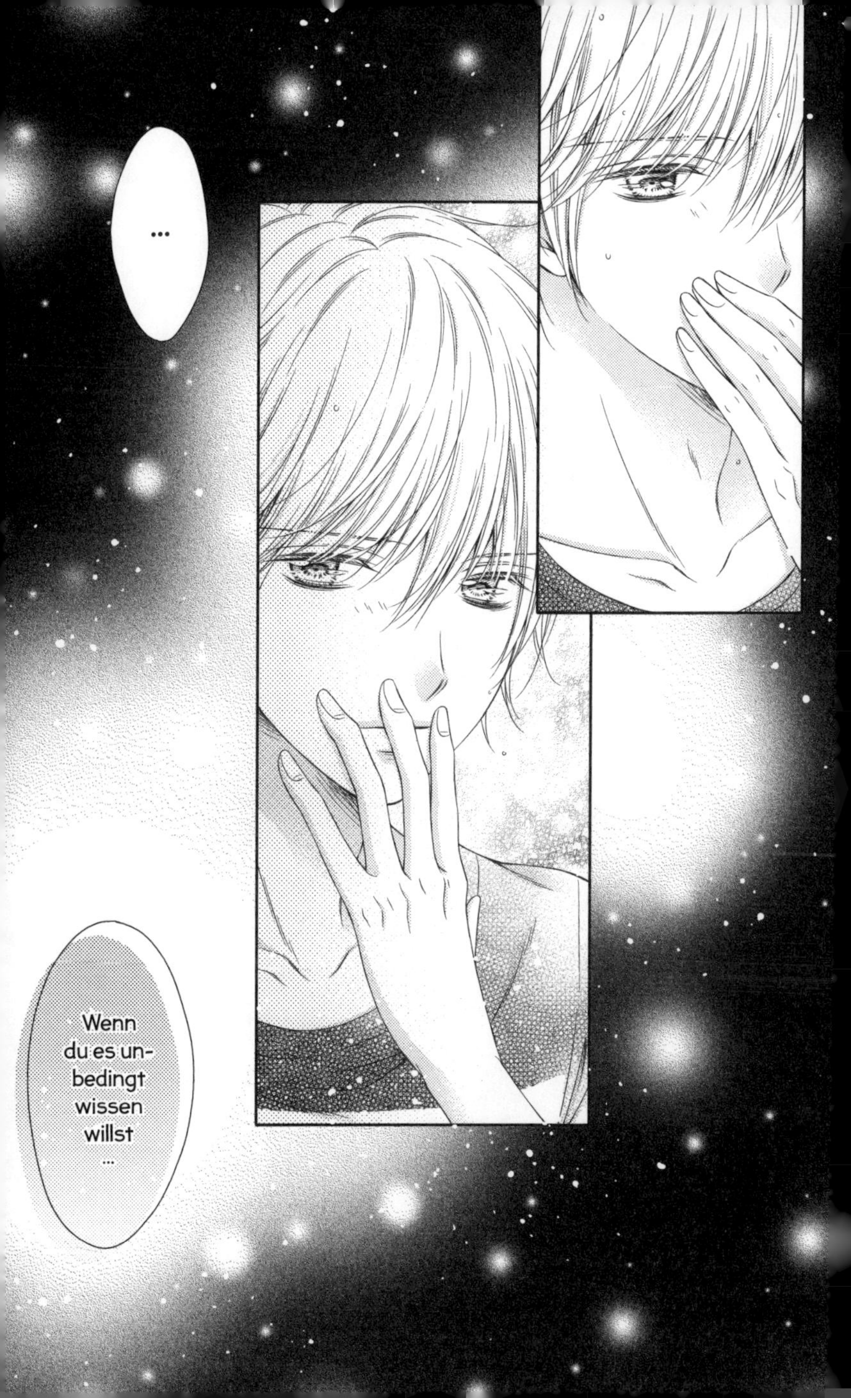

...
Wenn du es un-bedingt wissen willst ...

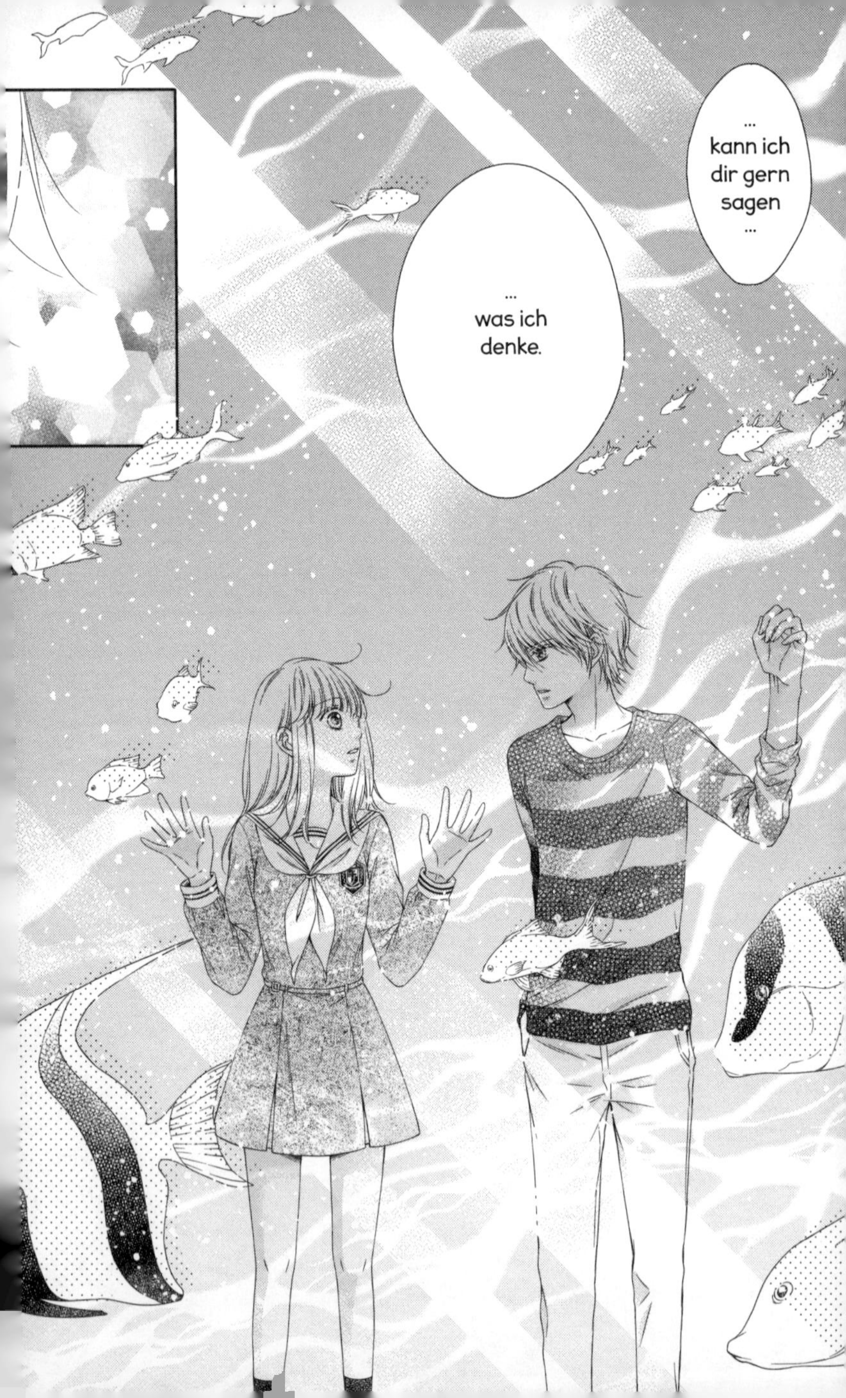
... kann ich dir gern sagen ...
... was ich denke.

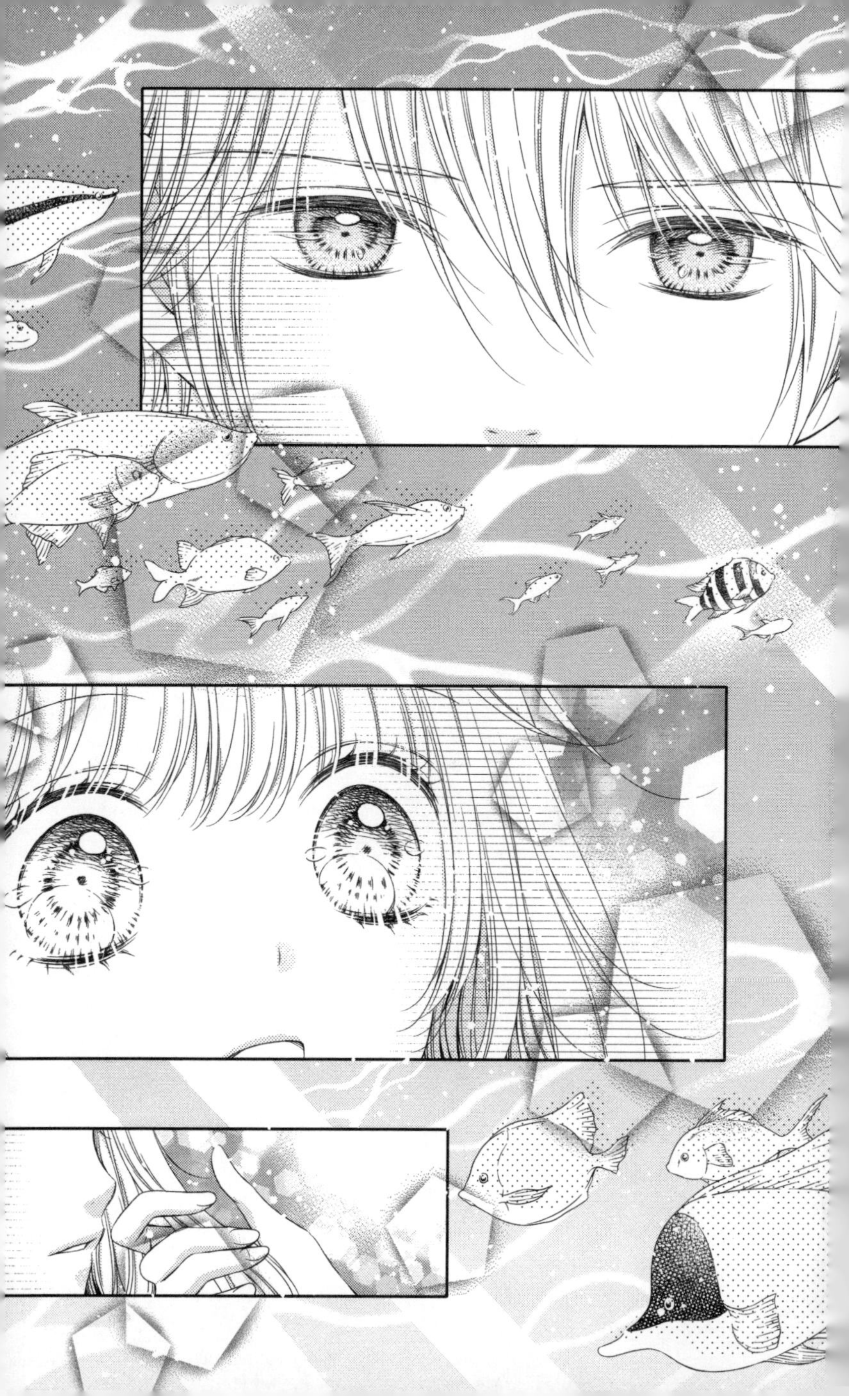

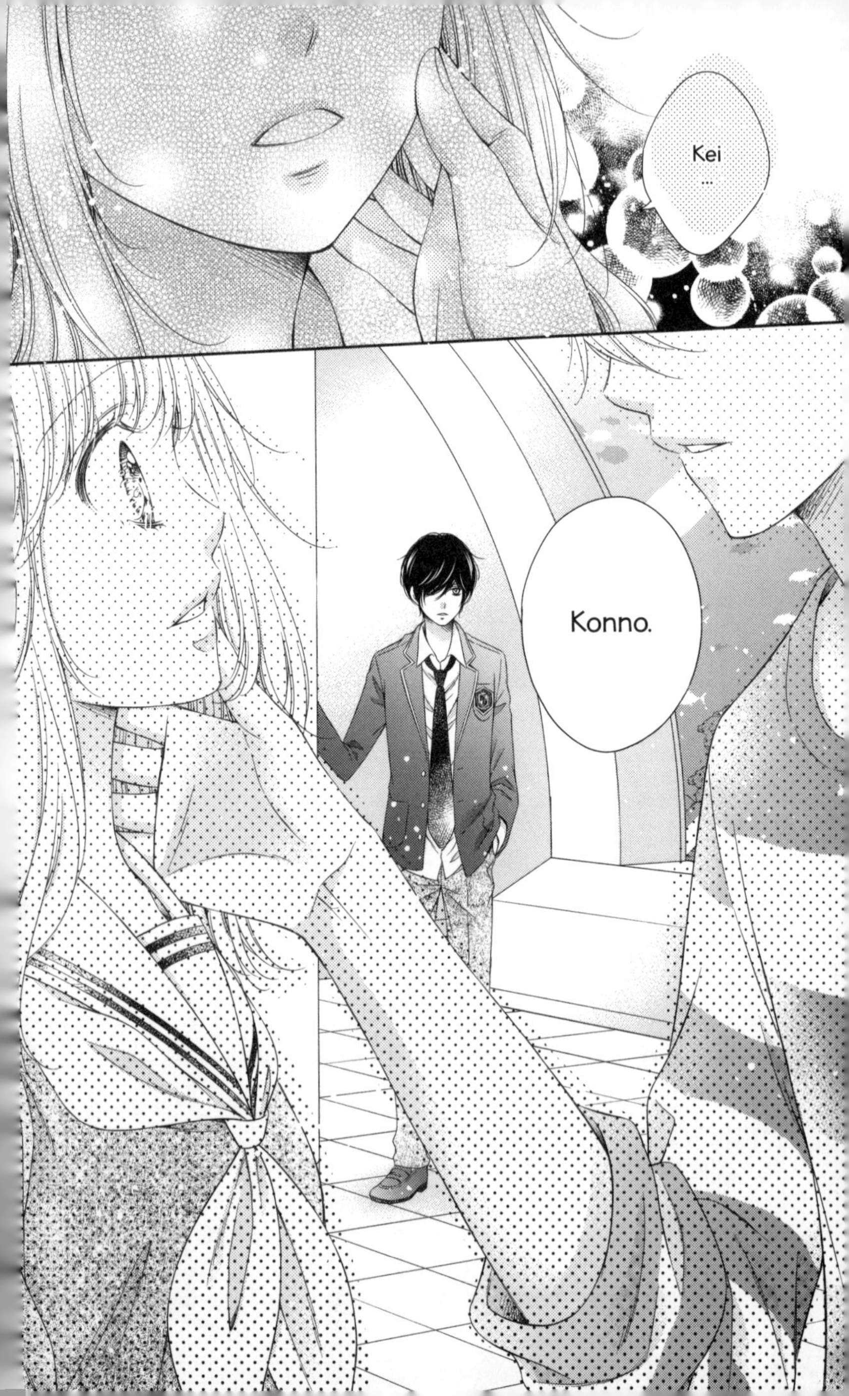
Kei ...
Konno.

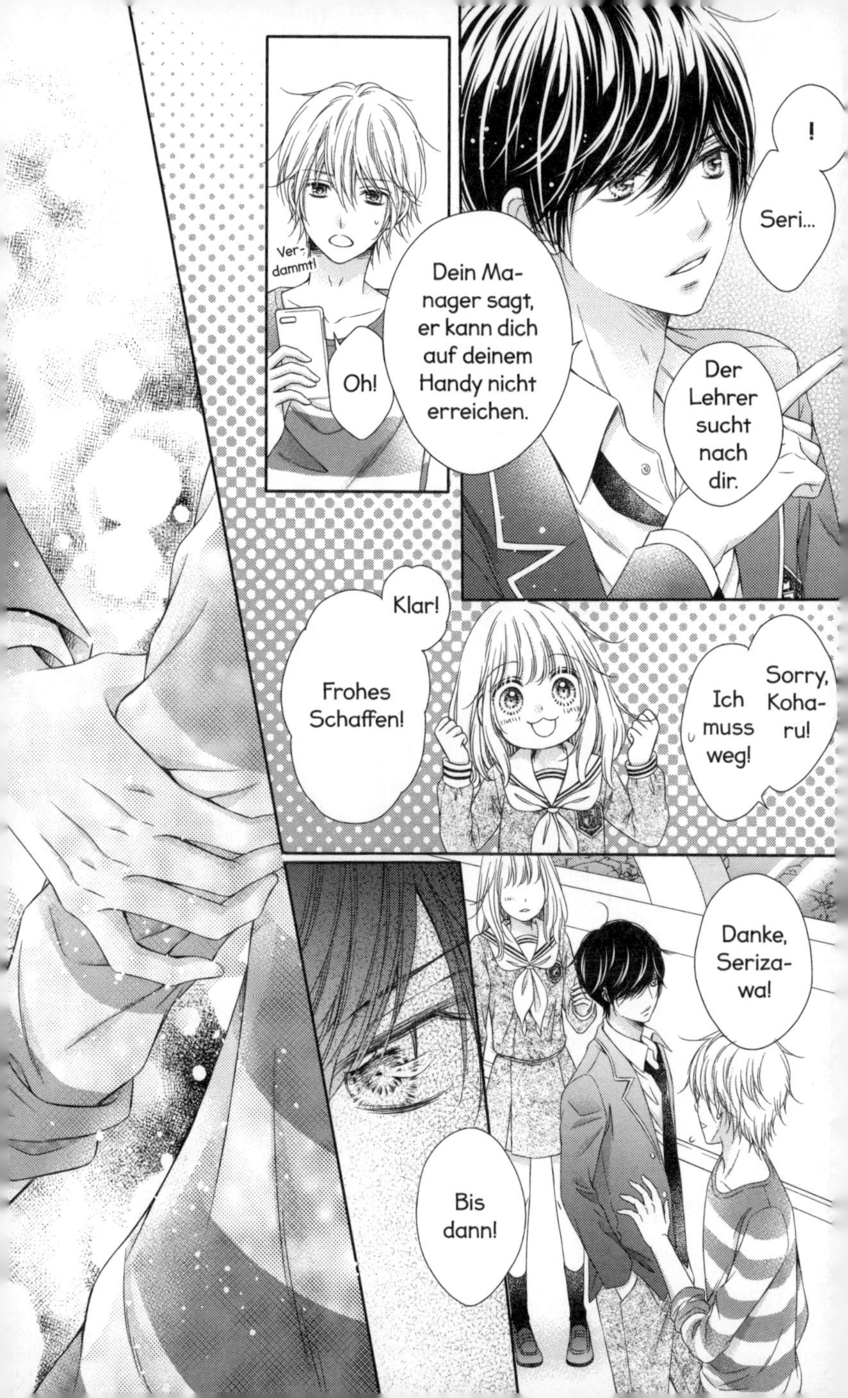
!
Seri...
Der Lehrer sucht nach dir.
Dein Manager sagt, er kann dich auf deinem Handy nicht erreichen.
Oh!
Verdammt!
Sorry, Koharu!
Ich muss weg!
Klar!
Frohes Schaffen!
Danke, Serizawa!
Bis dann!

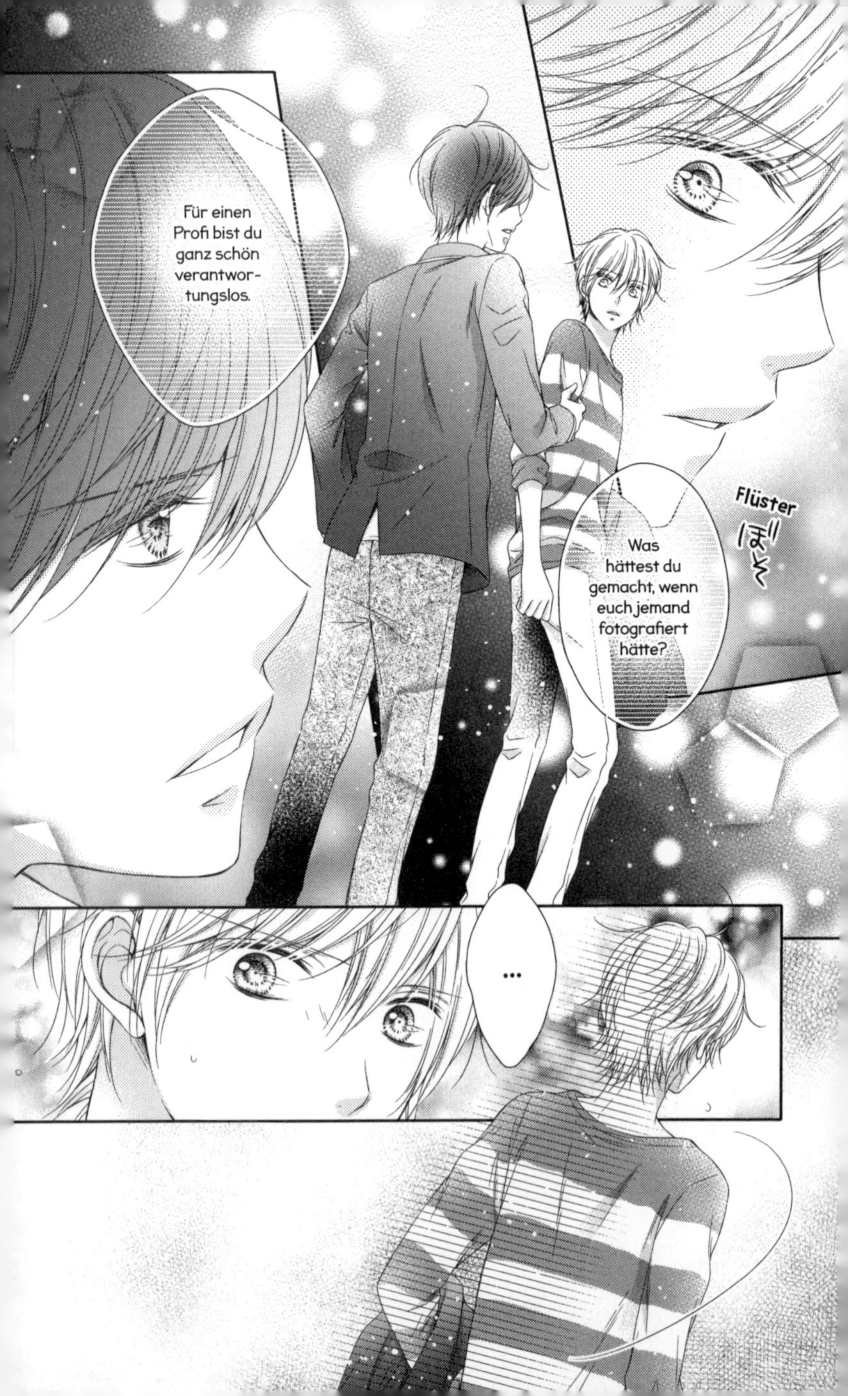
Flüster
ぼそ
Was hättest du gemacht, wenn euch jemand fotografiert hätte?
Für einen Profi bist du ganz schön verantwortungslos.
...

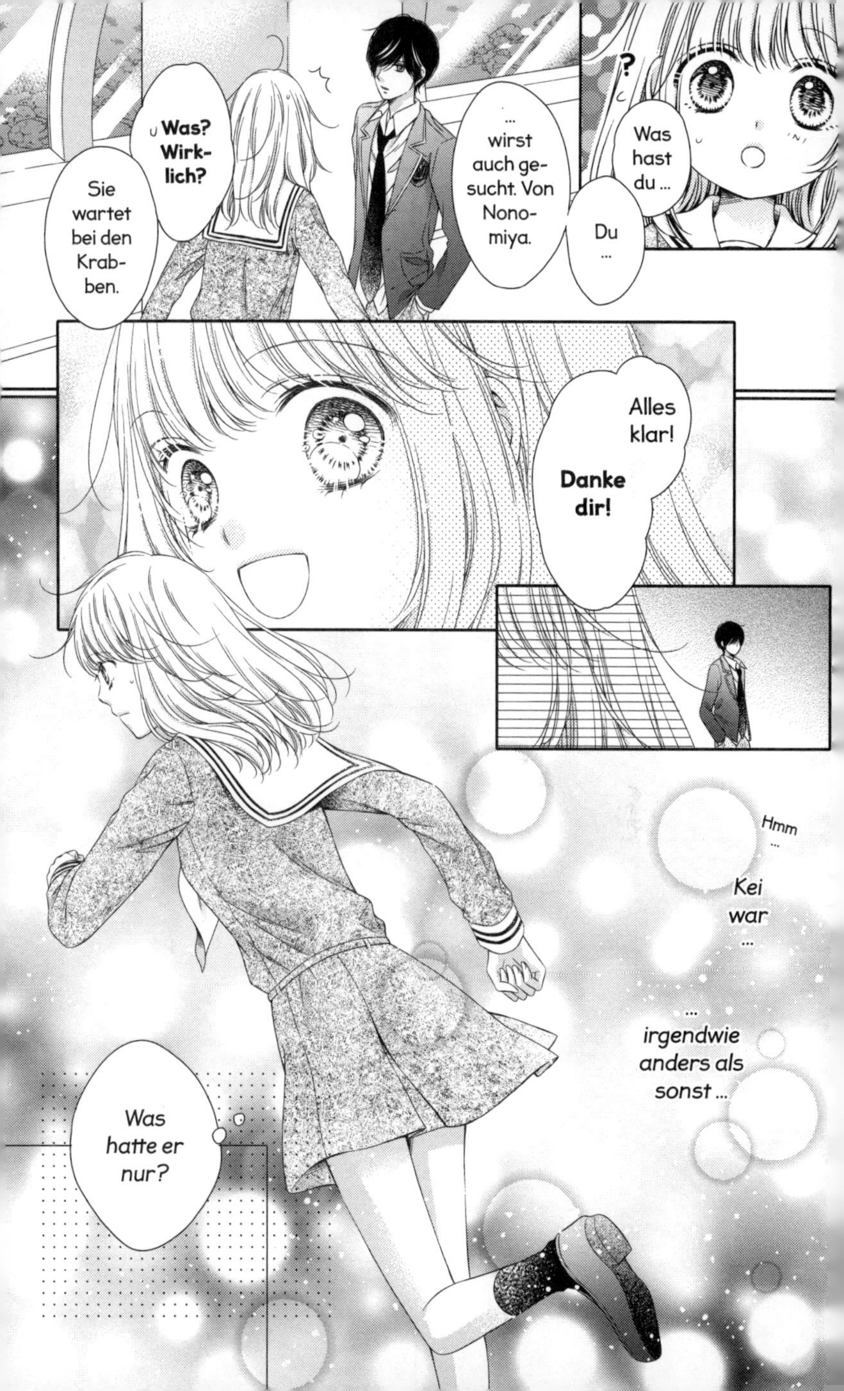

Was hast du ...
Du ...
... wirst auch gesucht. Von Nonomiya.
Was? Wirklich?
Sie wartet bei den Krabben.
Alles klar!
Danke dir!
Hmm ...
Kei war ...
... irgendwie anders als sonst ...
Was hatte er nur?

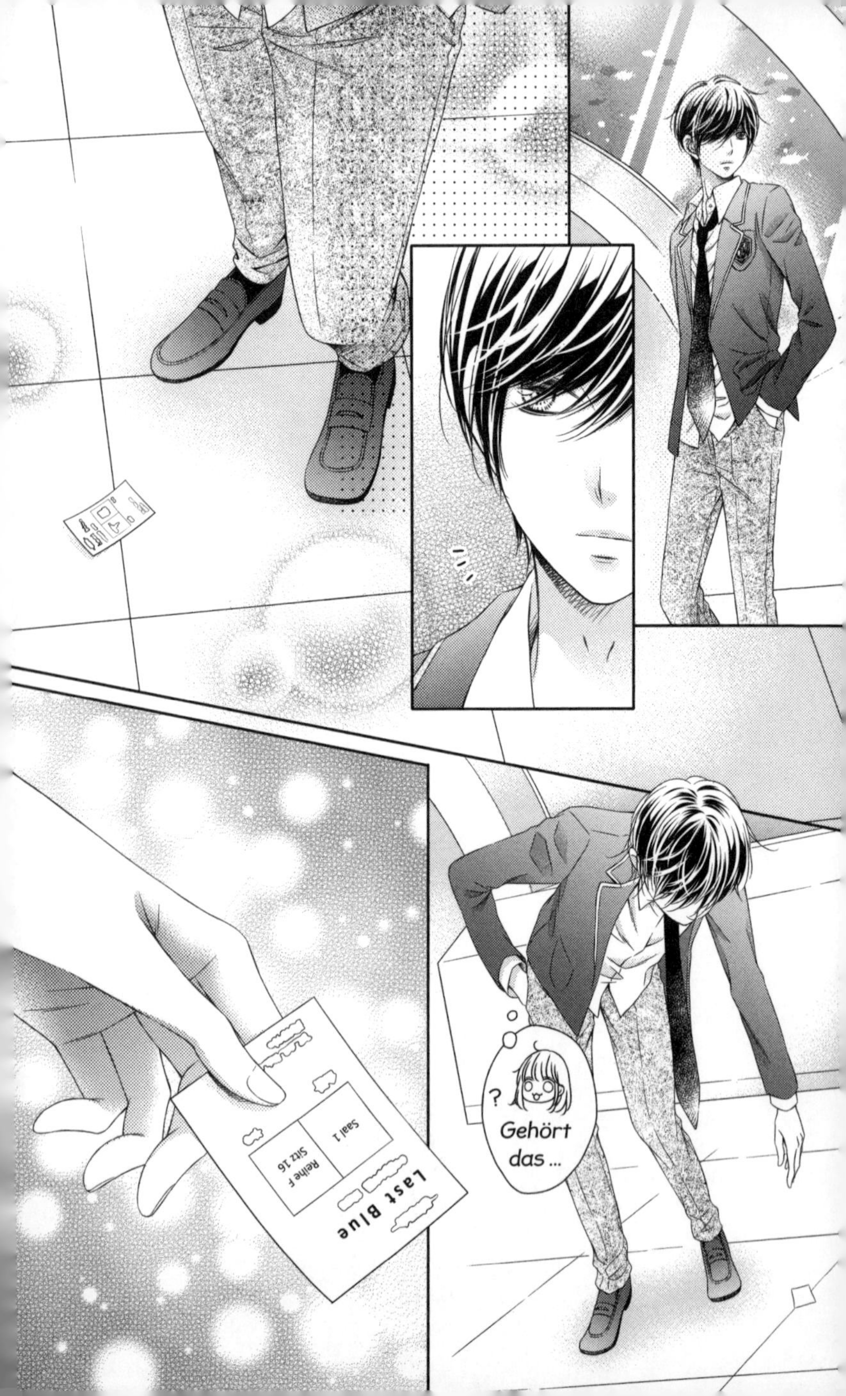
?
Gehört das ...
Last Blue
Saal 1
Reihe F
Sitz 16

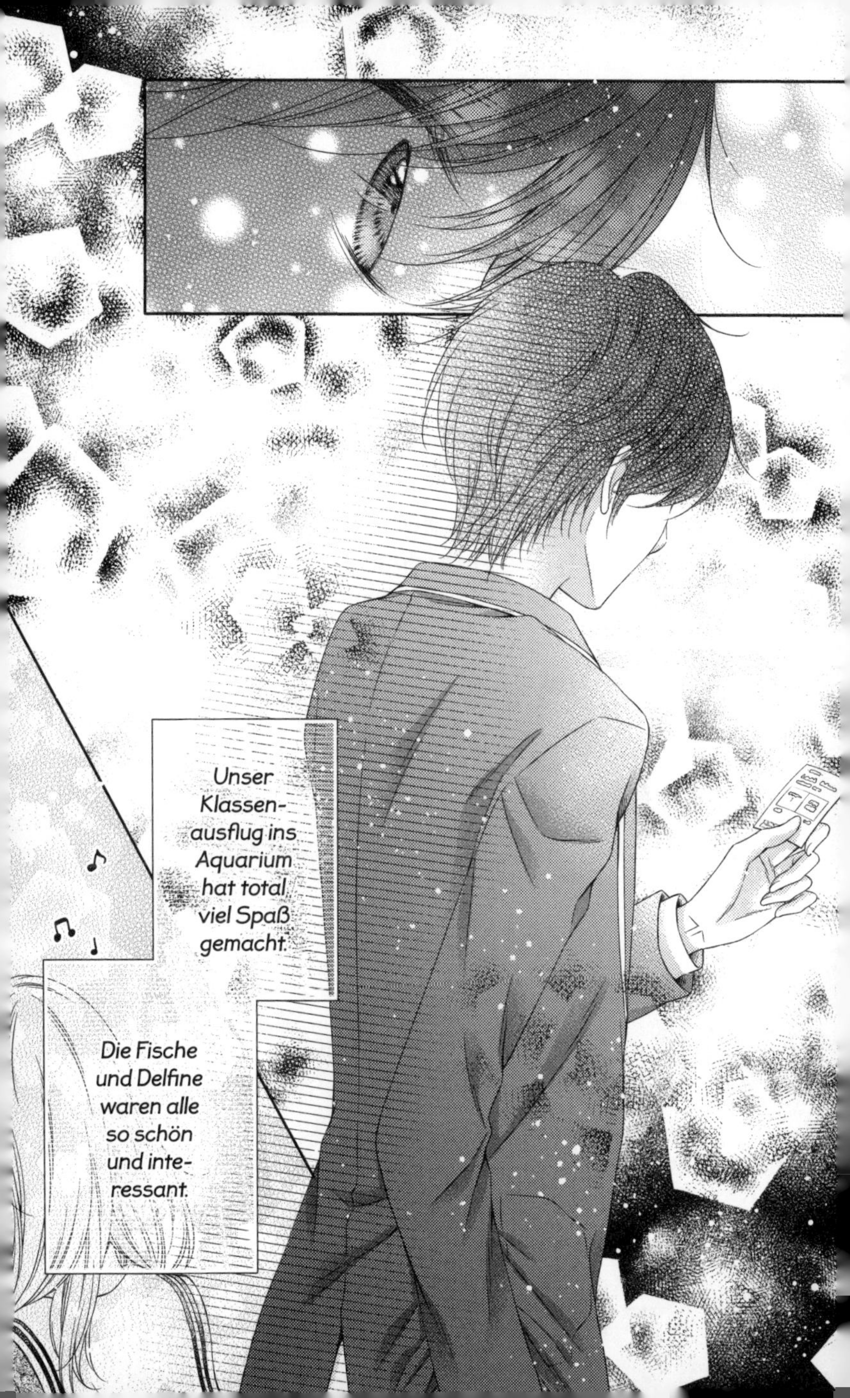
Unser Klassen-ausflug ins Aquarium hat total viel Spaß gemacht.
Die Fische und Delfine waren alle so schön und inte-ressant.

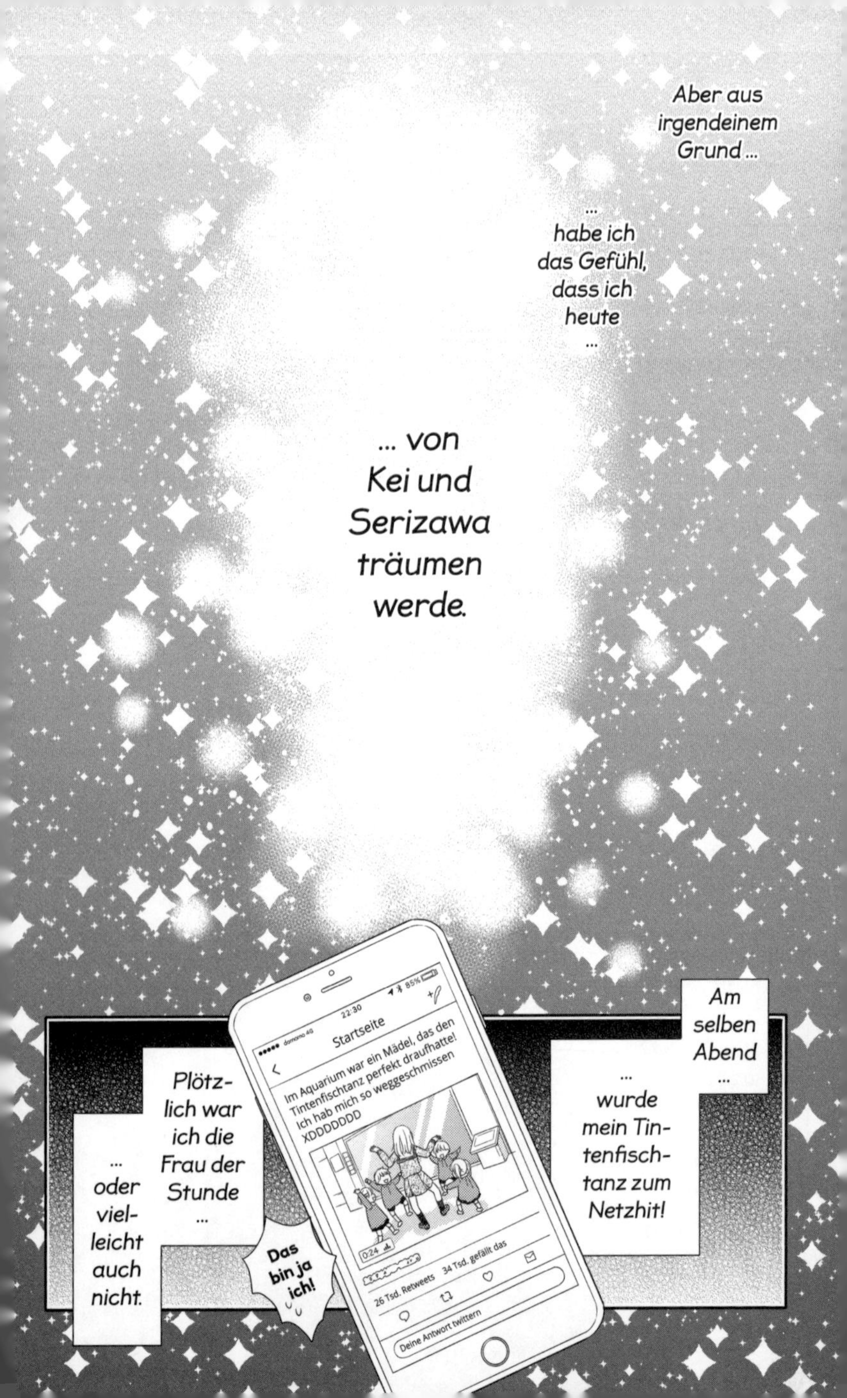

Aber aus irgendeinem Grund ...

... habe ich das Gefühl, dass ich heute ...

... von Kei und Serizawa träumen werde.

Am selben Abend ...

... wurde mein Tintenfischtanz zum Netzhit!

22:30

Startseite

Im Aquarium war ein Mädel, das den Tintenfischtanz perfekt draufhatte! Ich hab mich so weggeschmissen XDDDDDDD

0:24

26 Tsd. Retweets 34 Tsd. gefällt das

Deine Antwort twittern

Das bin ja ich!

Plötzlich war ich die Frau der Stunde ...

... oder vielleicht auch nicht.

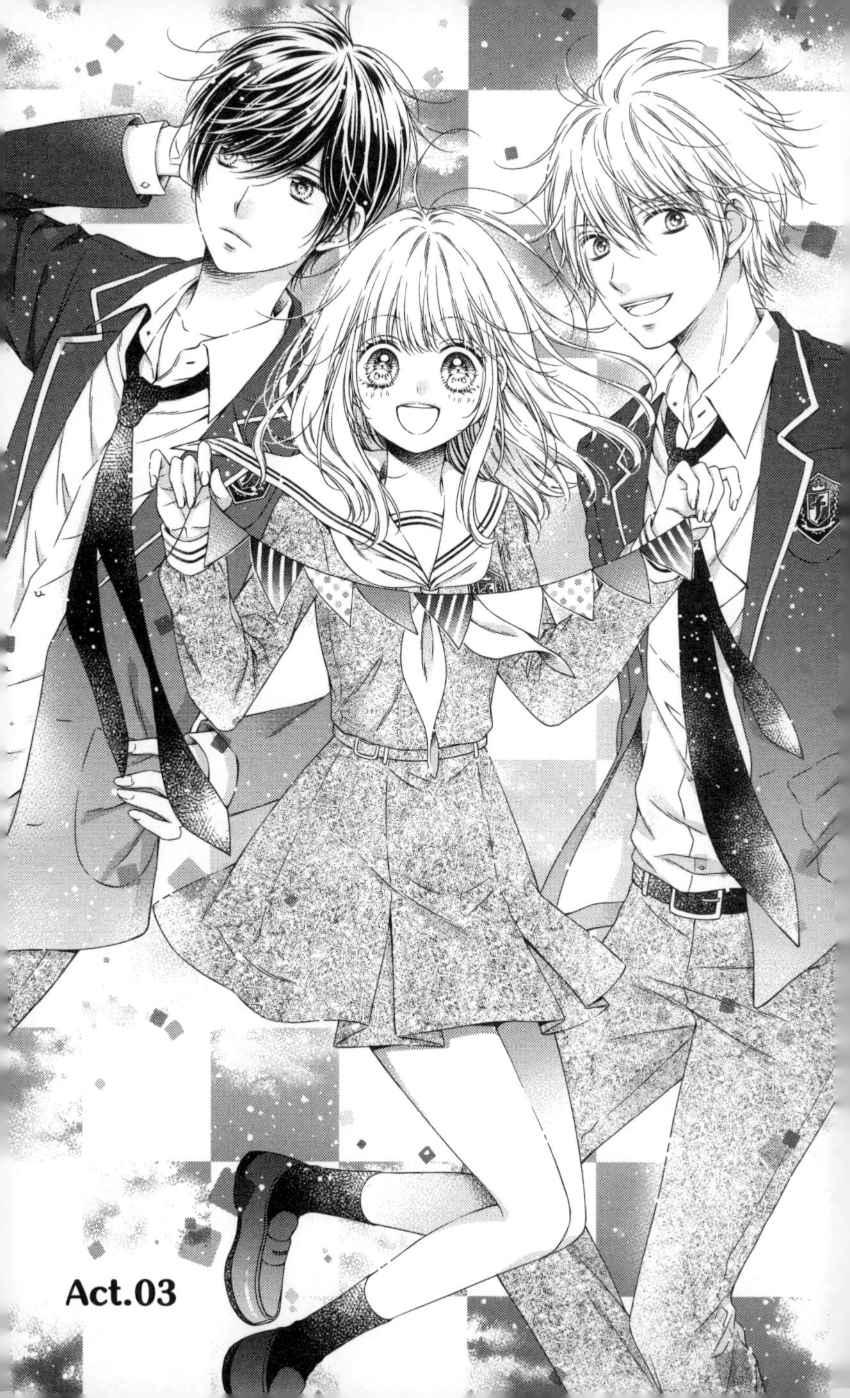
Act.03

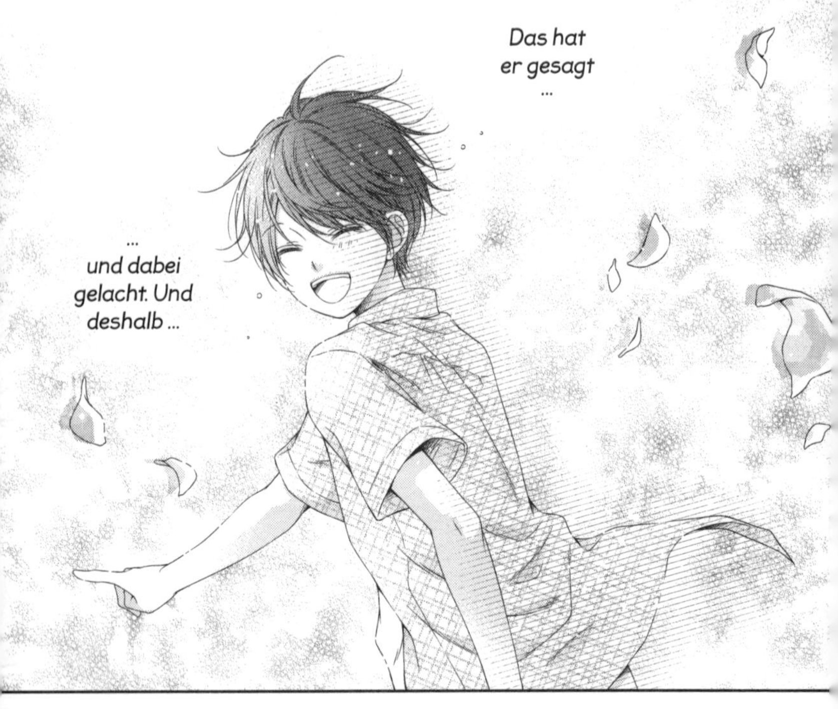

Über die Coverillu von Kapitel 3 & mehr

Auf dem Titelbild von Kapitel 2 war Koharu ja allein zu sehen. Also wollte ich das Cover von Kapitel 3 ein wenig geselliger gestalten ♫ und habe mich für die drei Hauptfiguren als Motiv entschieden. Übrigens bin ich bei Reflections of Ultramarine dazu übergegangen, schwarze Haare mit einer etwas anderen Technik zu kolorieren als bisher, und habe wirklich Spaß daran. Irgendwie kommen die einzelnen Strähnen so besser zur Geltung, zumindest kommt es mir so vor. Hin und wieder werde ich übrigens gefragt, ob es mittlerweile weniger umständlich ist, schwarze Haare zu zeichnen, als noch zu Analogzeiten, aber abgesehen davon, dass ich jetzt keine Zeit mehr für die Pinselpflege aufwenden muss, ist es eigentlich noch genauso zeitraubend wie vorher. (Lach) Aber trotzdem zeichne ich immer wieder Charaktere mit schwarzen Haaren …

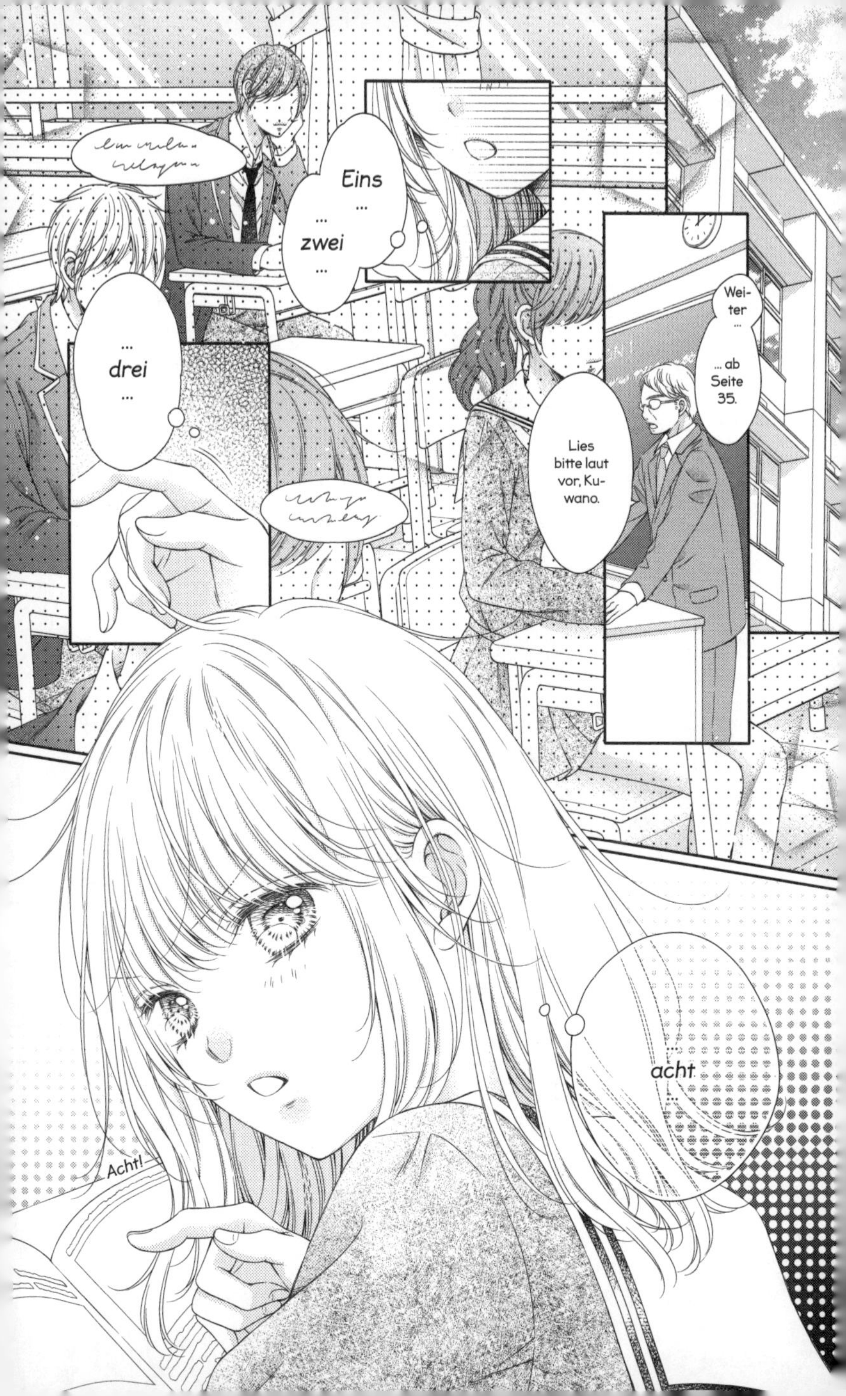
Weiter … … ab Seite 35.
Lies bitte laut vor, Kuwano.
Eins … … zwei …
… drei …
… acht …
Acht!

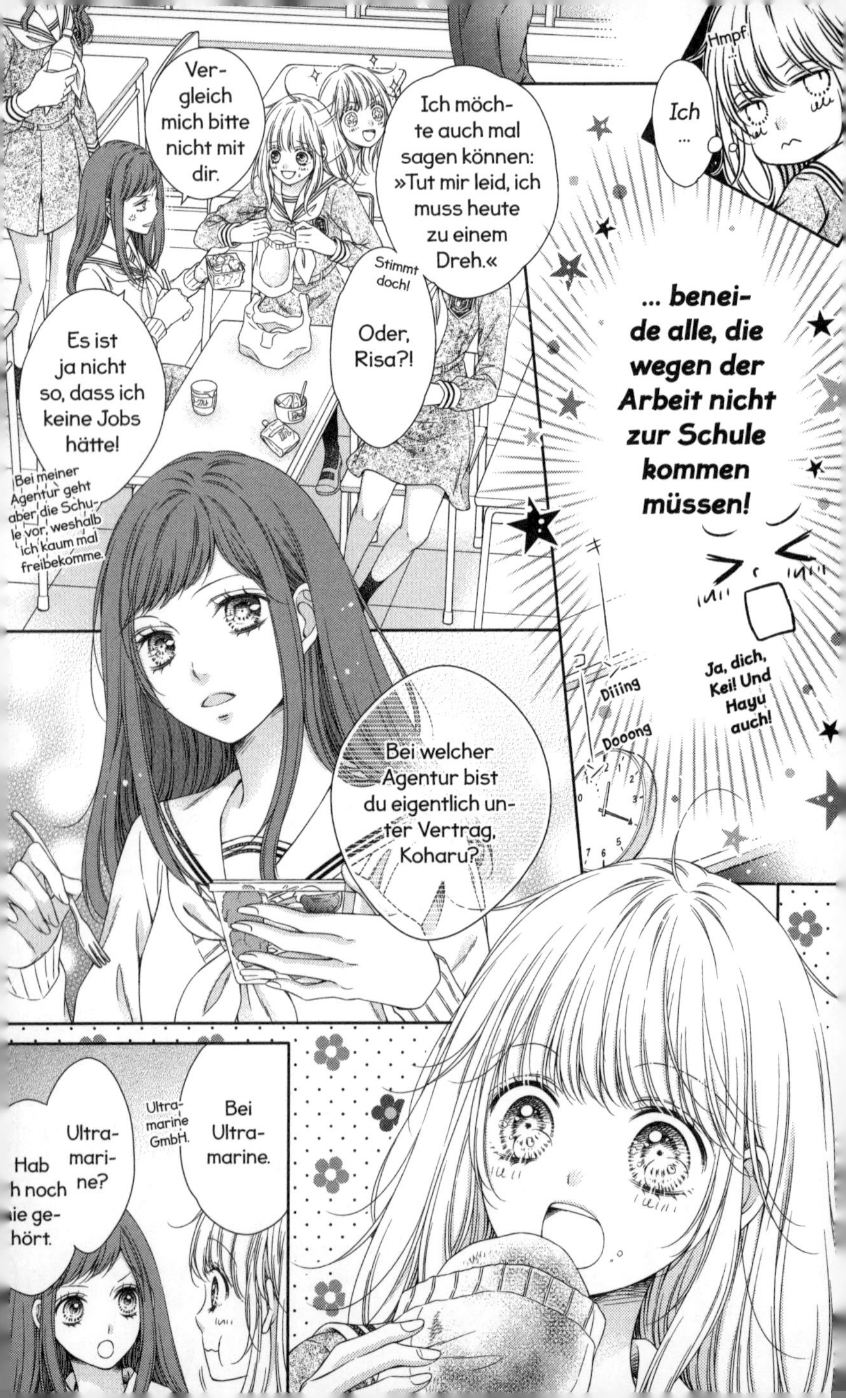
Hmpf ...
Ich ...
... beneide alle, die wegen der Arbeit nicht zur Schule kommen müssen!
Ja, dich, Kei! Und Hayu auch!
Ich möchte auch mal sagen können: »Tut mir leid, ich muss heute zu einem Dreh.«
Stimmt doch!
Oder, Risa?!
Vergleich mich bitte nicht mit dir.
Es ist ja nicht so, dass ich keine Jobs hätte!
Bei meiner Agentur geht aber die Schule vor, weshalb ich kaum mal freibekomme.
Diiing
Dooong
Bei welcher Agentur bist du eigentlich unter Vertrag, Koharu?
Bei Ultramarine.
Ultramarine GmbH.
Ultramarine?
Hab h noch ie gehört.

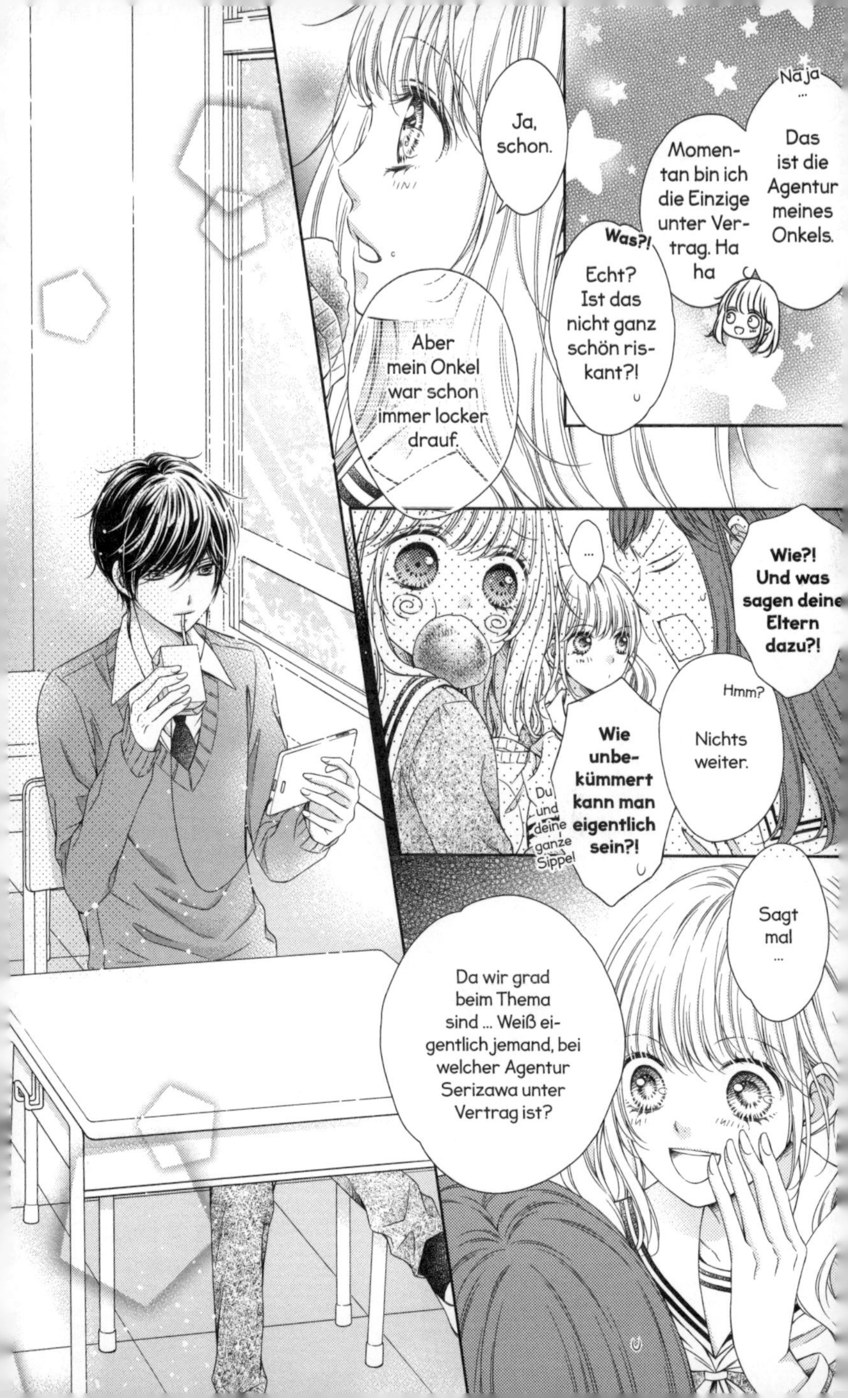

Naja …
Das ist die Agentur meines Onkels.
Momentan bin ich die Einzige unter Vertrag. Haha
Was?!
Echt? Ist das nicht ganz schön riskant?!
Ja, schon.
Aber mein Onkel war schon immer locker drauf.
Wie?! Und was sagen deine Eltern dazu?!
…
Hmm?
Nichts weiter.
Wie unbekümmert kann man eigentlich sein?!
Du und deine ganze Sippe!
Sagt mal …
Da wir grad beim Thema sind … Weiß eigentlich jemand, bei welcher Agentur Serizawa unter Vertrag ist?

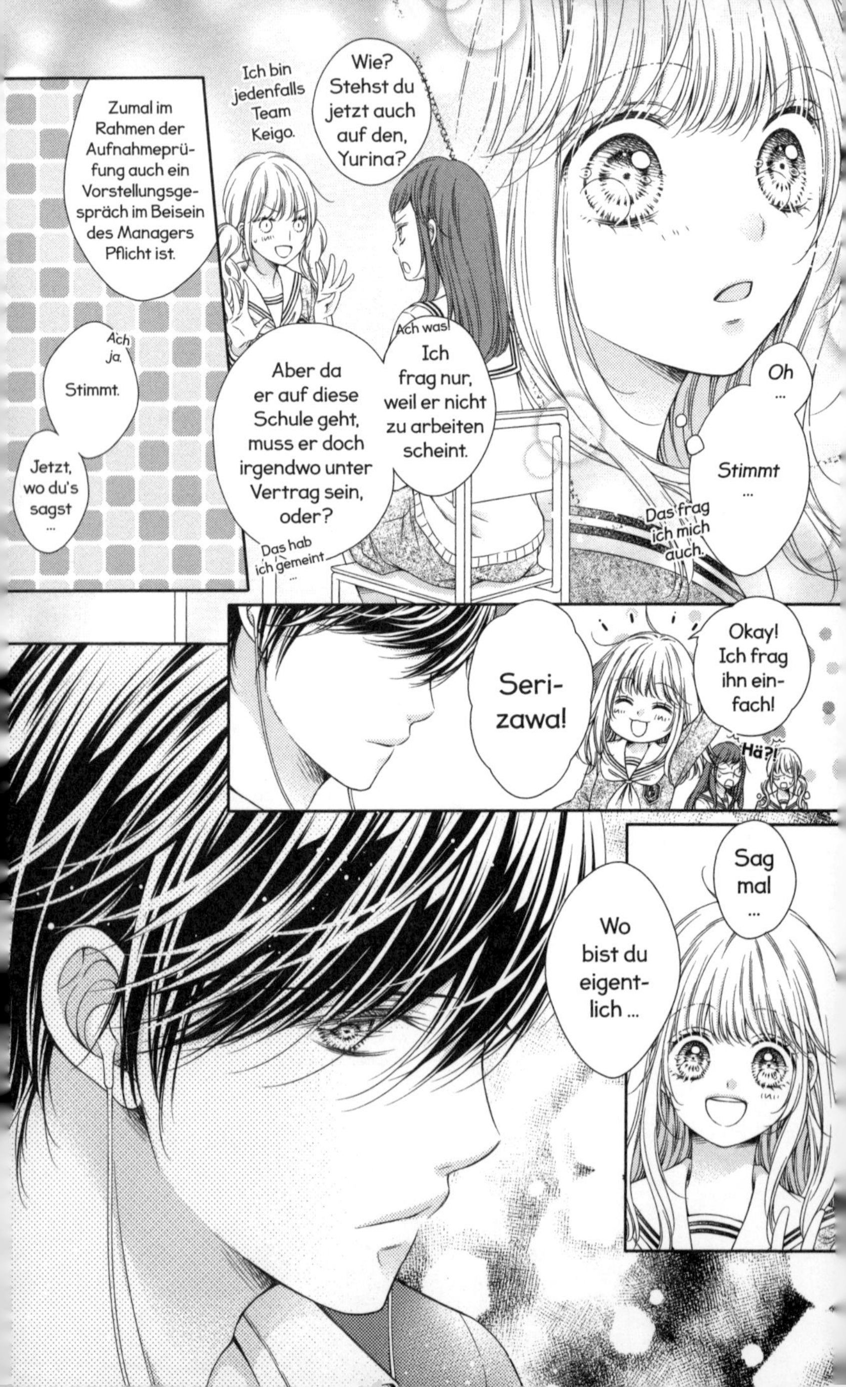

Ich bin jedenfalls Team Keigo.
Wie? Stehst du jetzt auch auf den, Yurina?
Ach was!
Ich frag nur, weil er nicht zu arbeiten scheint.
Aber da er auf diese Schule geht, muss er doch irgendwo unter Vertrag sein, oder?
Das hab ich gemeint ...
Zumal im Rahmen der Aufnahmeprüfung auch ein Vorstellungsgespräch im Beisein des Managers Pflicht ist.
Ach ja.
Stimmt.
Jetzt, wo du's sagst ...
Oh ...
Stimmt ...
Das frag ich mich auch.
Okay! Ich frag ihn einfach!
Hä?!
Seri-zawa!
Sag mal ...
Wo bist du eigentlich ...

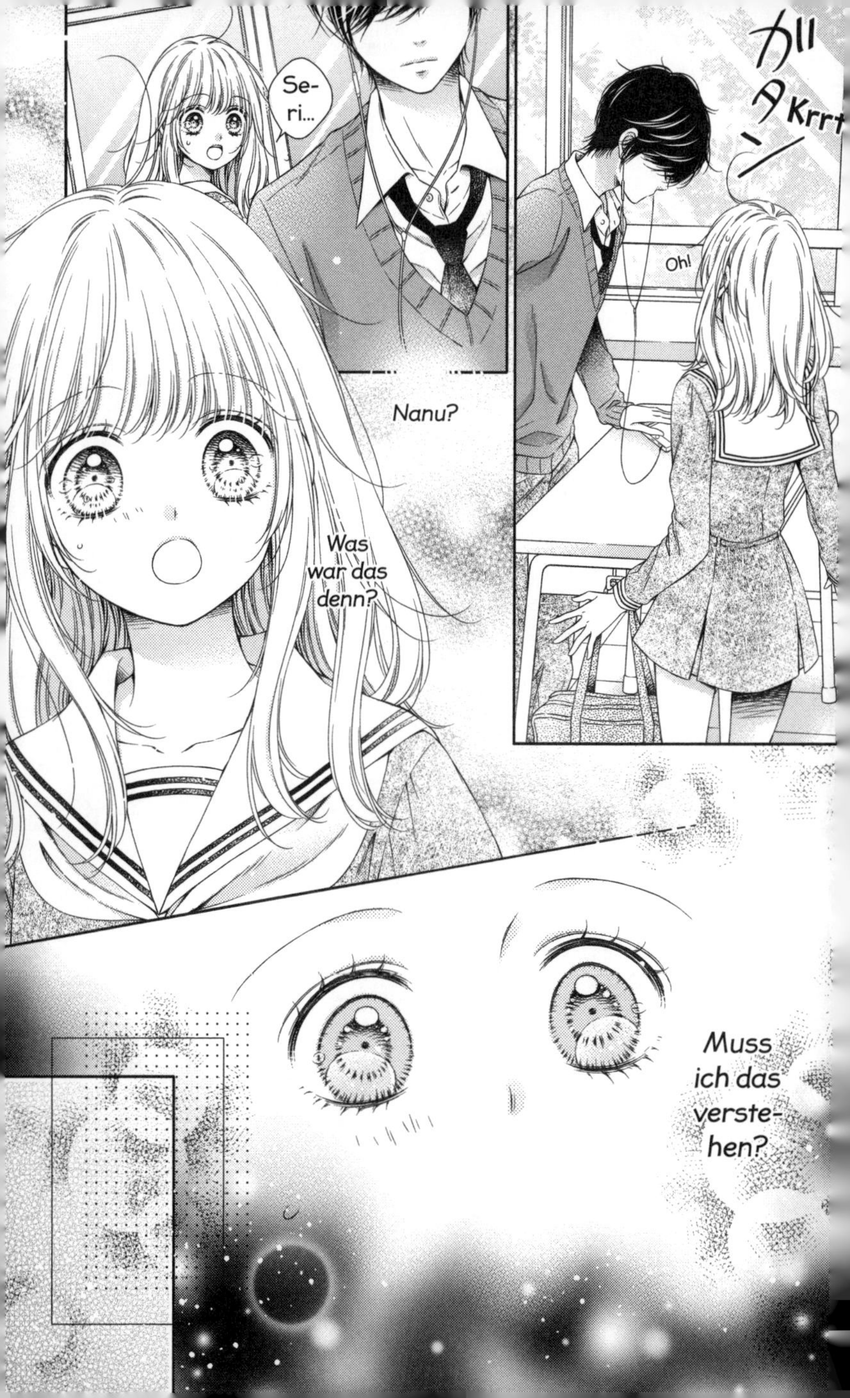
カタン
Krrt
Oh!
Se-ri...
Nanu?
Was war das denn?
Muss ich das verste-hen?

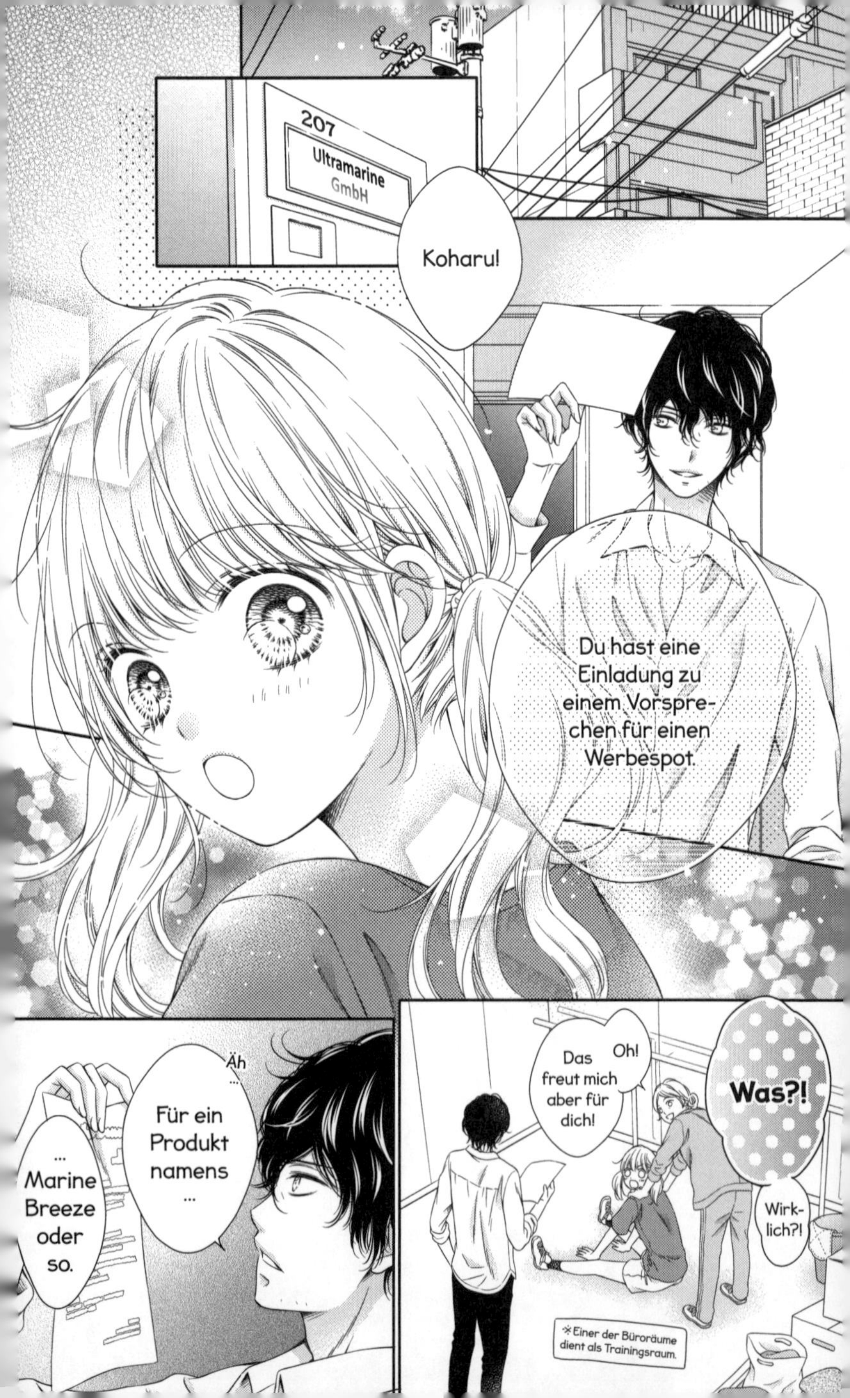
207
Ultramarine GmbH
Koharu!
Du hast eine Einladung zu einem Vorsprechen für einen Werbespot.
Was?!
Wirklich?!
Oh!
Das freut mich aber für dich!
※Einer der Büroräume dient als Trainingsraum.
Äh ...
Für ein Produkt namens ...
... Marine Breeze oder so.

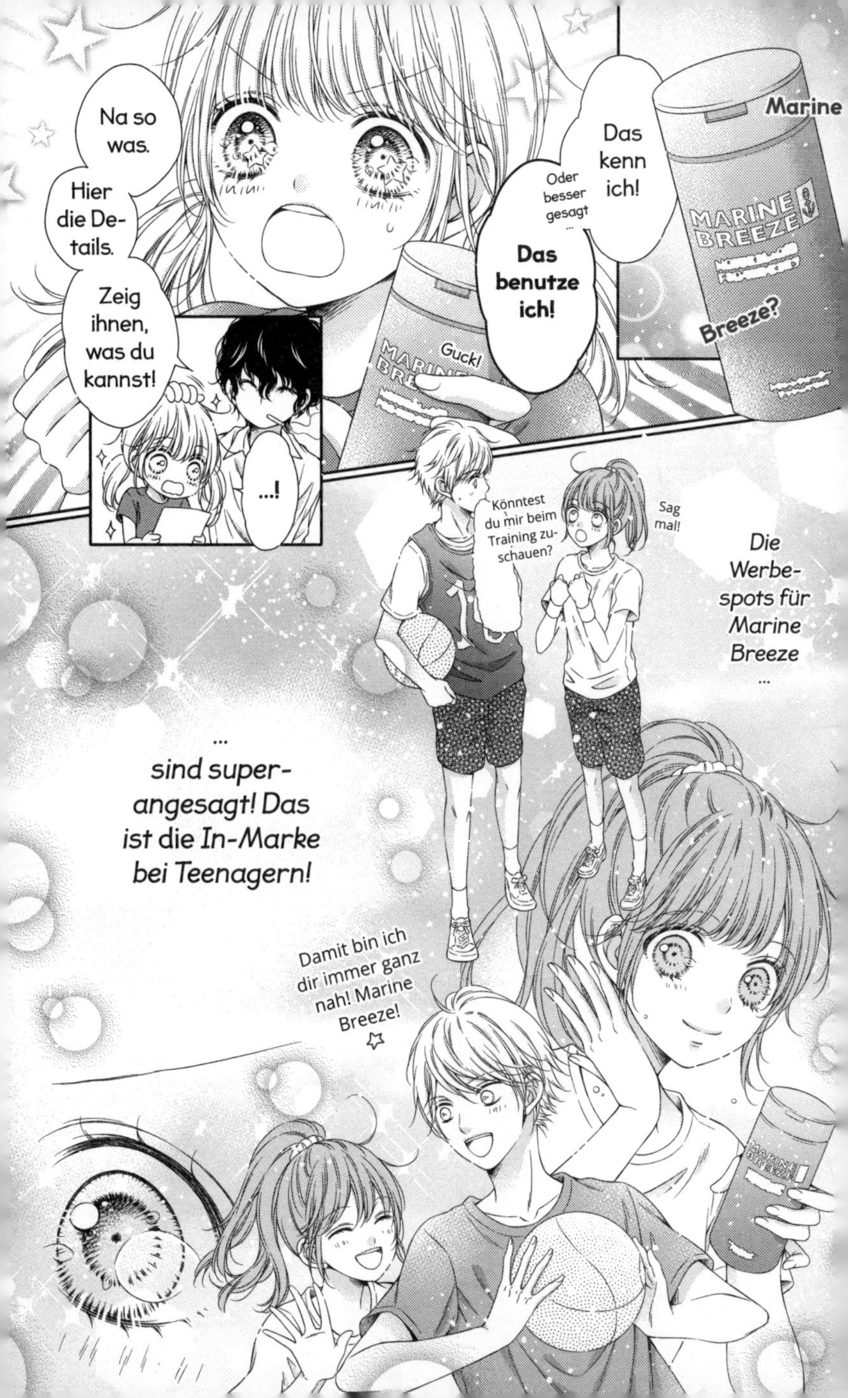
Marine
Breeze?
Das kenn ich!
Oder besser gesagt …
Das benutze ich!
Na so was.
Hier die Details.
Guck!
Zeig ihnen, was du kannst!
…!
Die Werbespots für Marine Breeze …
Sag mal!
Könntest du mir beim Training zuschauen?
… sind superangesagt! Das ist die In-Marke bei Teenagern!
Damit bin ich dir immer ganz nah! Marine Breeze!

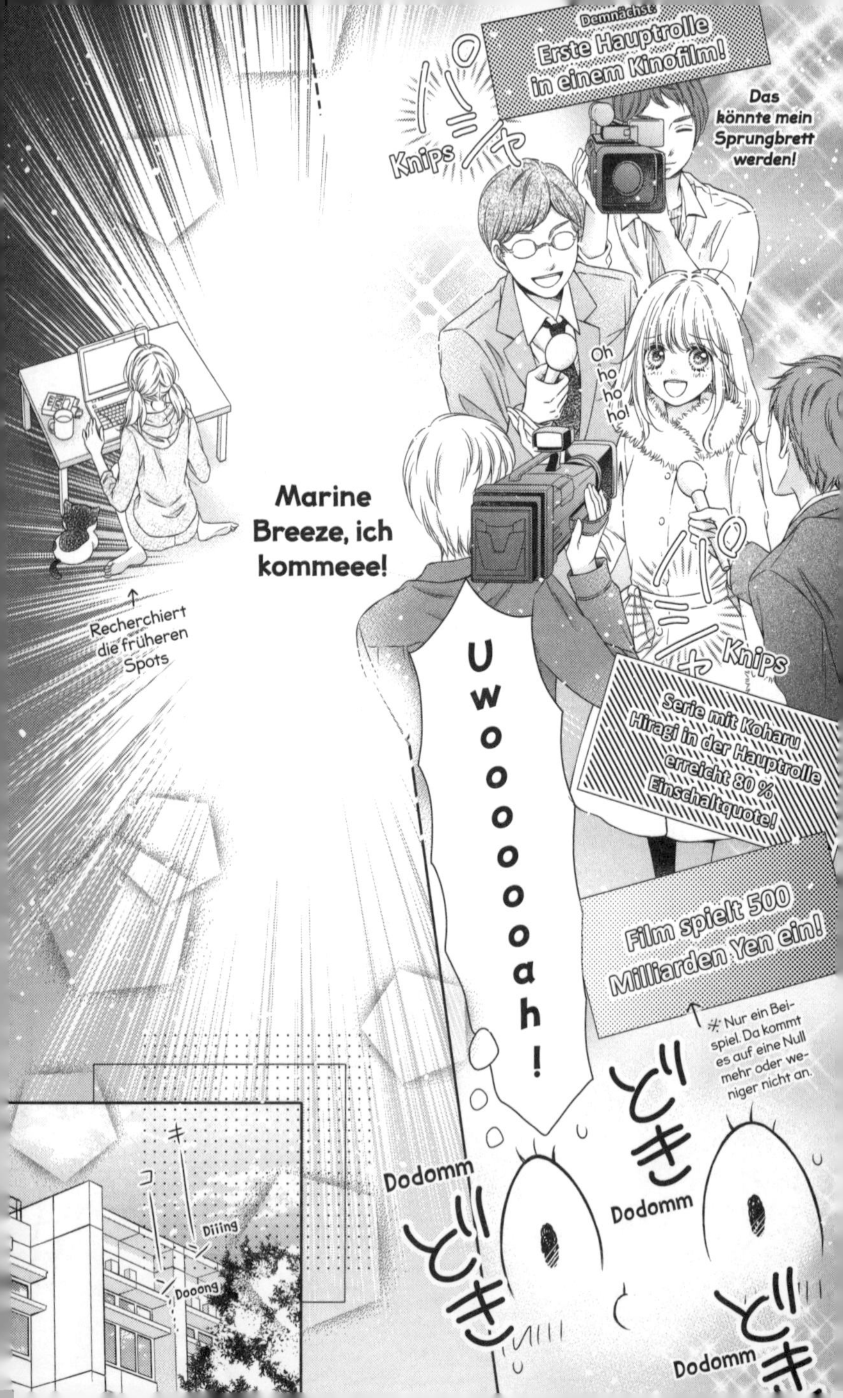

Demnächst:
Erste Hauptrolle in einem Kinofilm!
Knips
Das könnte mein Sprungbrett werden!
Oh ho ho ho!
Knips
Serie mit Koharu Hiragi in der Hauptrolle erreicht 80 % Einschaltquote!
Film spielt 500 Milliarden Yen ein!
※ Nur ein Beispiel. Da kommt es auf eine Null mehr oder weniger nicht an.
Marine Breeze, ich kommeee!
Recherchiert die früheren Spots
Uwooooooooah!
Dodomm
Dodomm
Dodomm
Diiing
Dooong

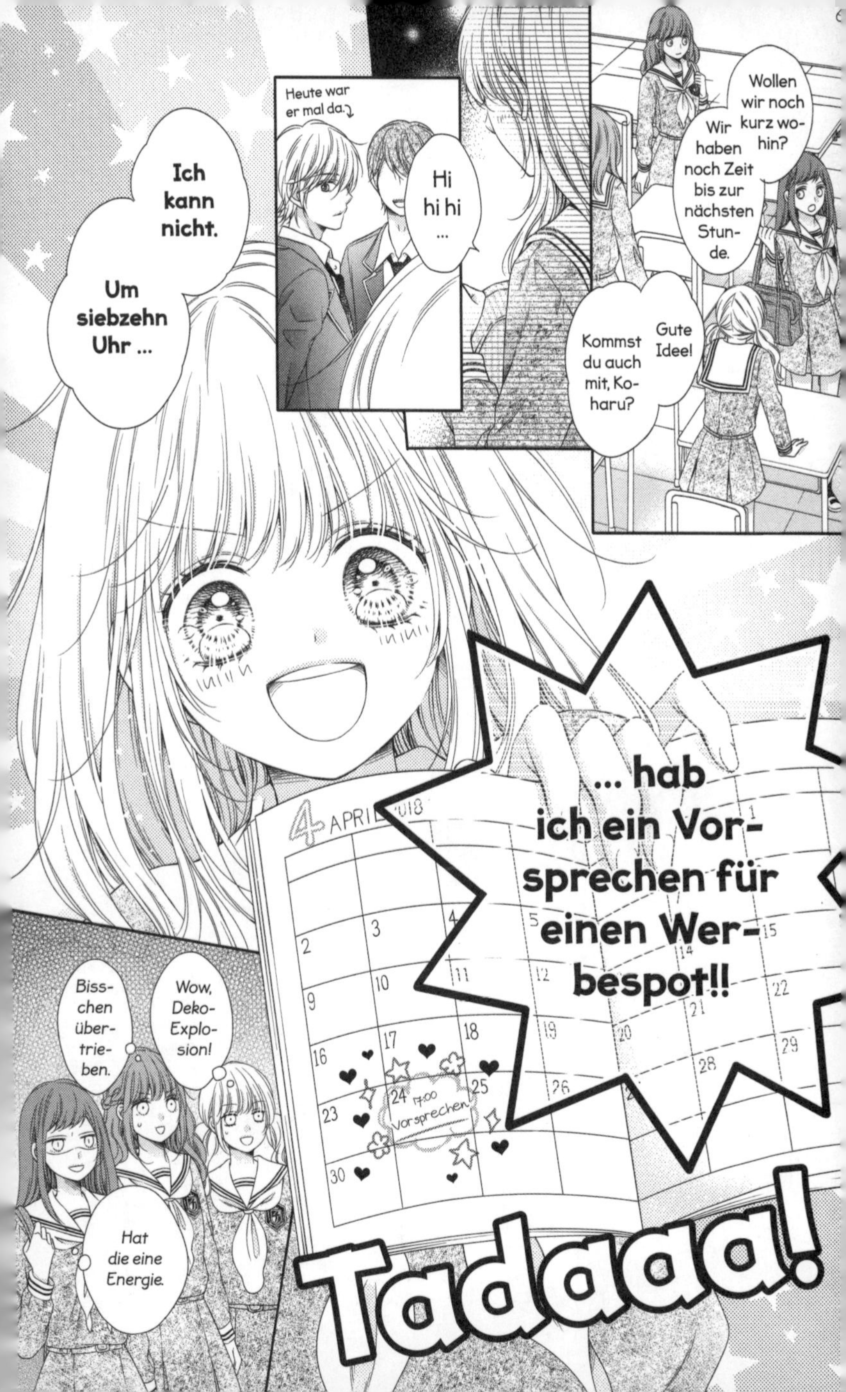

Wollen wir noch kurz wohin?
Wir haben noch Zeit bis zur nächsten Stunde.
Gute Idee!
Kommst du auch mit, Koharu?
Heute war er mal da.
Hi hi hi ...
Ich kann nicht.
Um siebzehn Uhr ...
... hab ich ein Vorsprechen für einen Werbespot!!
4 APRIL
17:00 Vorsprechen
Tadaaa!
Wow, Deko-Explosion!
Bisschen übertrieben.
Hat die eine Energie.

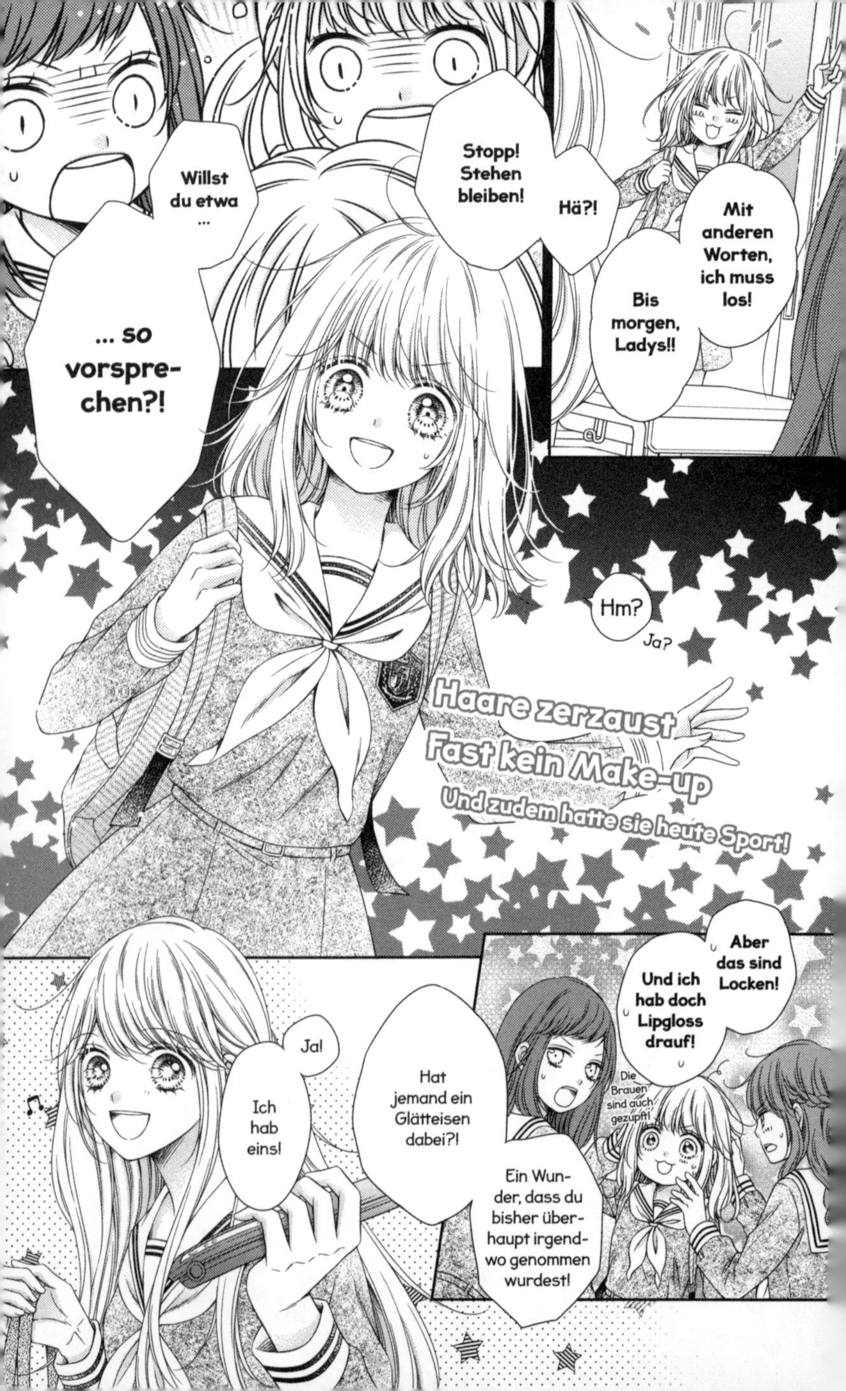
Mit anderen Worten, ich muss los!
Bis morgen, Ladys!!
Hä?!
Stopp! Stehen bleiben!
Willst du etwa ...
... so vorsprechen?!
Hm?
Ja?
Haare zerzaust
Fast kein Make-up
Und zudem hatte sie heute Sport!
Aber das sind Locken!
Und ich hab doch Lipgloss drauf!
Die Brauen sind auch gezupft!
Ein Wunder, dass du bisher überhaupt irgendwo genommen wurdest!
Hat jemand ein Glätteisen dabei?!
Ja!
Ich hab eins!

Mein iPad

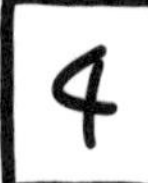

Aah, kommt es mir nur so vor oder sind meine Buchstaben jetzt schon wieder ziemlich klein? (Lach) Tut mir wirklich leid, wenn sie schwer zu lesen sein sollten? ∪

Ich habe mir ein schnuckeliges iPad gekauft. So ein Tablet hatte ich bisher noch nie. Das ist mein erstes. Ich habe auch eine Grafik-App installiert und alle möglichen Einstellungen angepasst, sodass ich es jederzeit benutzen kann ... nur durfte es seinen eigentlichen Zweck (außerhalb von zu Hause damit zu arbeiten) bisher noch nicht erfüllen. ∪ Wenn ich zu Hause bin, geht mir die Arbeit am Grafiktablett einfach schneller von der Hand (weil ich daran gewöhnt bin). Und ich bin auch nicht der Typ, der zwischendurch einfach so vor sich hin zeichnet. Noch dazu bin ich eine ziemliche Stubenhockerin, sodass ich, wenn ich mal unterwegs bin, nicht auch noch meine Arbeit mitschleppe, außer es handelt sich um irgendein berufliches Event.
(Fortsetzung folgt ...)

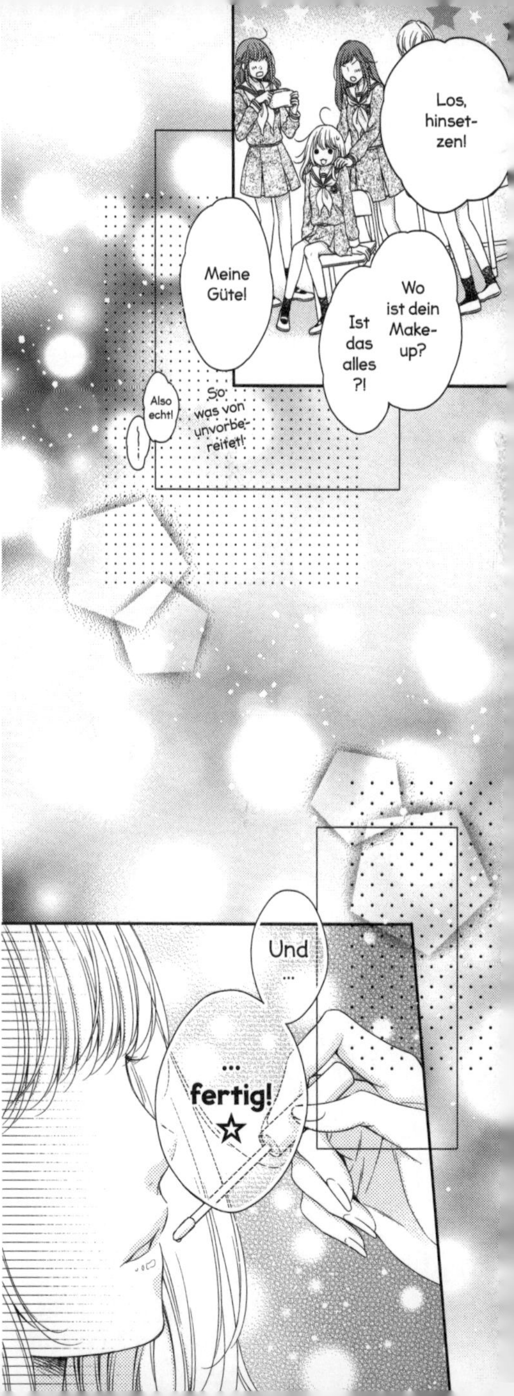

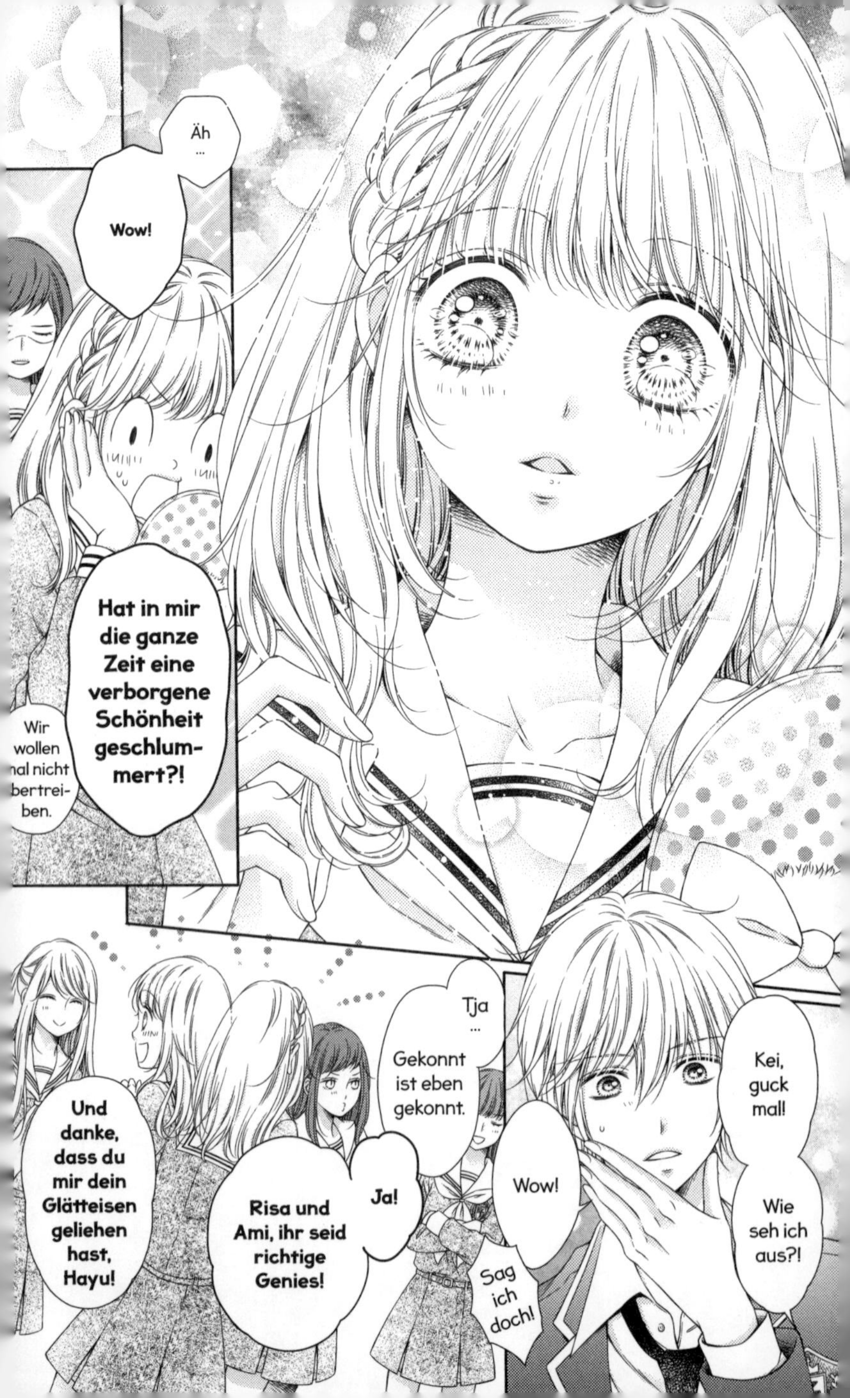
Äh ...
Wow!
Hat in mir die ganze Zeit eine verborgene Schönheit geschlummert?!
Wir wollen nal nicht bertrei-ben.
Kei, guck mal!
Wie seh ich aus?!
Tja ...
Gekonnt ist eben gekonnt.
Wow!
Sag ich doch!
Ja!
Risa und Ami, ihr seid richtige Genies!
Und danke, dass du mir dein Glätteisen geliehen hast, Hayu!

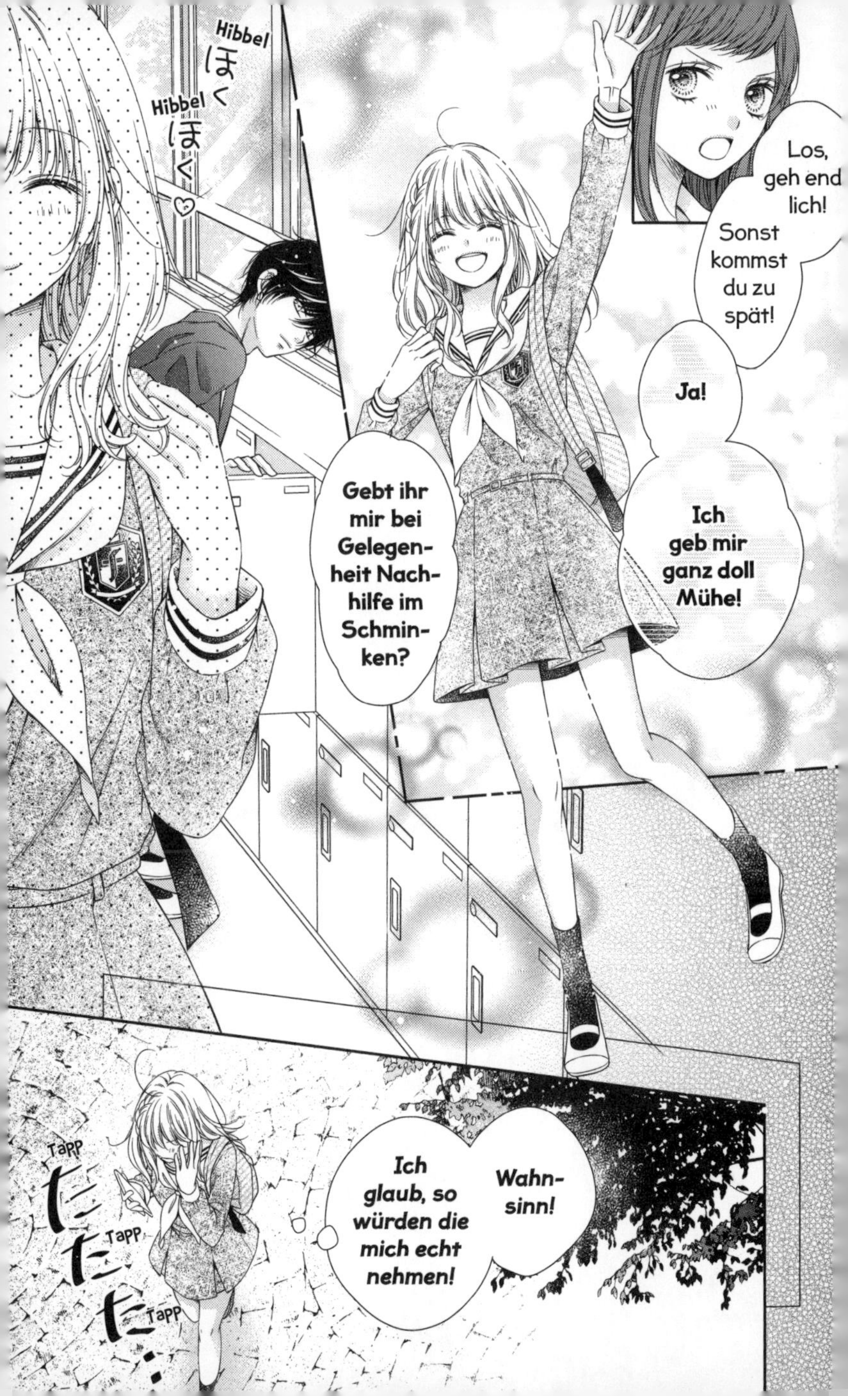
Los, geh end lich!
Sonst kommst du zu spät!
Ja!
Ich geb mir ganz doll Mühe!
Gebt ihr mir bei Gelegenheit Nachhilfe im Schminken?
Hibbel
ほく
Hibbel
ほく
Wahnsinn!
Ich glaub, so würden die mich echt nehmen!
Tapp
た
Tapp
た
Tapp
た…

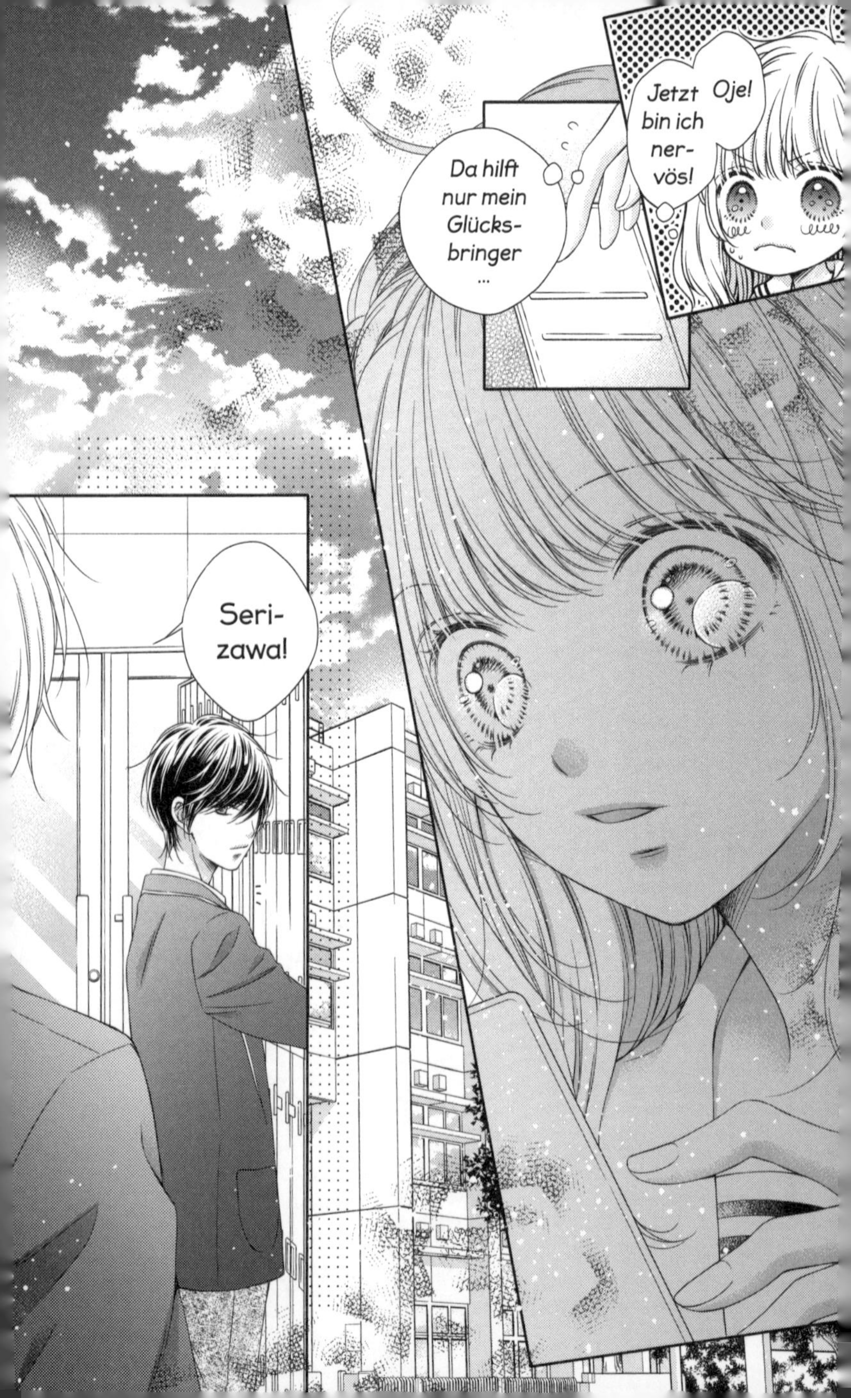
Oje!
Jetzt bin ich ner-vös!
Da hilft nur mein Glücks-bringer ...
Seri-zawa!

Mein iPad - Teil 2

Aber jetzt, da ich es gekauft habe, muss ich es doch eigentlich auch benutzen, sonst vergesse ich ja die ganzen Shortkeys wieder, die ich mir extra eingestellt habe.

Deshalb hatte ich mir überlegt, dass ich doch wenigstens die Randkolumnen für diesen Band auf dem iPad schreiben könnte (in einem schicken Café oder so), aber natürlich muss es ausgerechnet heute in Strömen gießen, und bei so einem Wetter mag ich nun auch nicht vor die Tür gehen. Nein, nein, ich mag heute wirklich nicht vor die Tür? Und so schreibe ich die Randspalten zu guter Letzt wie immer auf dem Grafiktablett ... (Lach)

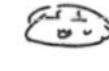

Ah ha ha ha ...

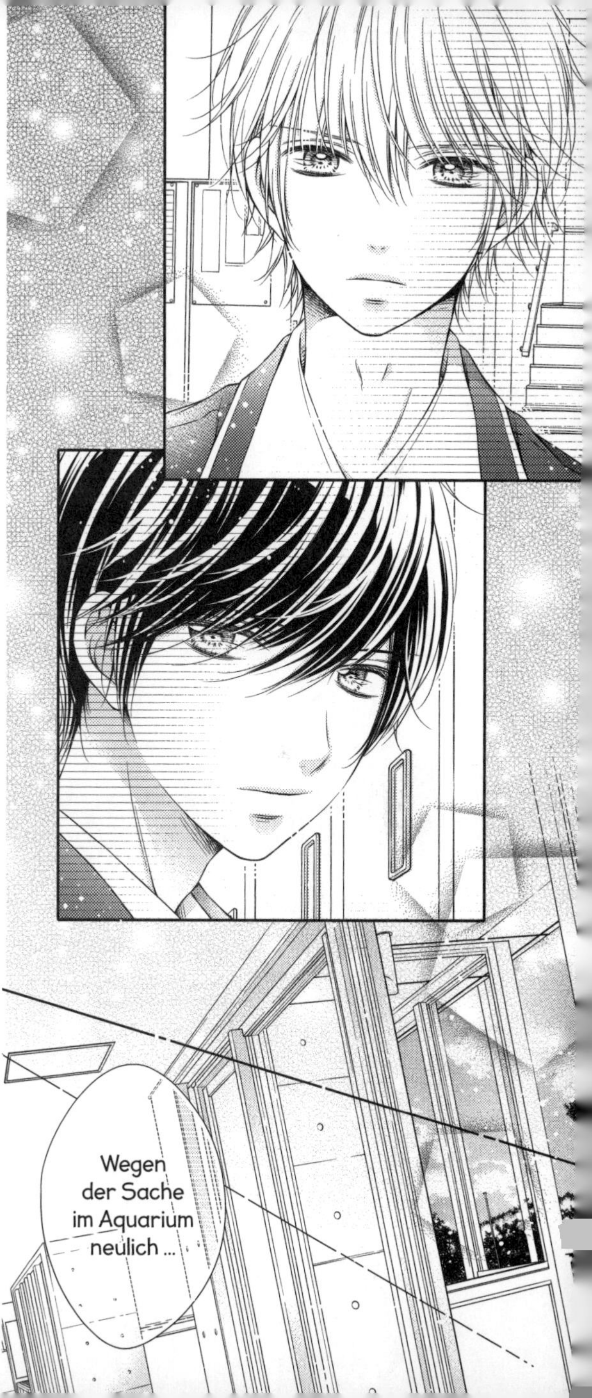

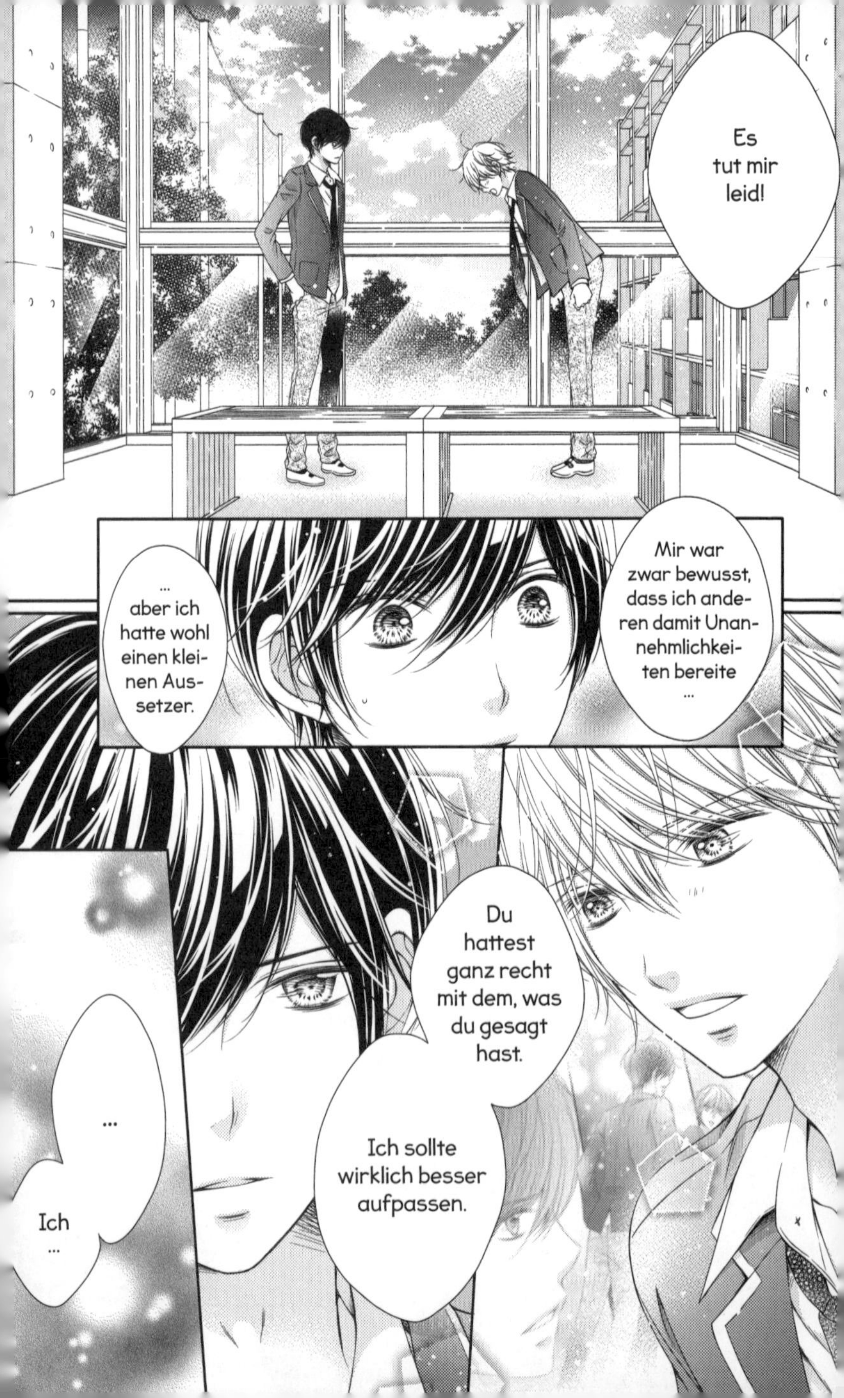
Es tut mir leid!
Mir war zwar bewusst, dass ich anderen damit Unannehmlichkeiten bereite ...
... aber ich hatte wohl einen kleinen Aussetzer.
Du hattest ganz recht mit dem, was du gesagt hast.
Ich sollte wirklich besser aufpassen.
...
Ich ...

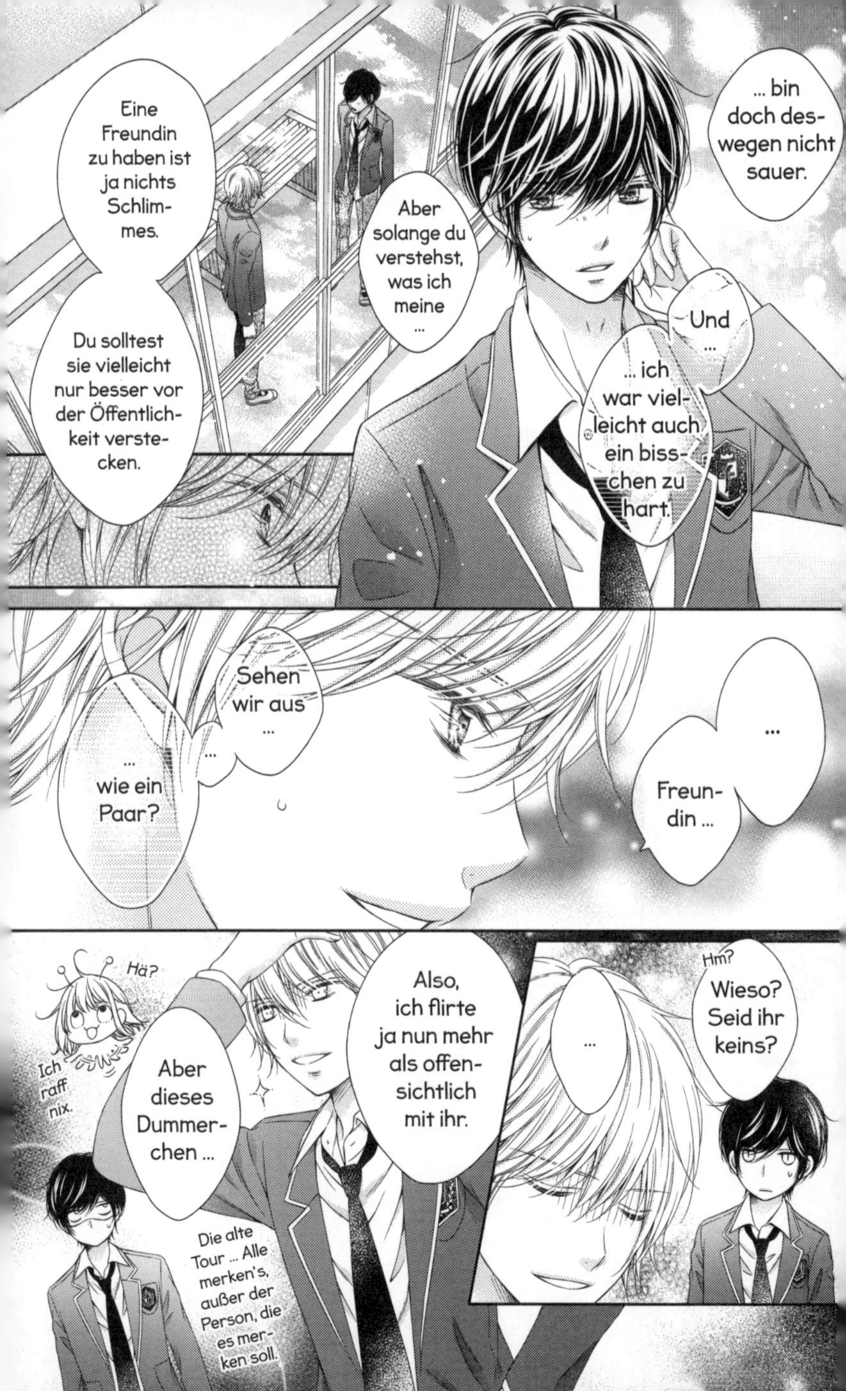

... bin doch deswegen nicht sauer.
Eine Freundin zu haben ist ja nichts Schlimmes.
Aber solange du verstehst, was ich meine ...
Du solltest sie vielleicht nur besser vor der Öffentlichkeit verstecken.
Und ...
... ich war vielleicht auch ein bisschen zu hart.
...
Freundin ...
Sehen wir aus ...
...
... wie ein Paar?
Hm?
Wieso? Seid ihr keins?
...
Also, ich flirte ja nun mehr als offensichtlich mit ihr.
Aber dieses Dummerchen ...
Hä?
Ich raff nix.
Die alte Tour ... Alle merken's, außer der Person, die es merken soll.

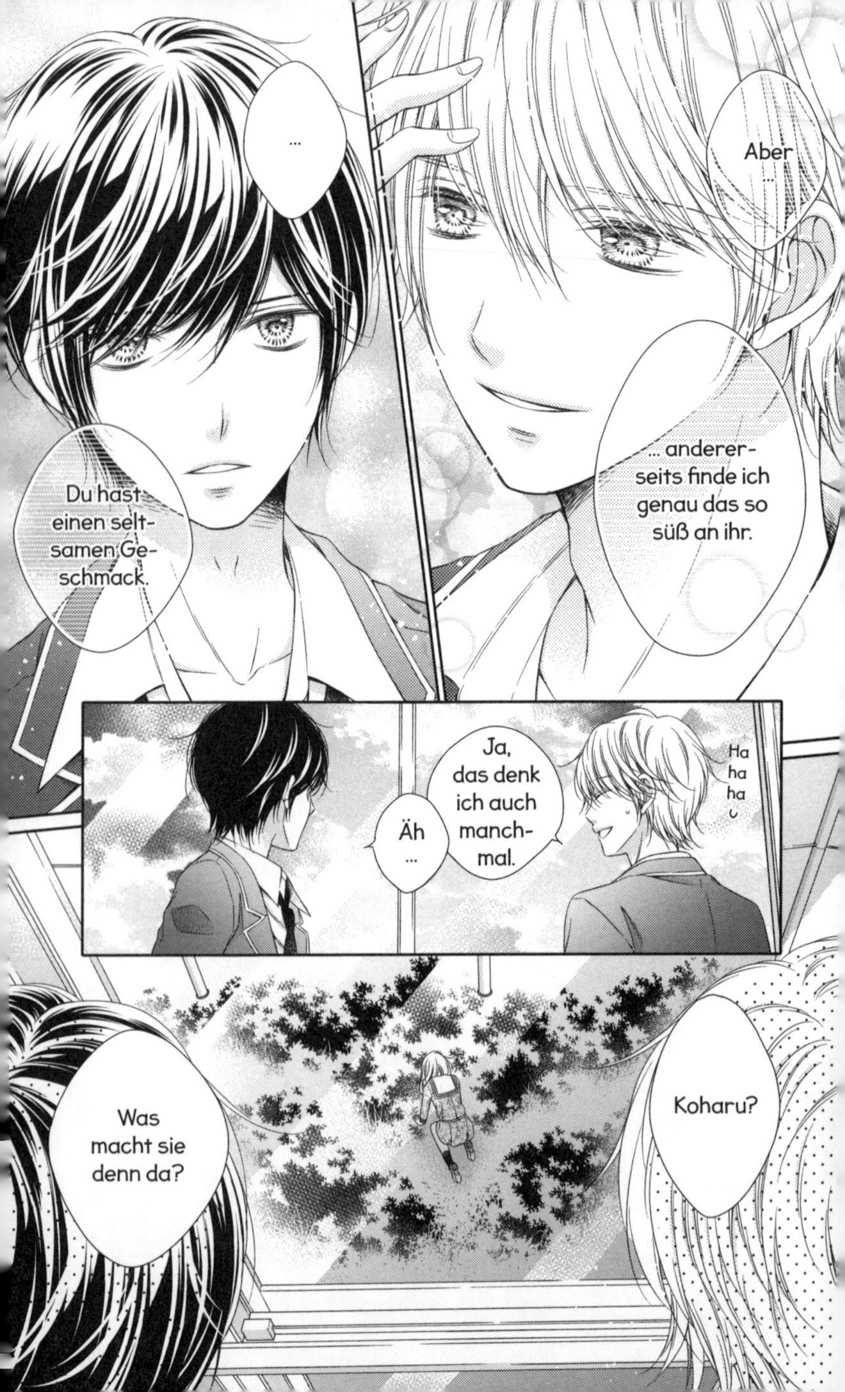
Aber ...
... anderer-seits finde ich genau das so süß an ihr.
...
Du hast einen selt-samen Ge-schmack.
Ha ha ha ha
Ja, das denk ich auch manch-mal.
Äh ...
Koharu?
Was macht sie denn da?

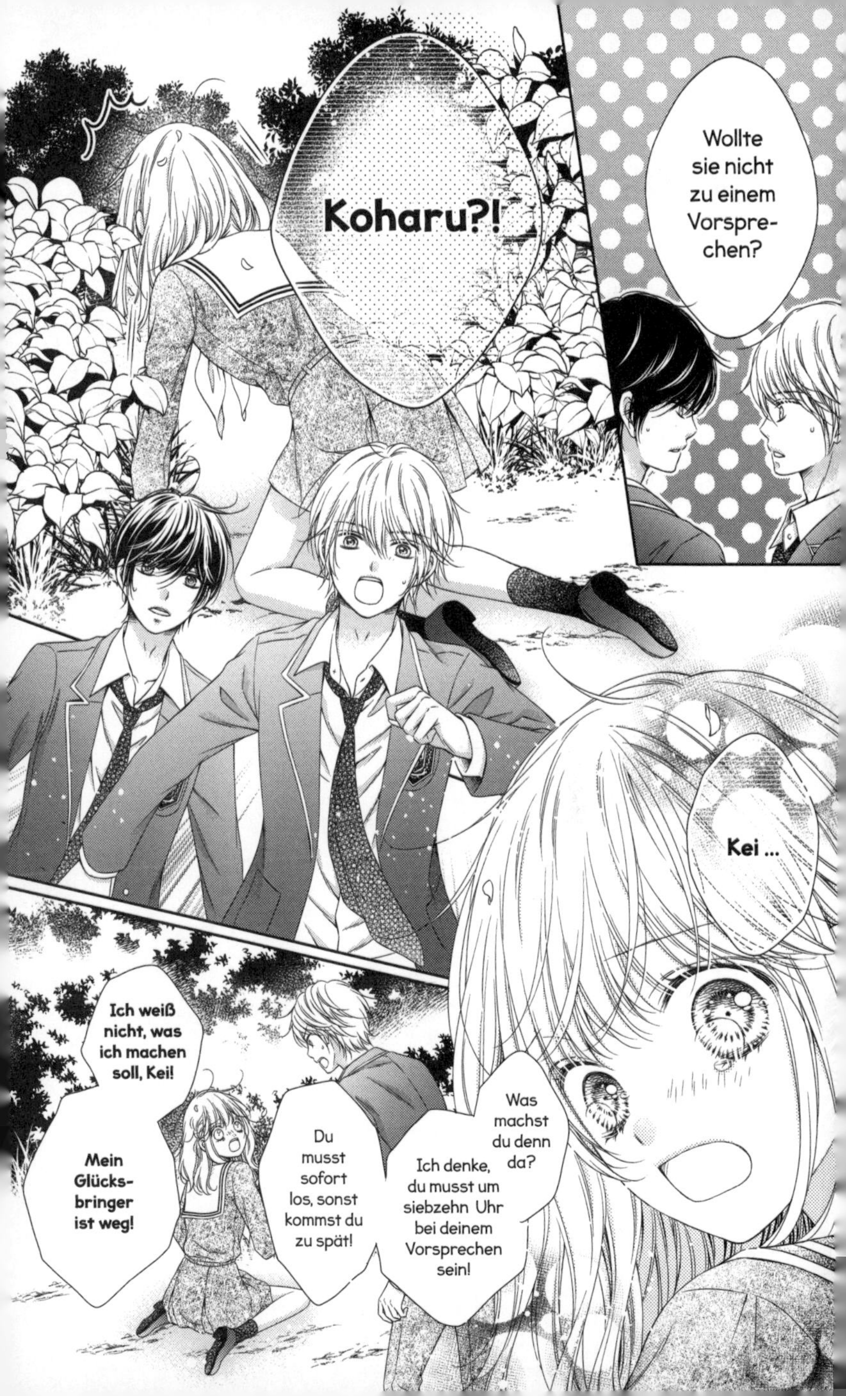
Wollte sie nicht zu einem Vorsprechen?
Koharu?!
Kei ...
Was machst du denn da?
Ich denke, du musst um siebzehn Uhr bei deinem Vorsprechen sein!
Du musst sofort los, sonst kommst du zu spät!
Ich weiß nicht, was ich machen soll, Kei!
Mein Glücksbringer ist weg!

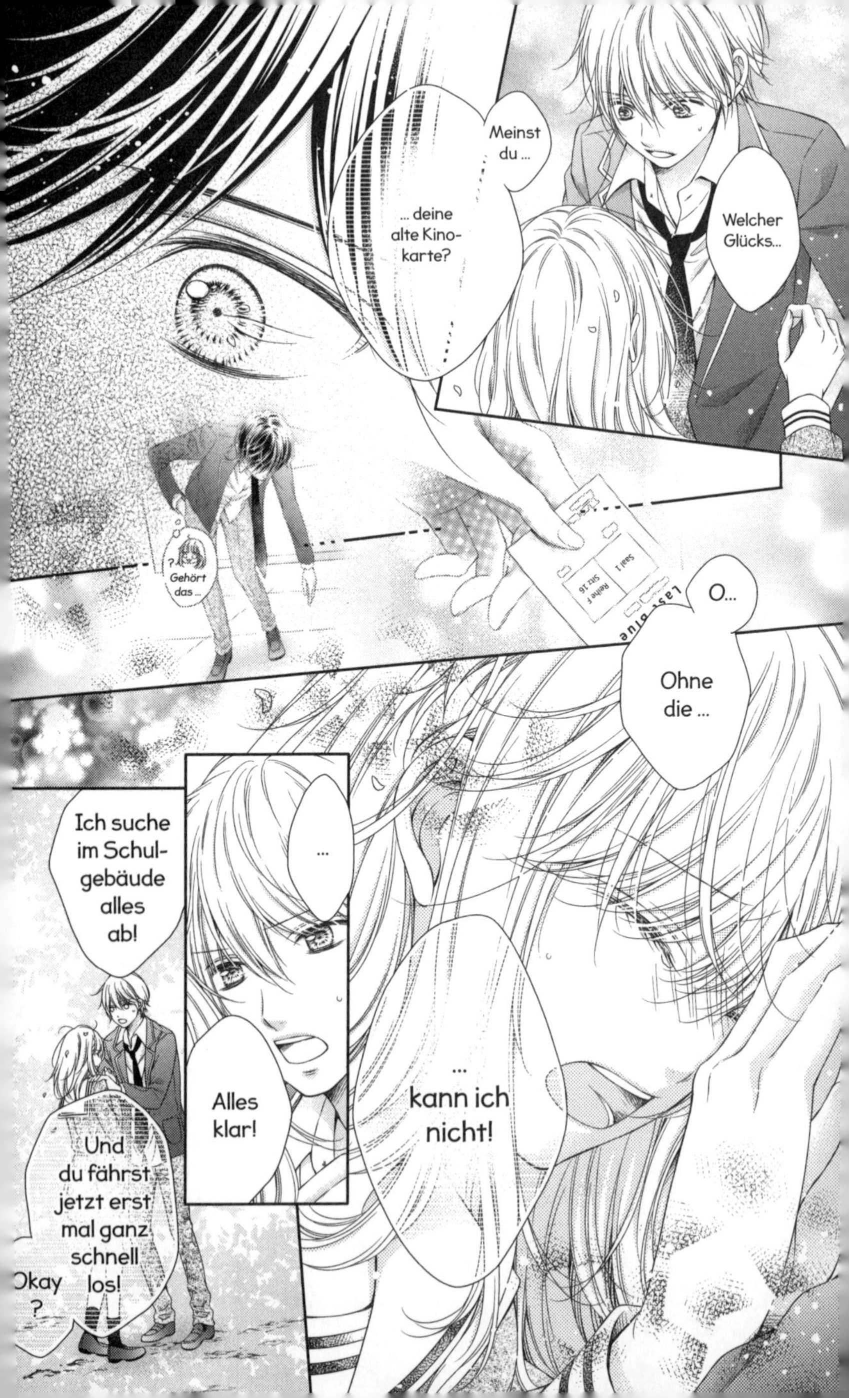

Meinst du ...
... deine alte Kino-karte?
Welcher Glücks...
? Gehört das ...
O...
Ohne die ...
... kann ich nicht!
...
Alles klar!
Ich suche im Schul-gebäude alles ab!
Und du fährst jetzt erst mal ganz schnell los!
Okay?

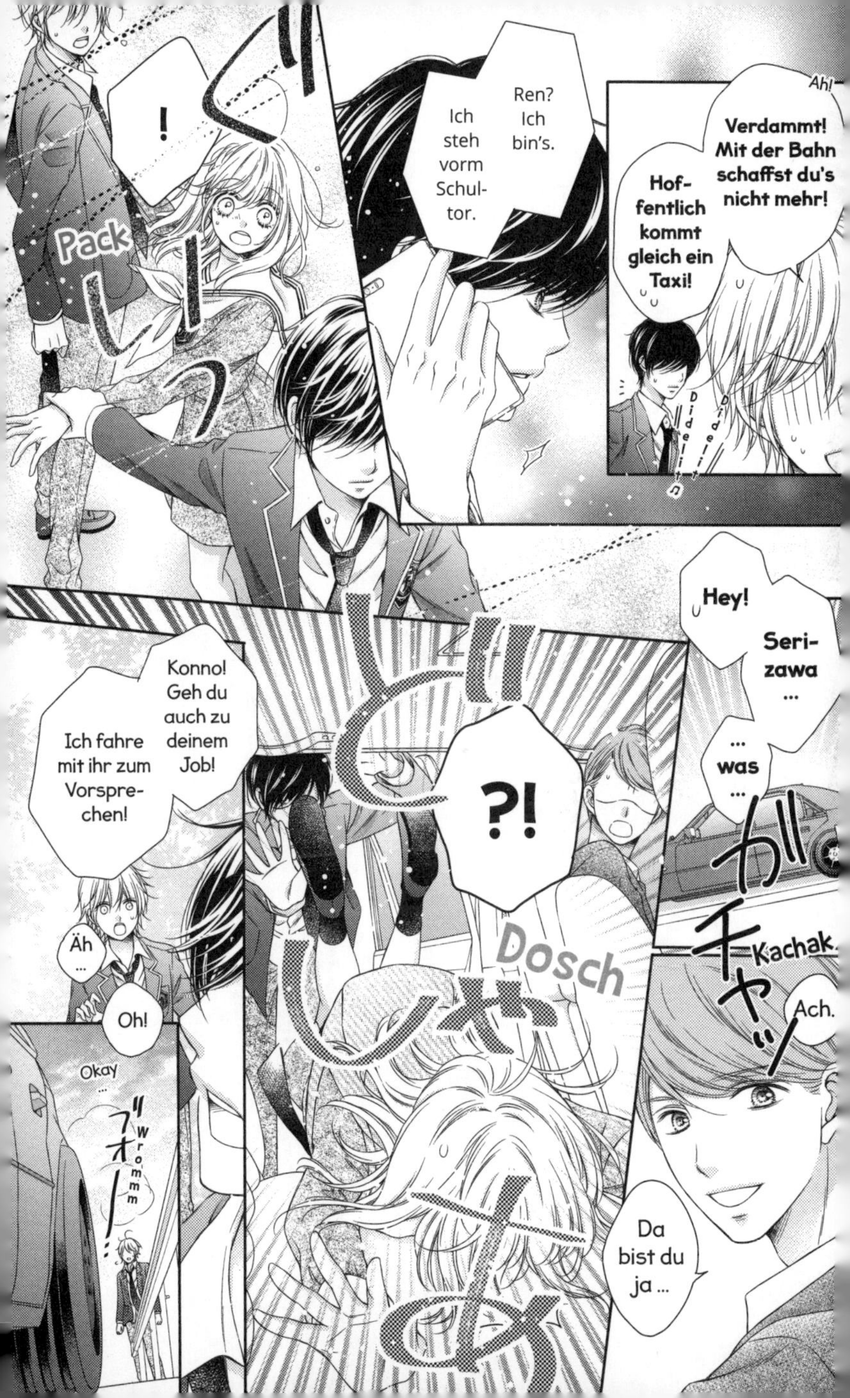

Ah!
Verdammt! Mit der Bahn schaffst du's nicht mehr!
Hof-fentlich kommt gleich ein Taxi!
Dideli
Dideli
Ren? Ich bin's.
Ich steh vorm Schul-tor.
!
Pack
Hey!
Seri-zawa ...
... was ...
Kachak.
Ach.
Da bist du ja ...
?!
Dosch
Konno! Geh du auch zu deinem Job!
Ich fahre mit ihr zum Vorspre-chen!
Äh ...
Oh!
Okay ...
Wrommm

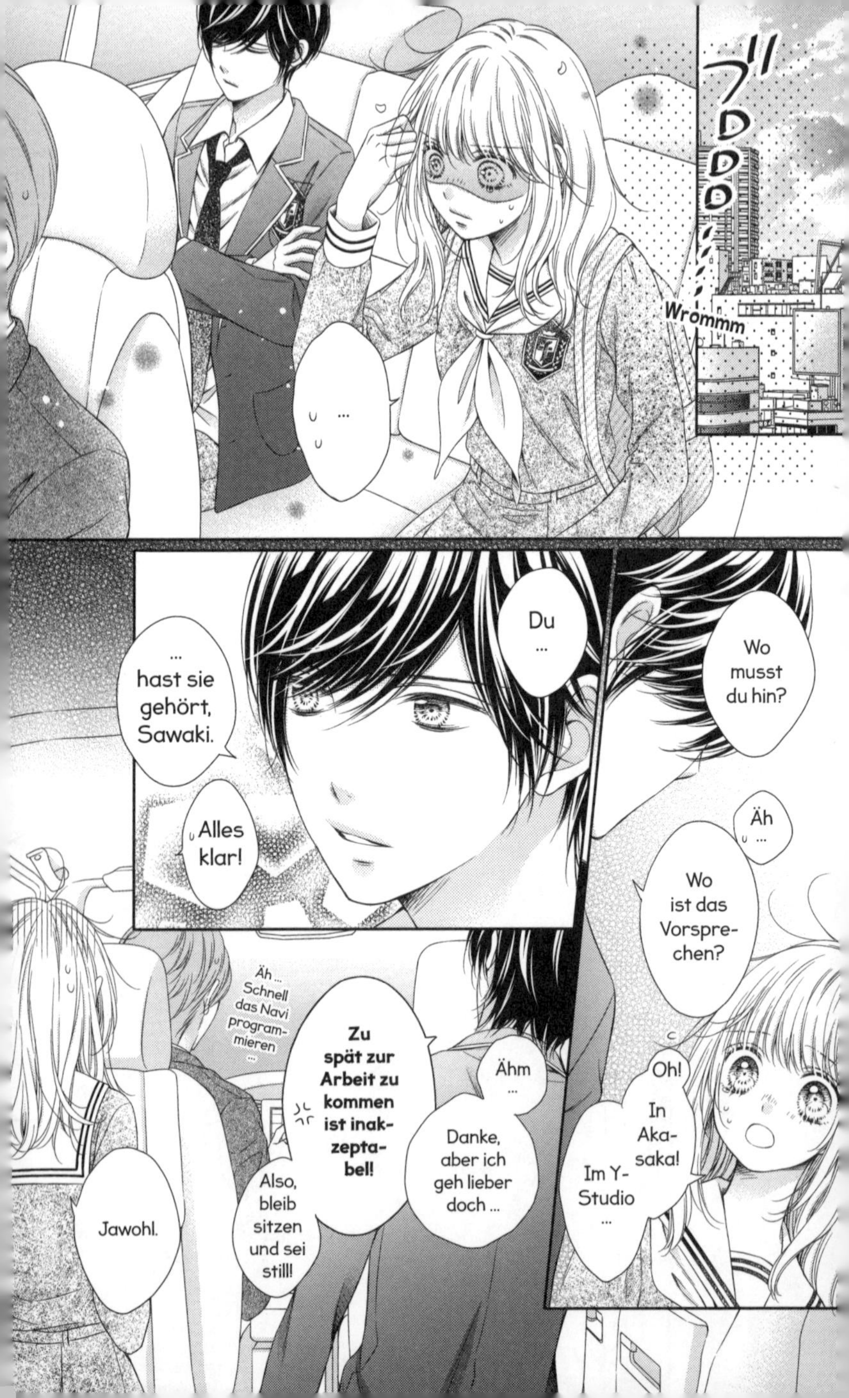
ブロロロ…
Wrommm
…
Wo musst du hin?
Du …
… hast sie gehört, Sawaki.
Alles klar!
Äh …
Wo ist das Vorsprechen?
Oh!
In Akasaka!
Im Y-Studio …
Ähm …
Danke, aber ich geh lieber doch …
Zu spät zur Arbeit zu kommen ist inakzeptabel!
Also, bleib sitzen und sei still!
Äh … Schnell das Navi programmieren …
Jawohl.

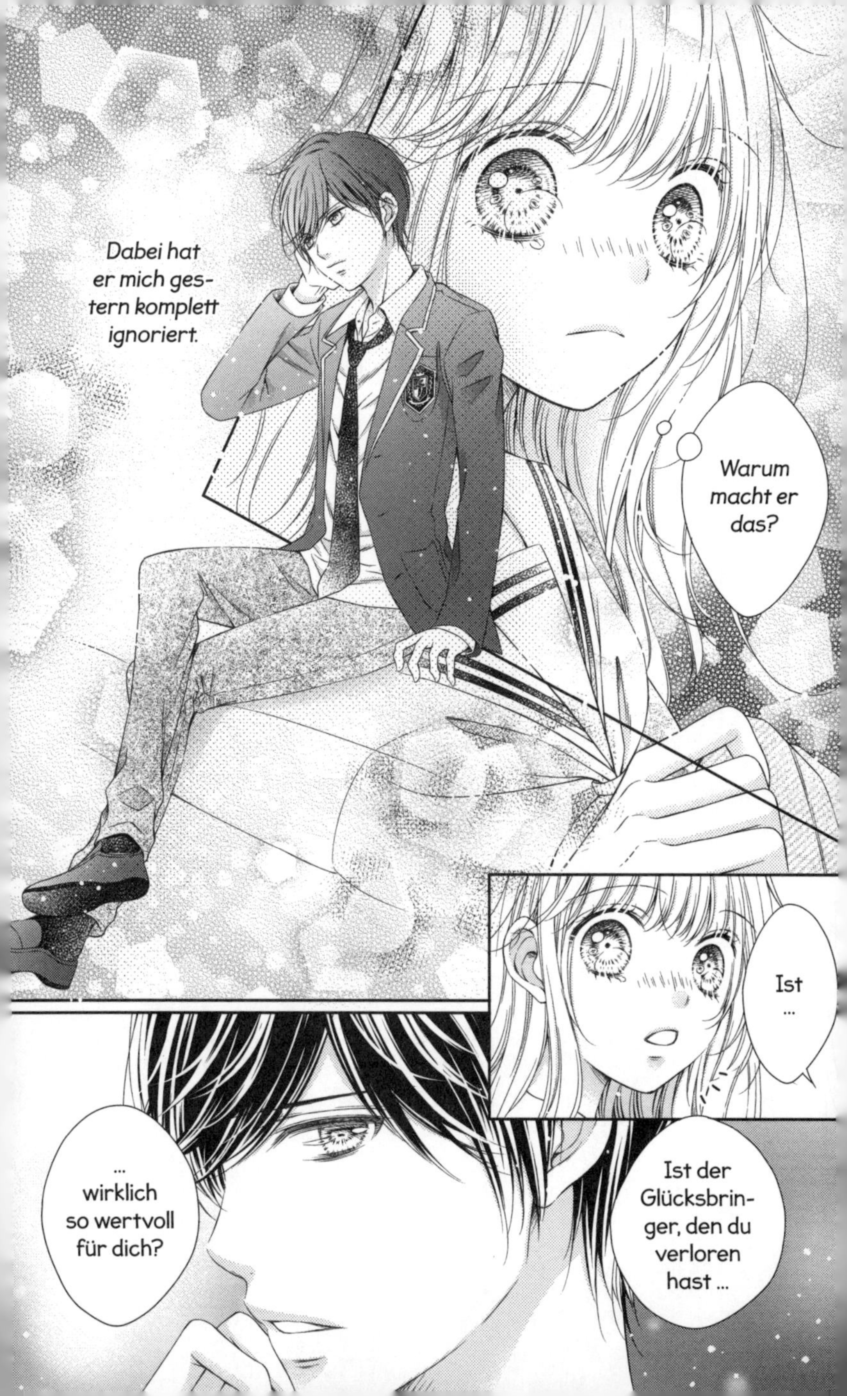
Warum macht er das?
Dabei hat er mich gestern komplett ignoriert.
Ist ...
Ist der Glücksbringer, den du verloren hast ...
... wirklich so wertvoll für dich?

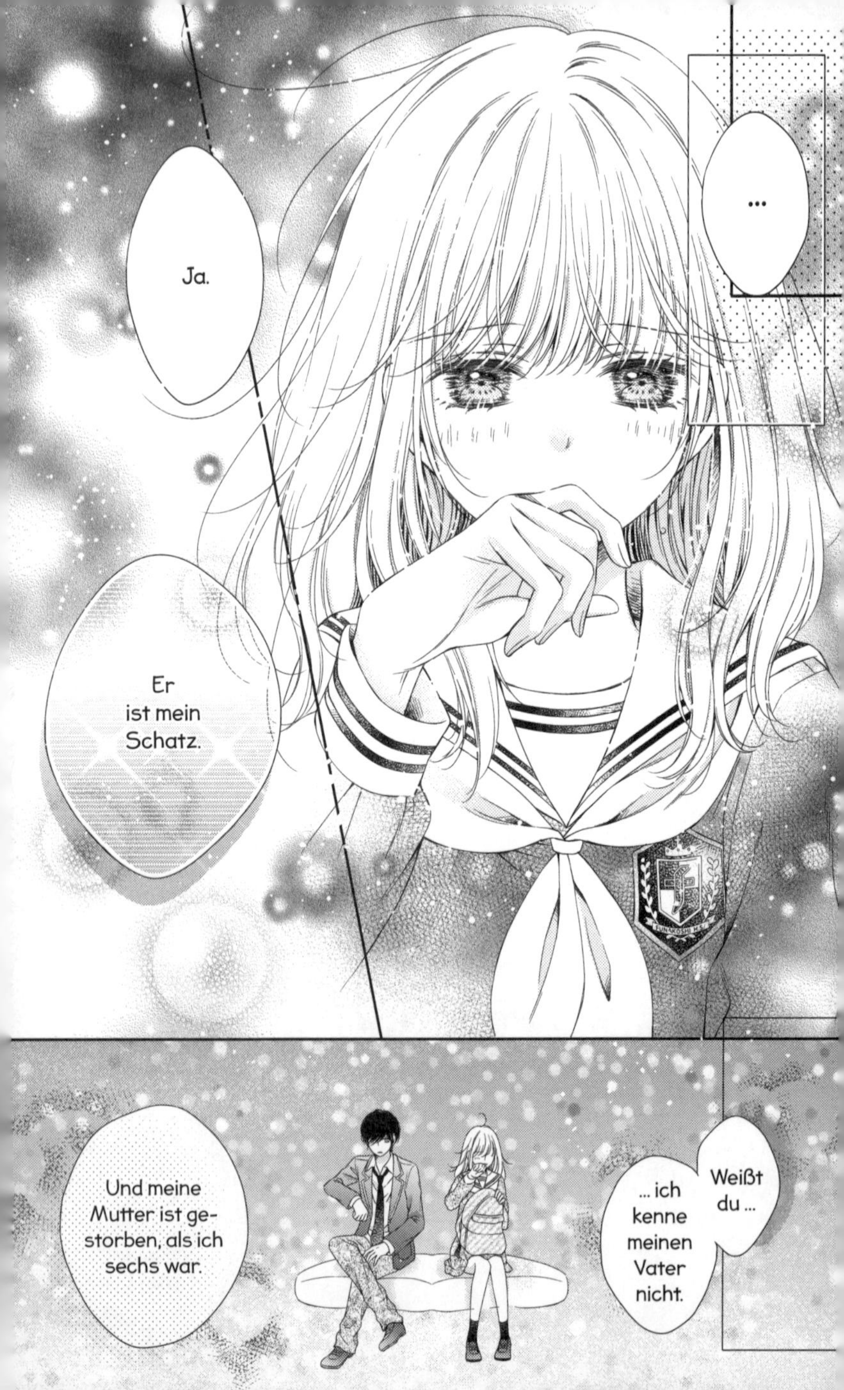
...
Ja.
Er ist mein Schatz.
Weißt du ...
... ich kenne meinen Vater nicht.
Und meine Mutter ist gestorben, als ich sechs war.

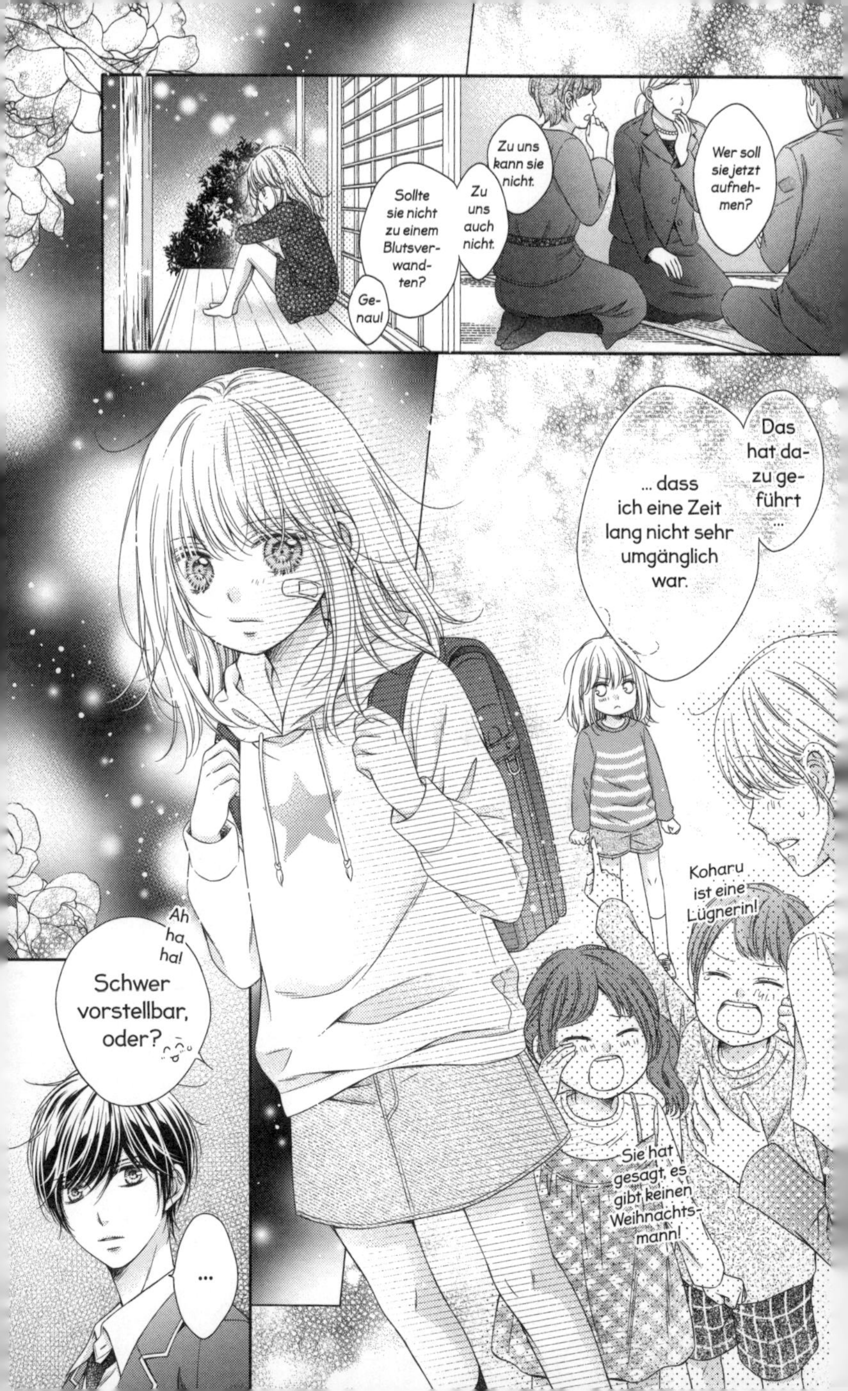
Wer soll sie jetzt aufnehmen?
Zu uns kann sie nicht.
Zu uns auch nicht.
Sollte sie nicht zu einem Blutsverwandten?
Genau!
Das hat dazu geführt ...
... dass ich eine Zeit lang nicht sehr umgänglich war.
Koharu ist eine Lügnerin!
Sie hat gesagt, es gibt keinen Weihnachtsmann!
Ah ha ha!
Schwer vorstellbar, oder?
...

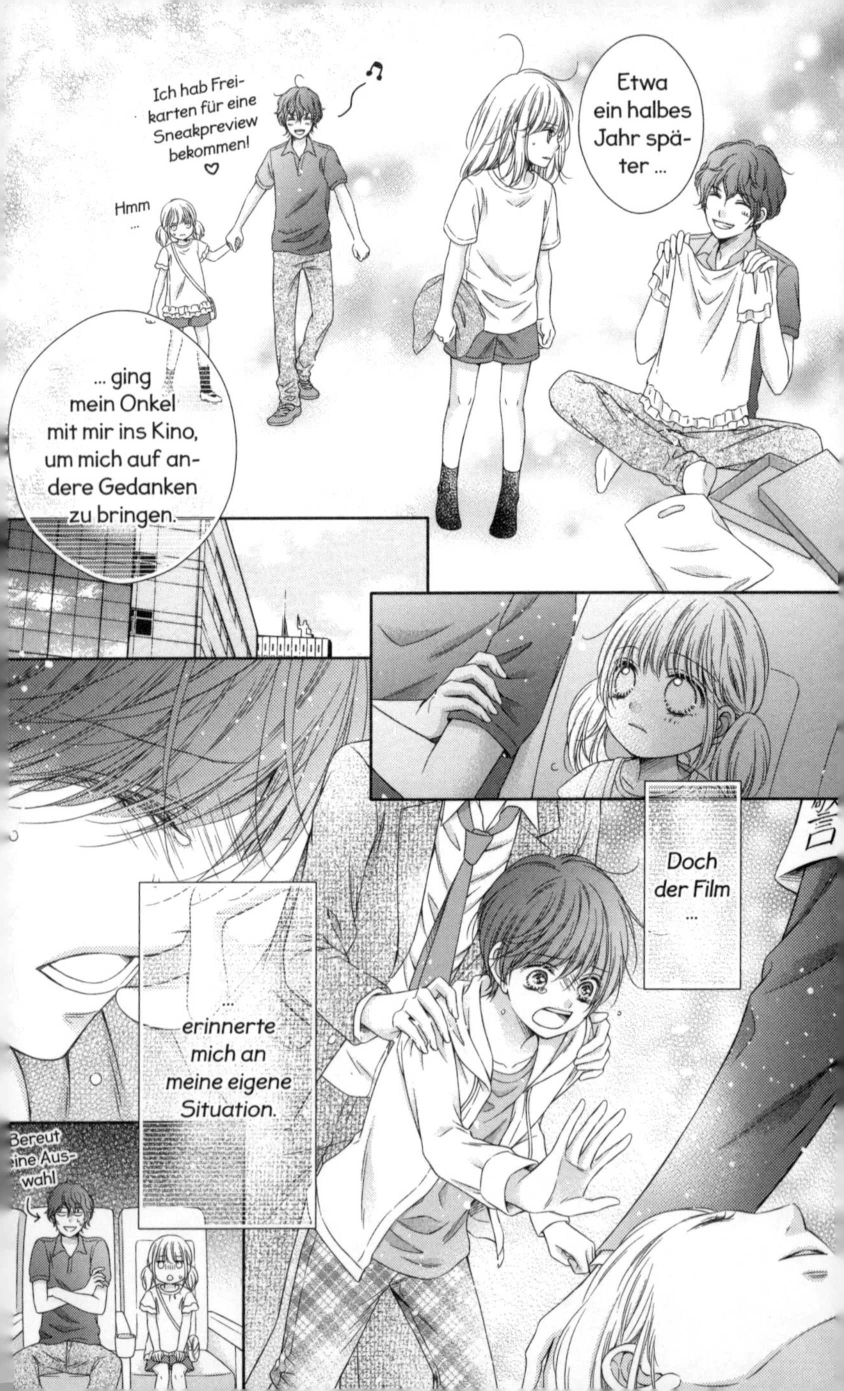
Etwa ein halbes Jahr später ...
Ich hab Freikarten für eine Sneakpreview bekommen! ♡
Hmm ...
... ging mein Onkel mit mir ins Kino, um mich auf andere Gedanken zu bringen.
Doch der Film ...
... erinnerte mich an meine eigene Situation.
Bereut eine Auswahl

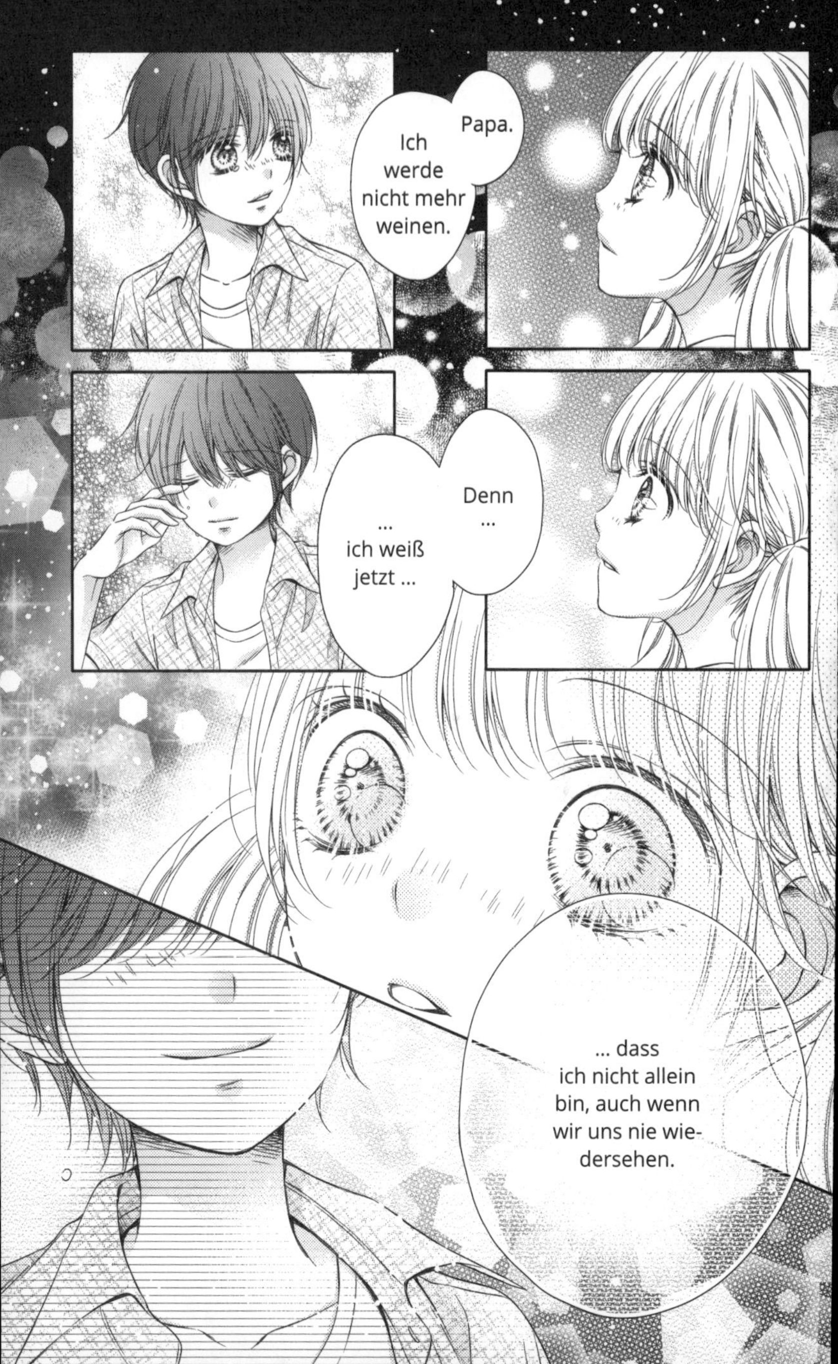
Papa.
Ich werde nicht mehr weinen.
Denn ...
... ich weiß jetzt ...
... dass ich nicht allein bin, auch wenn wir uns nie wiedersehen.

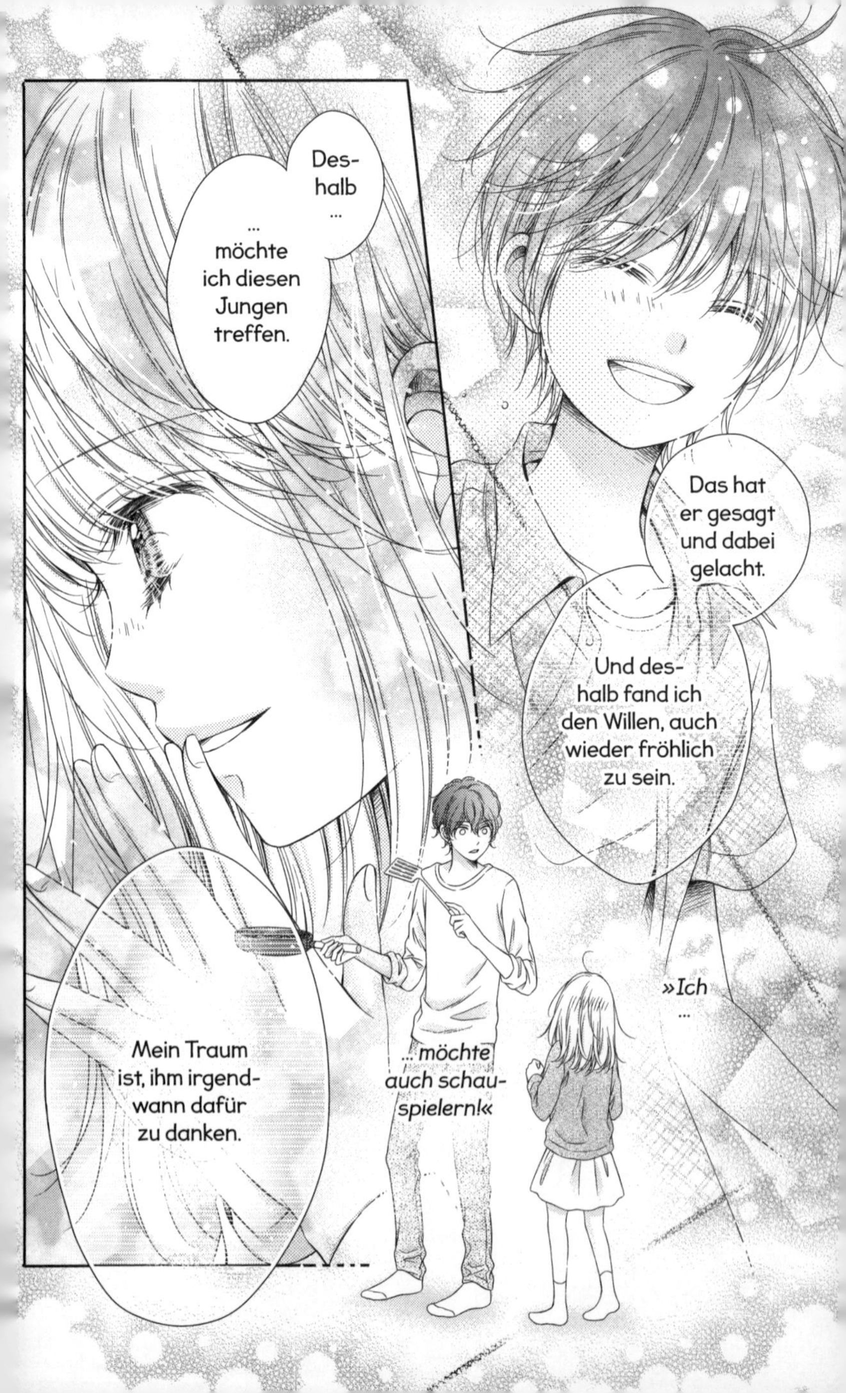

Des- halb …
… möchte ich diesen Jungen treffen.
Das hat er gesagt und dabei gelacht.
Und des- halb fand ich den Willen, auch wieder fröhlich zu sein.
»Ich …
… möchte auch schau- spielern!«
Mein Traum ist, ihm irgend- wann dafür zu danken.

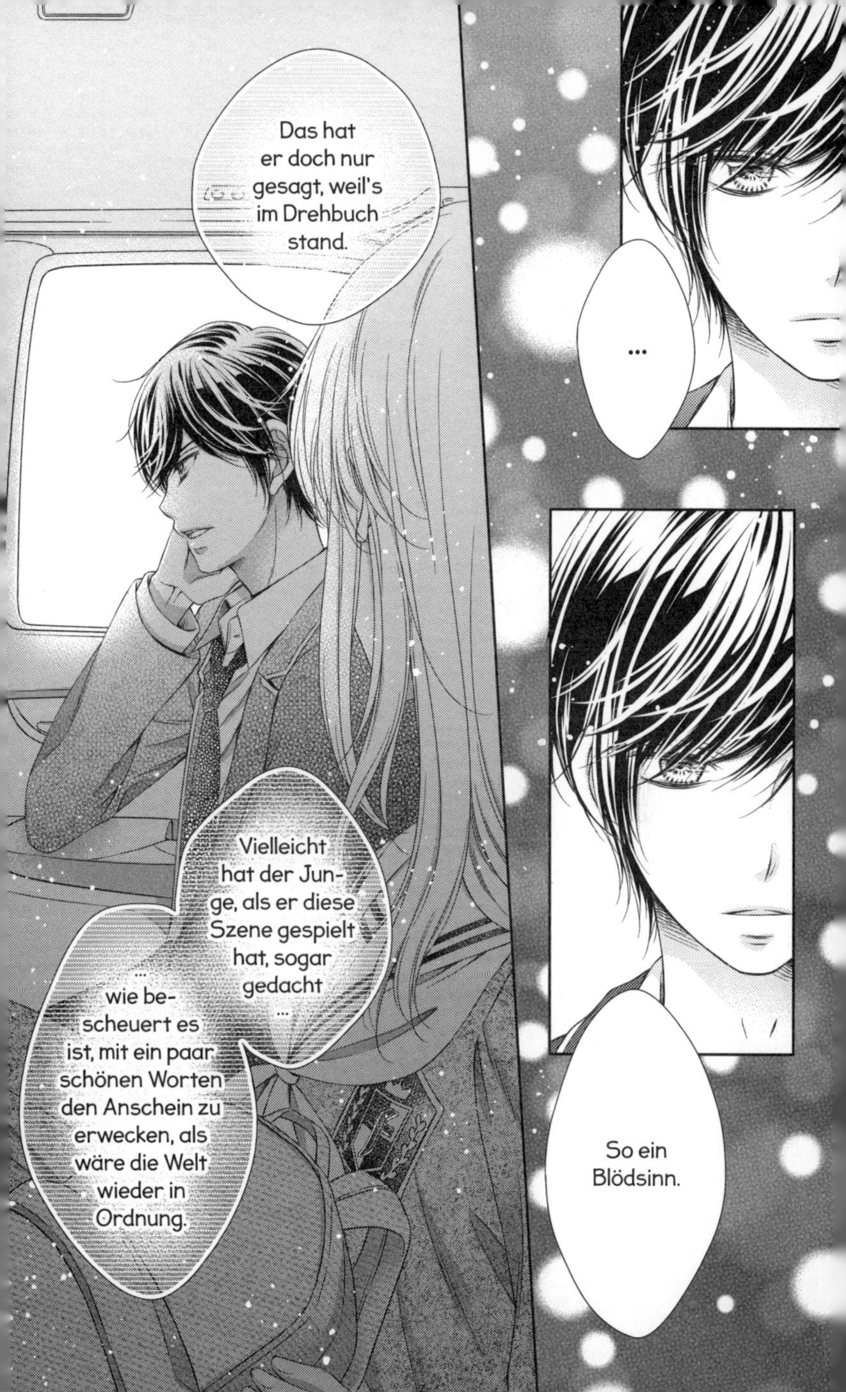
...
So ein Blödsinn.
Das hat er doch nur gesagt, weil's im Drehbuch stand.
Vielleicht hat der Junge, als er diese Szene gespielt hat, sogar gedacht ...
... wie bescheuert es ist, mit ein paar schönen Worten den Anschein zu erwecken, als wäre die Welt wieder in Ordnung.

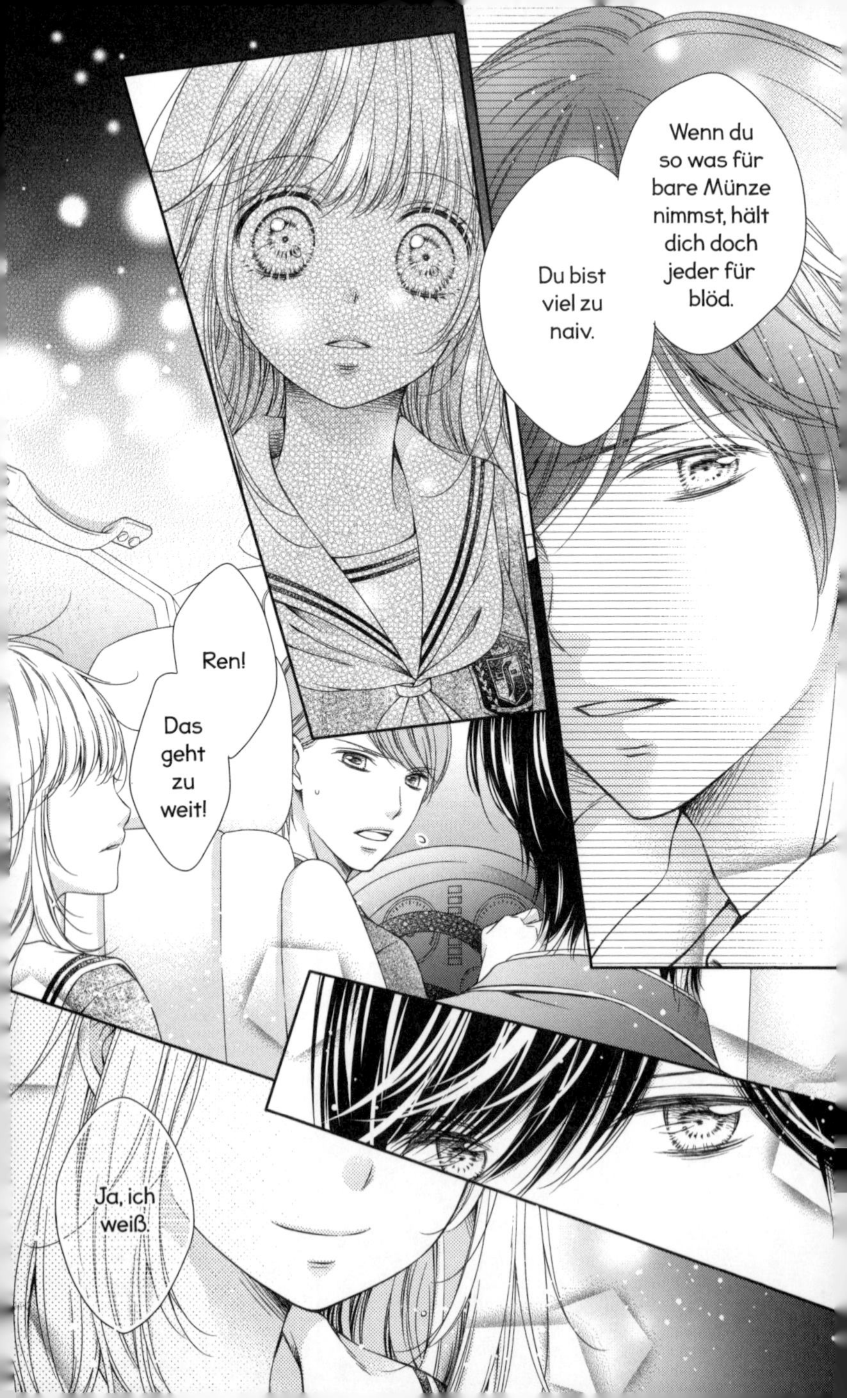
Wenn du so was für bare Münze nimmst, hält dich doch jeder für blöd.
Du bist viel zu naiv.
Ren!
Das geht zu weit!
Ja, ich weiß.

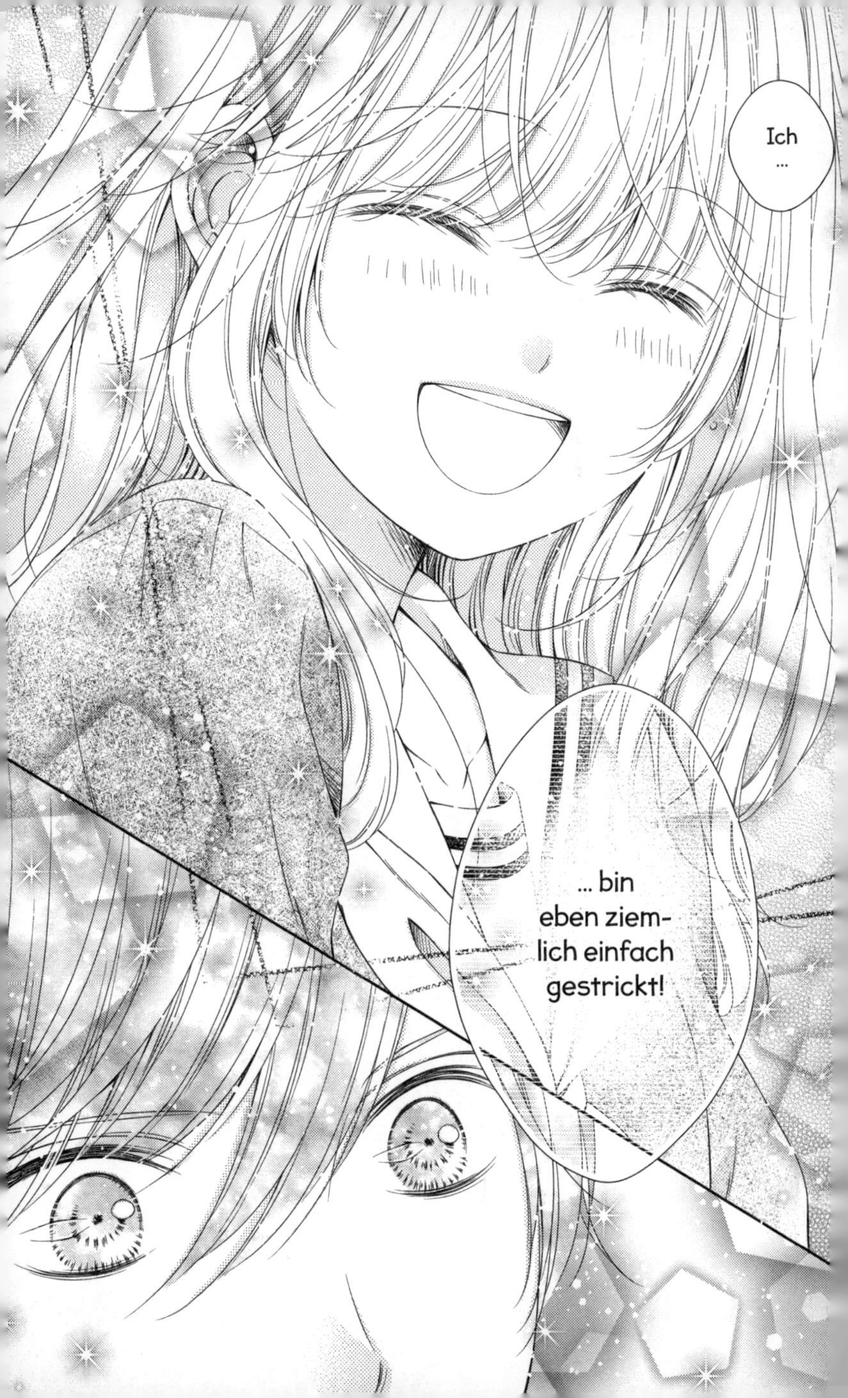
Ich
...
... bin
eben ziem-
lich einfach
gestrickt!

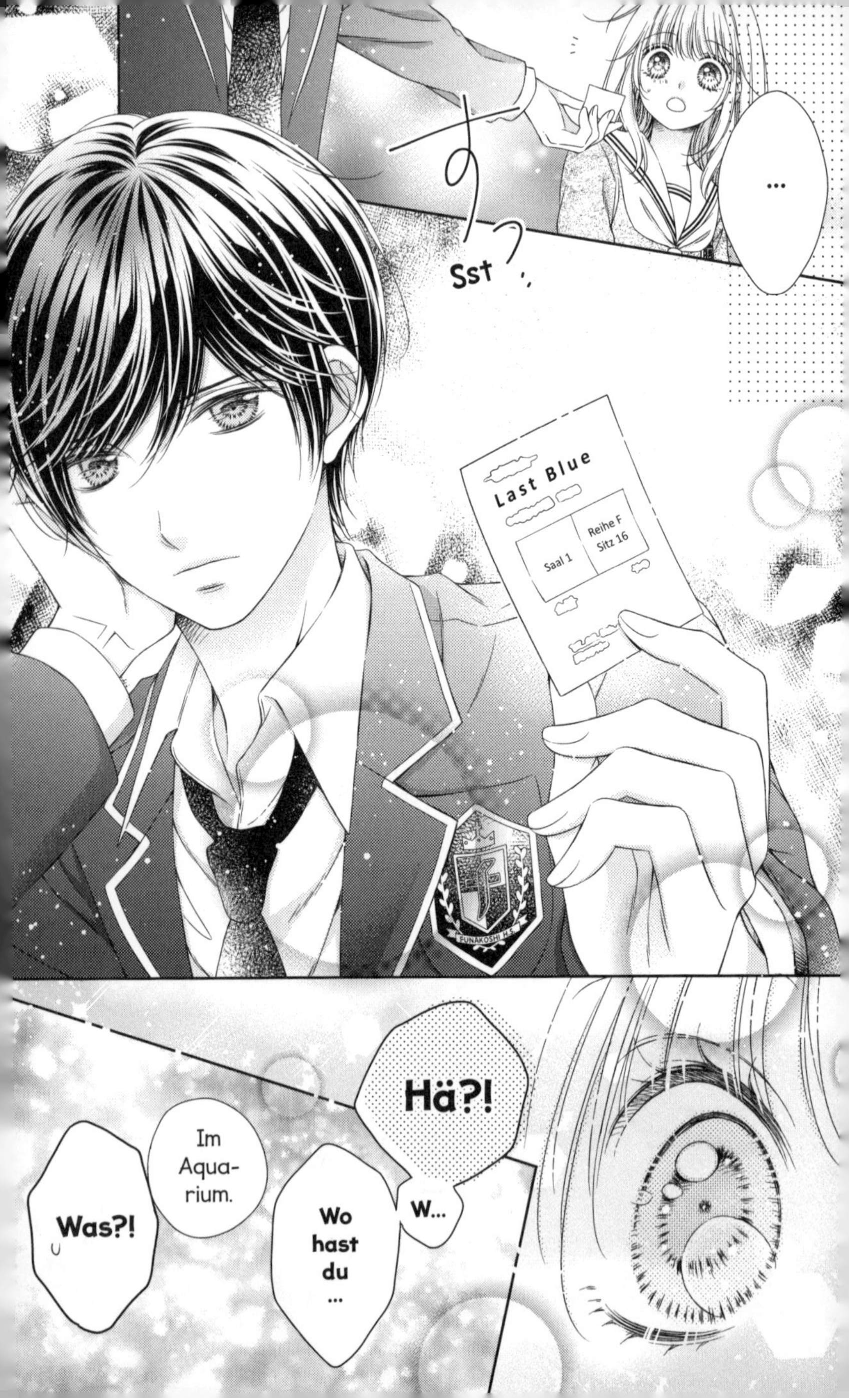
Sst
...
Last Blue
Saal 1
Reihe F
Sitz 16
FUNAKOSHI H.S.
Hä?!
W...
Wo hast du ...
Im Aquarium.
Was?!

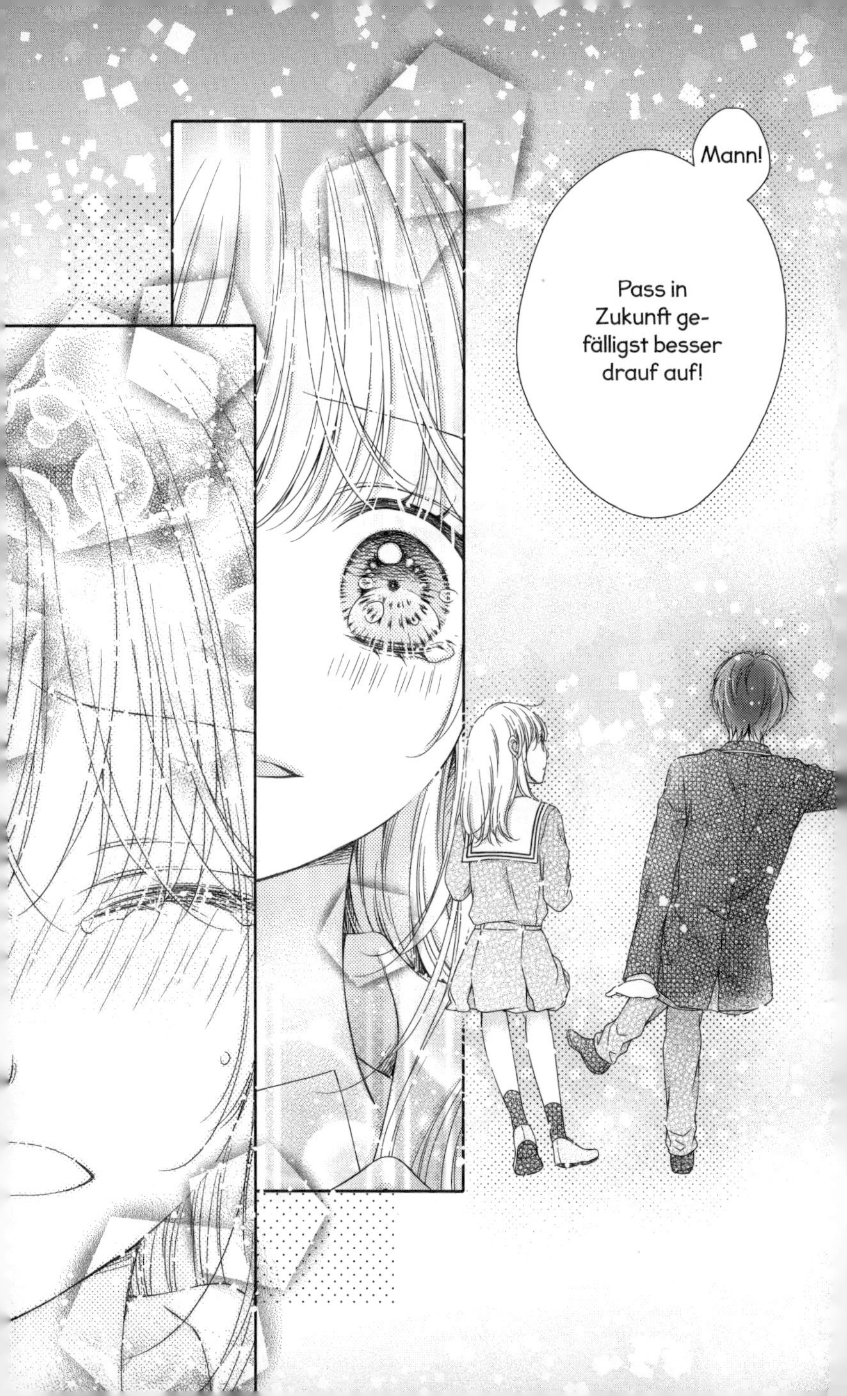
Mann!
Pass in Zukunft gefälligst besser drauf auf!

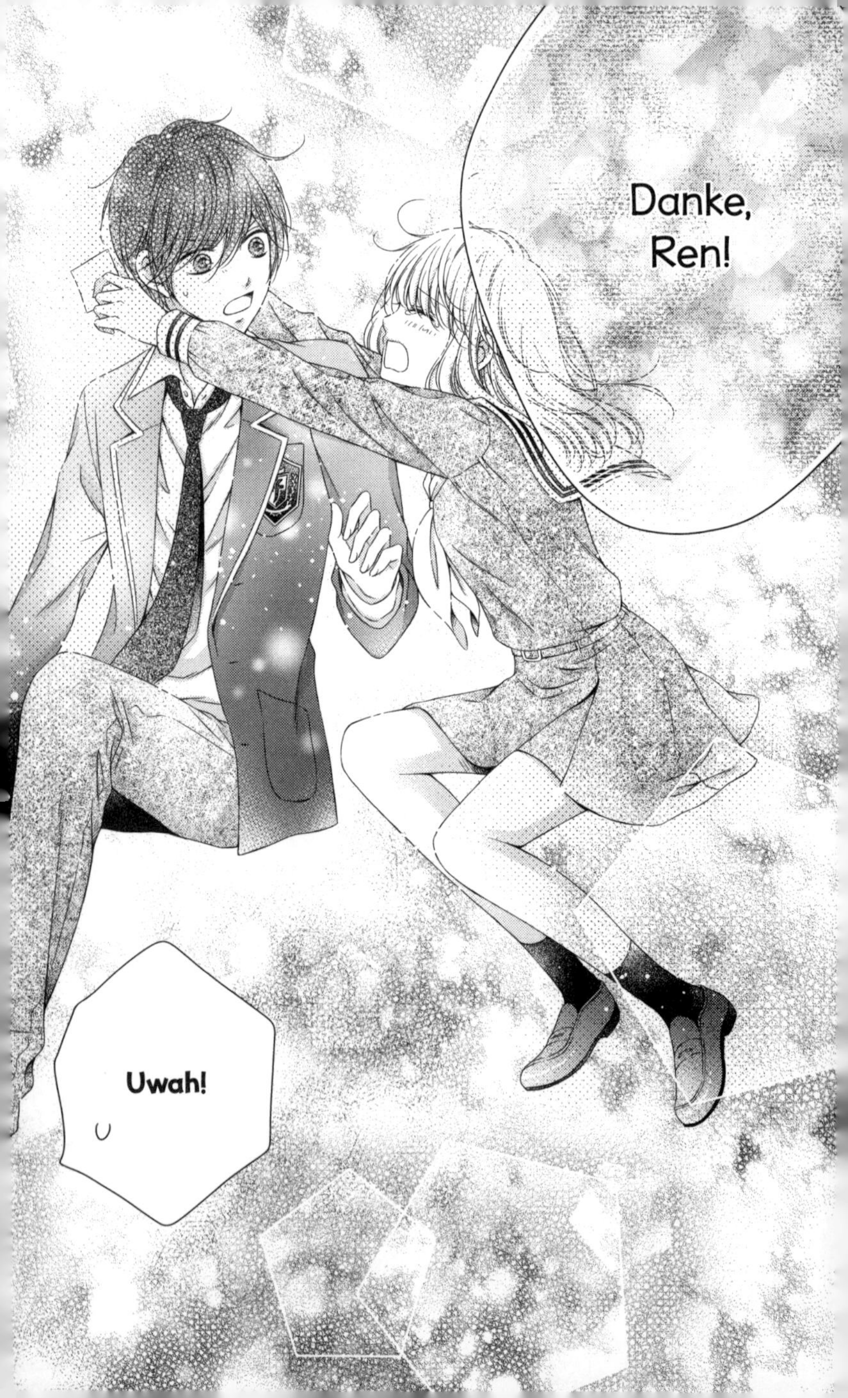
Danke, Ren!
Uwah!

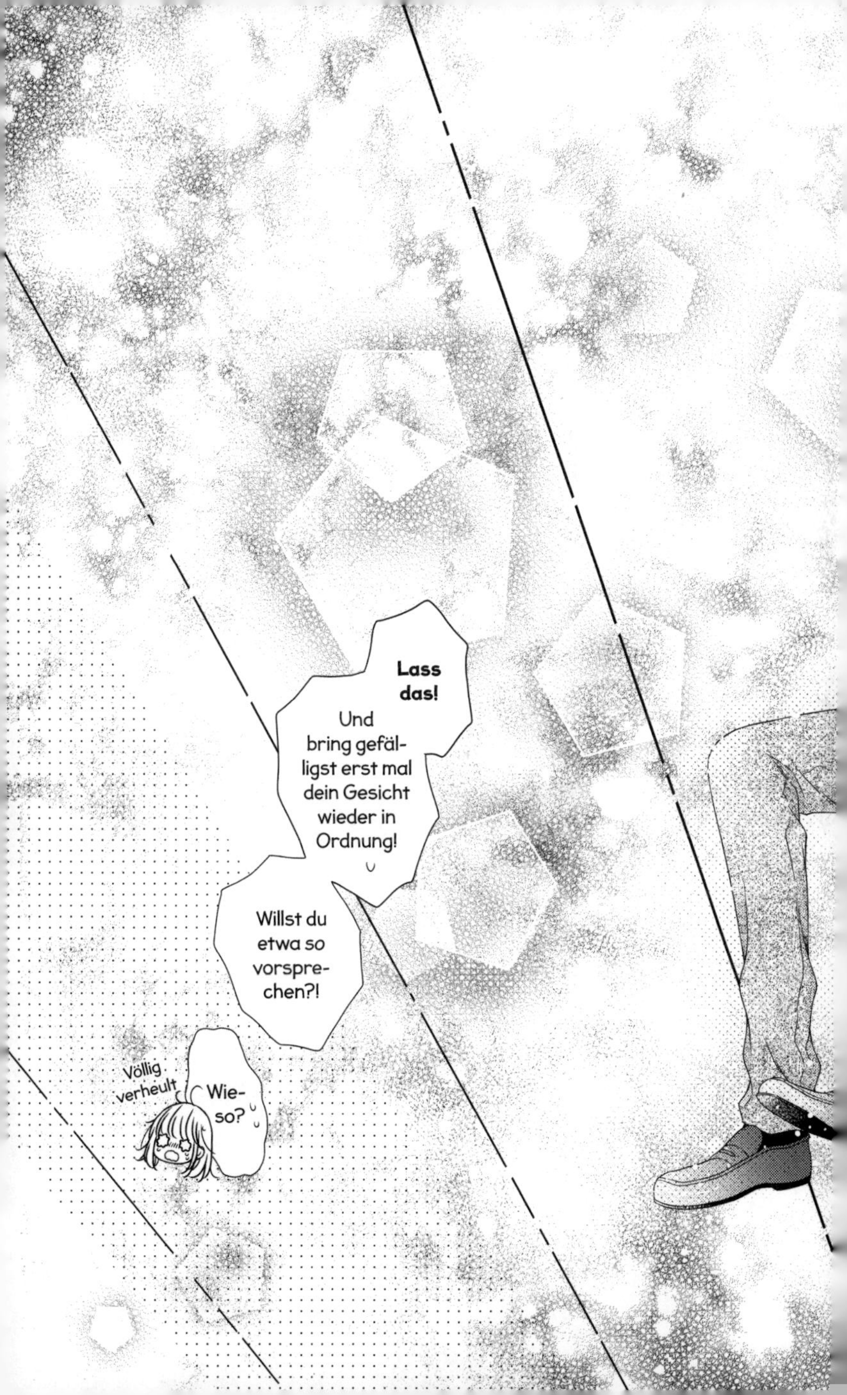
Lass das!
Und bring gefälligst erst mal dein Gesicht wieder in Ordnung!
Willst du etwa *so* vorsprechen?!
Wieso?
Völlig verheult

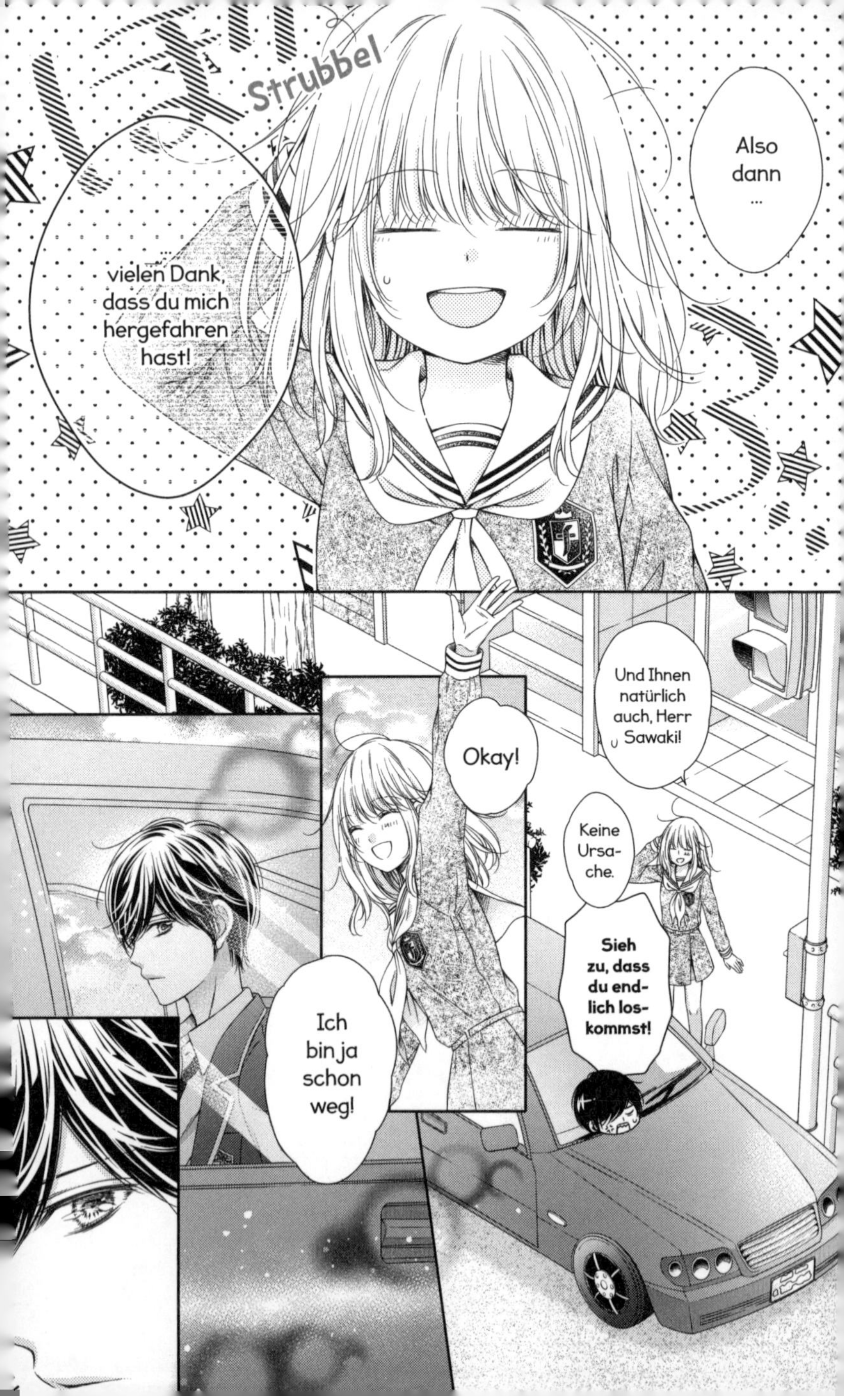
Also dann …
Strubbel
… vielen Dank, dass du mich hergefahren hast!
Und Ihnen natürlich auch, Herr Sawaki!
Okay!
Keine Ursache.
Sieh zu, dass du endlich loskommst!
Ich bin ja schon weg!

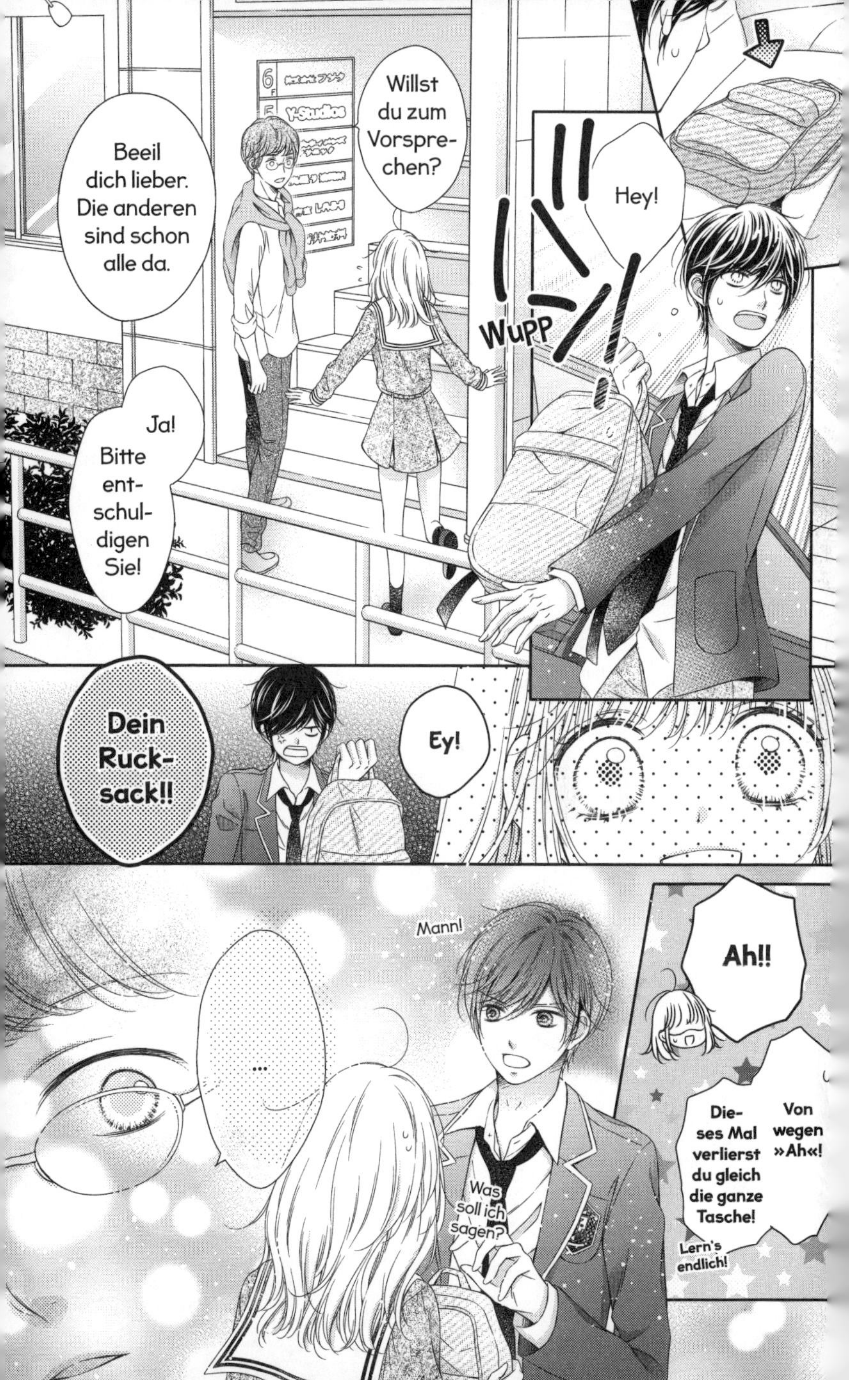
Y-Studios
Willst du zum Vorsprechen?
Beeil dich lieber. Die anderen sind schon alle da.
Ja! Bitte entschuldigen Sie!
Hey!
Wupp
Dein Rucksack!!
Ey!
Ah!!
Von wegen »Ah«!
Dieses Mal verlierst du gleich die ganze Tasche!
Lern's endlich!
Mann!
...
Was soll ich sagen?

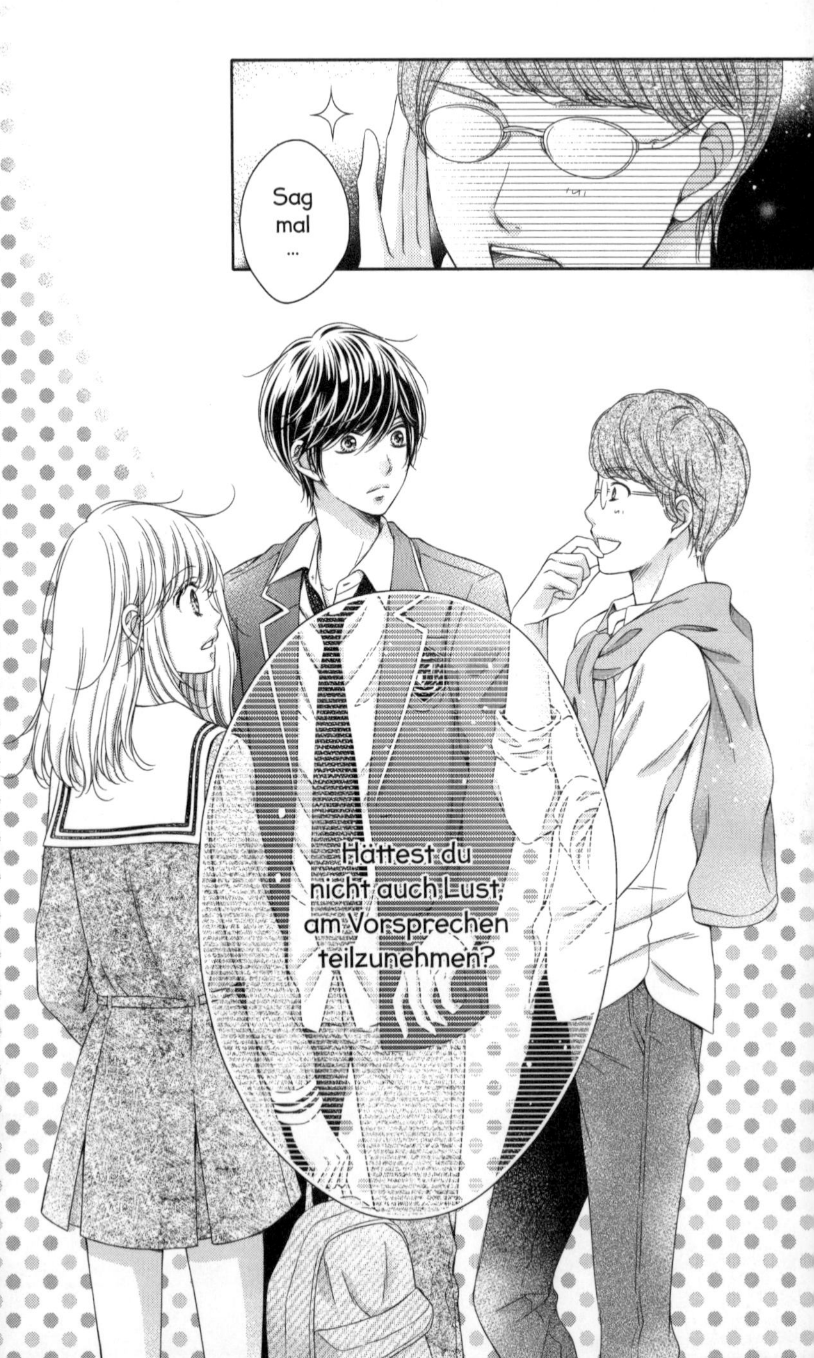
Sag mal ...
Hättest du nicht auch Lust, am Vorsprechen teilzunehmen?

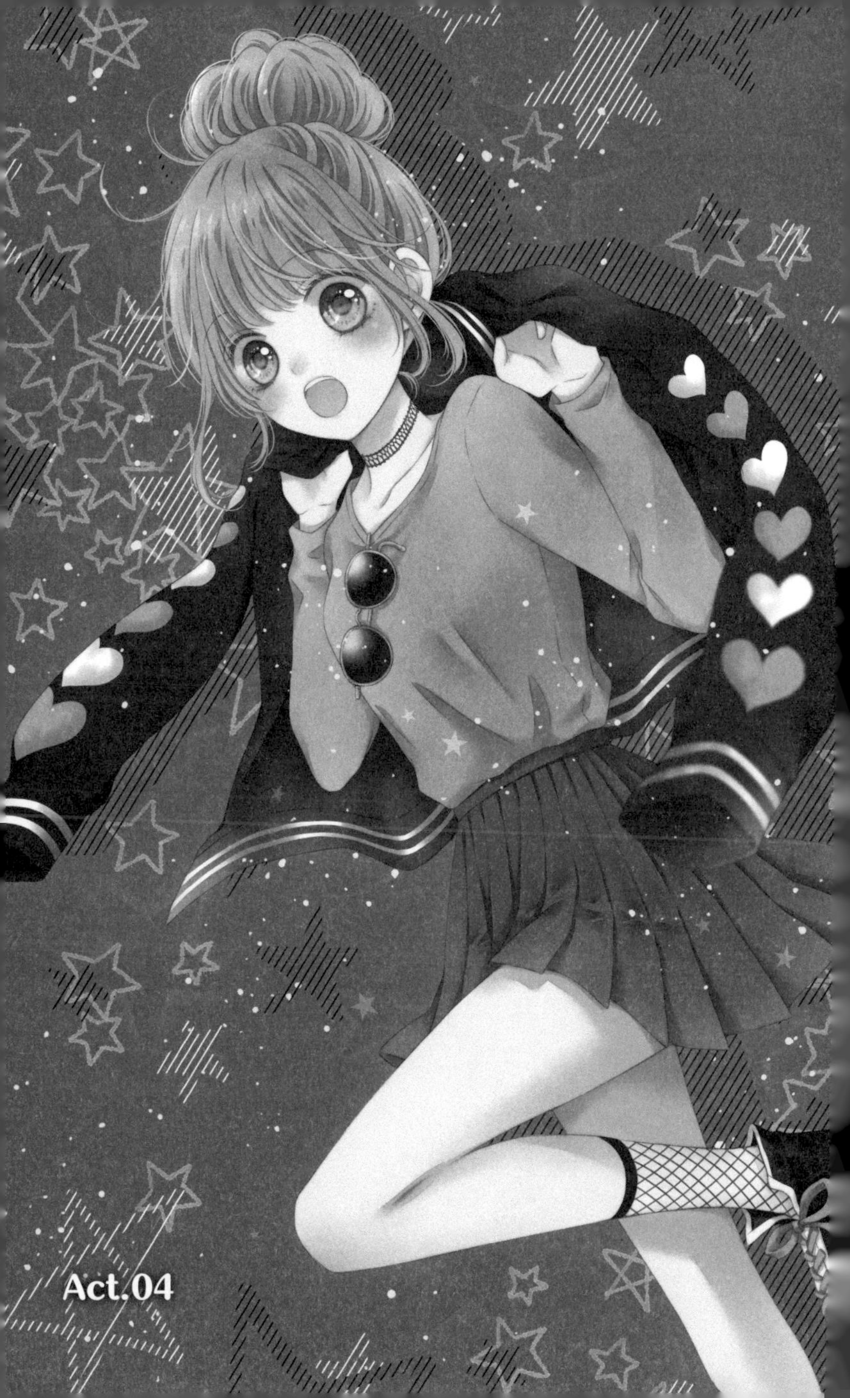
Act.04

Reflections of Ultramarine

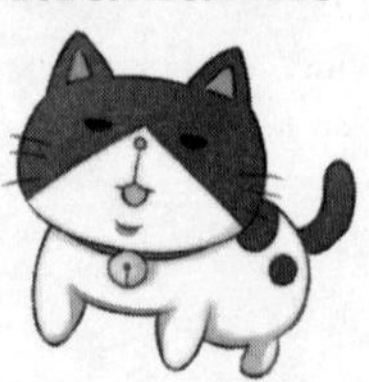

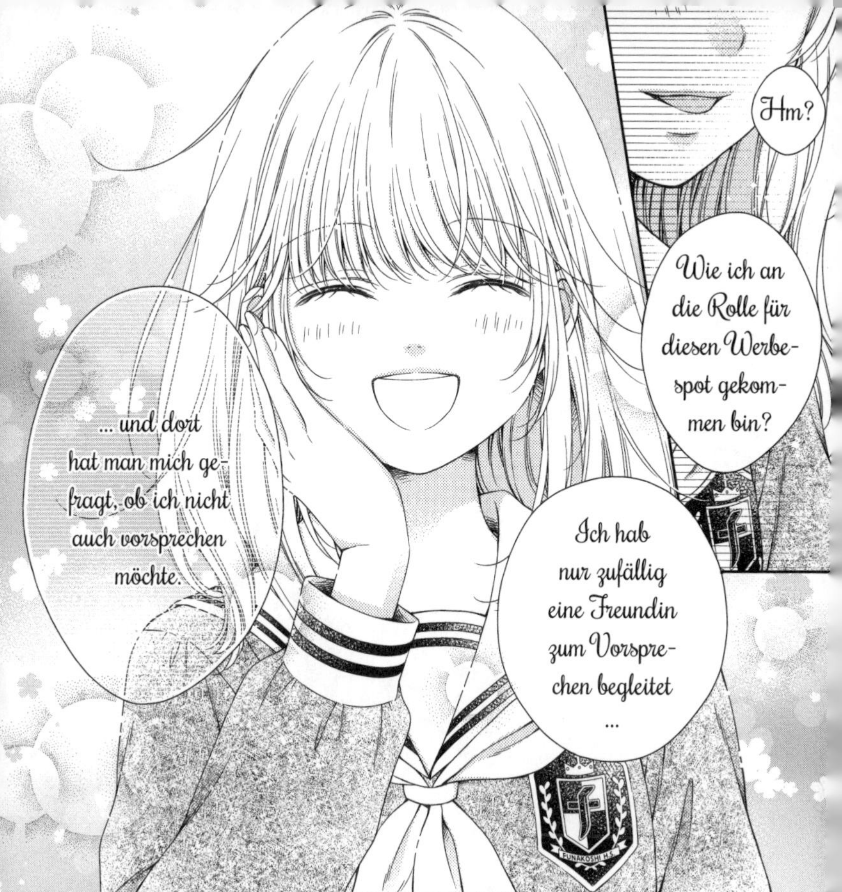

Über die Coverillu von Kapitel 4 & mehr

Auf dem Cover habe ich Koharu im Gewinner-Outfit des »Mode-Zeichenwettbewerbs« gezeichnet, der im Ribon-Magazin* ausgeschrieben war. ♡ ♡ Vielen Dank fürs Mitmachen!

Ich hab's ja schon hundertmal gesagt, aber ich liiiebe solche Aktionen über alles! Allein schon eure ganzen Einsendungen anzugucken ist ein Riesenspaß! Man sieht, wie viel Mühe ihr euch damit gegeben habt, ein passendes Outfit zu kreieren. Und auch wenn es mir jedes Mal schwerfällt, ein Gewinnerbild auszuwählen, bin ich dabei immer ganz glücklich! Ich werde mich anstrengen, damit noch öfter solche Aktionen für meine Werke stattfinden ... (Lach)

* Magazin, in dem *Reflections of Ultramarine* in Japan ursprünglich erscheint.

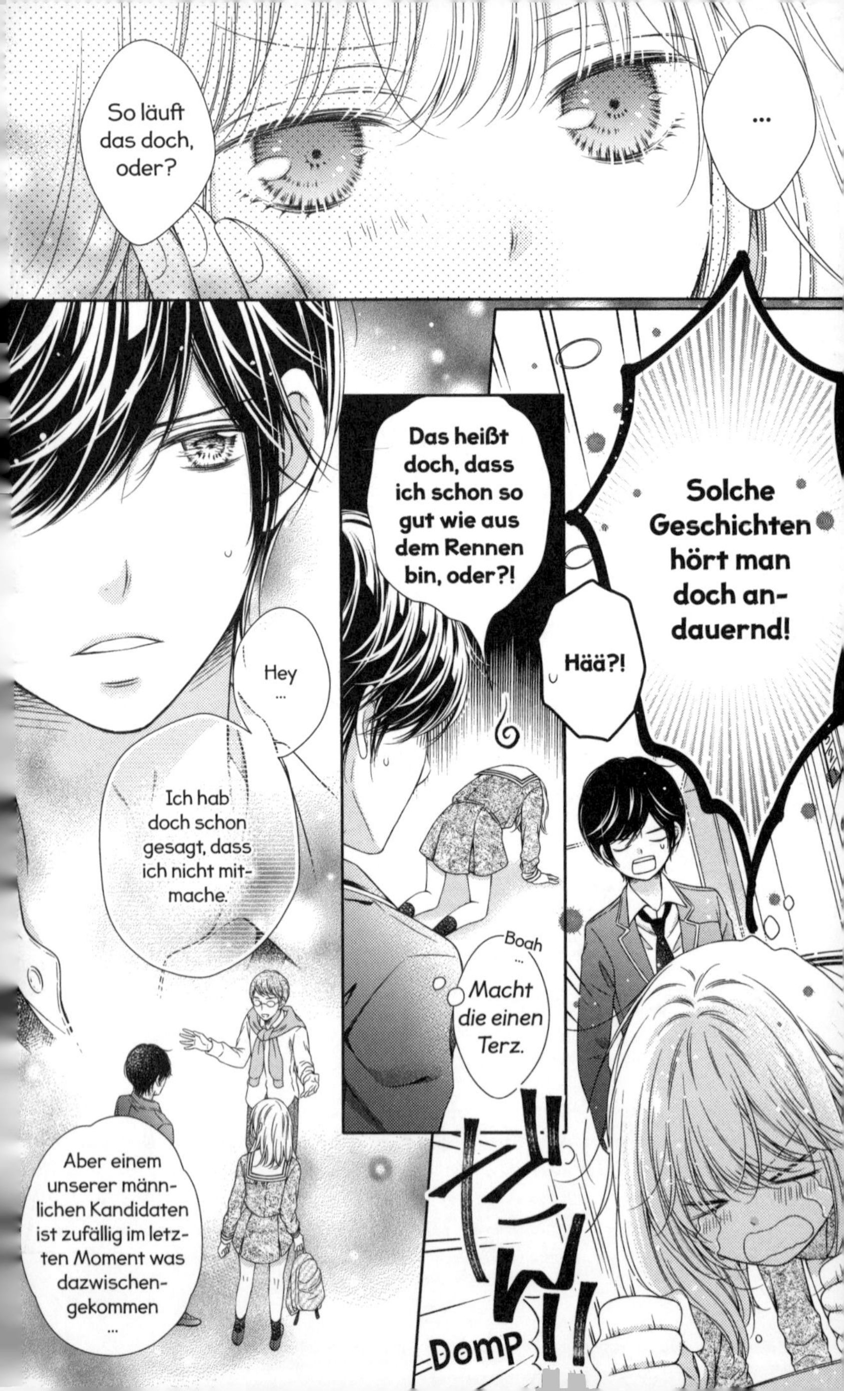
...
So läuft das doch, oder?
Solche Geschichten hört man doch andauernd!
Hää?!
Das heißt doch, dass ich schon so gut wie aus dem Rennen bin, oder?!
Hey ...
Ich hab doch schon gesagt, dass ich nicht mitmache.
Boah ... Macht die einen Terz.
Domp
Aber einem unserer männlichen Kandidaten ist zufällig im letzten Moment was dazwischengekommen ...

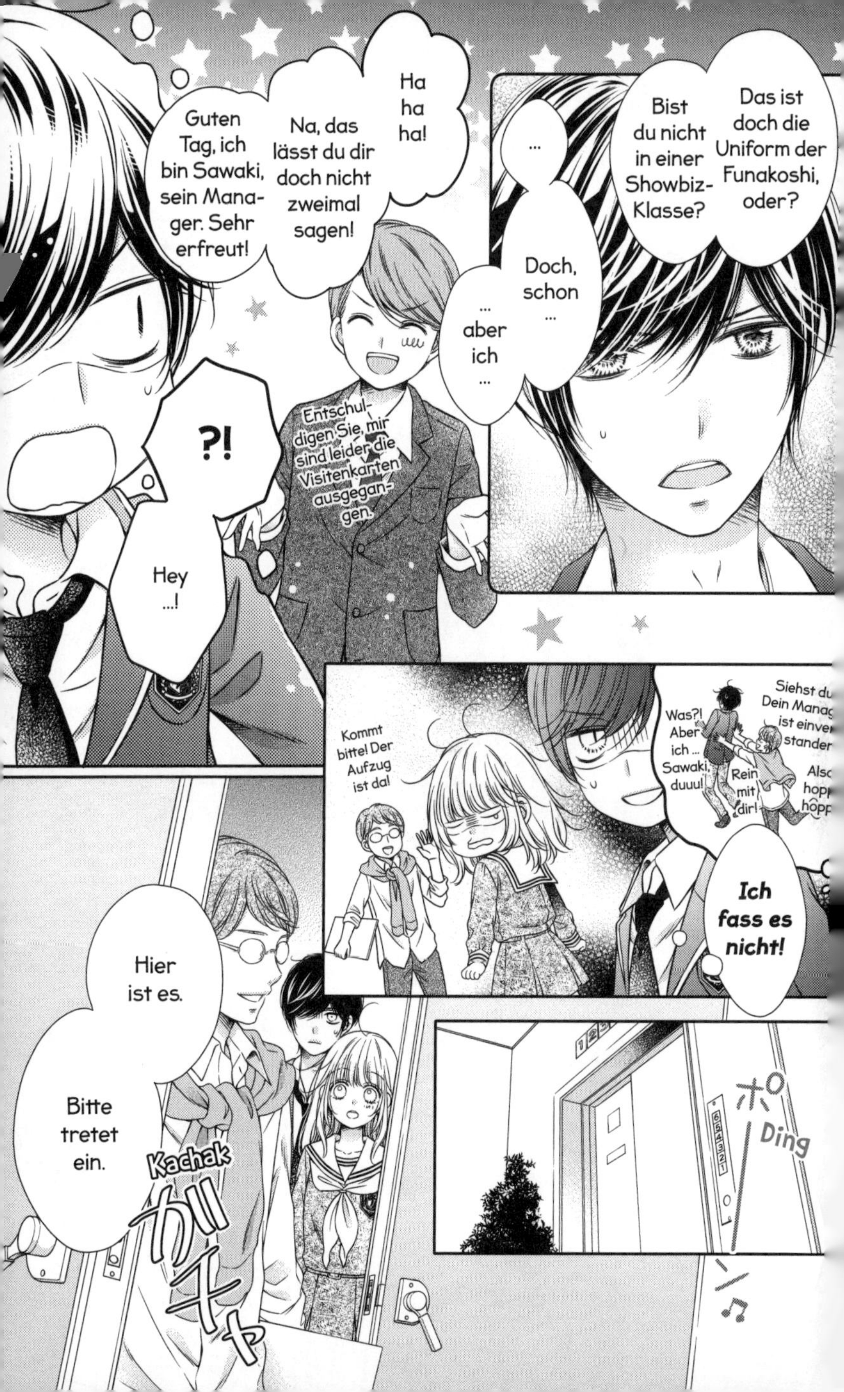
Das ist doch die Uniform der Funakoshi, oder?
Bist du nicht in einer Showbiz-Klasse?
...
Doch, schon ...
... aber ich ...
Ha ha ha!
Na, das lässt du dir doch nicht zweimal sagen!
Guten Tag, ich bin Sawaki, sein Manager. Sehr erfreut!
?!
Entschuldigen Sie, mir sind leider die Visitenkarten ausgegangen.
Hey ...!
Siehst du
Was?! Aber ich ... Sawaki, duuu!
Rein mit dir!
Ich fass es nicht!
Kommt bitte! Der Aufzug ist da!
Ding
Hier ist es.
Bitte tretet ein.
Kachak

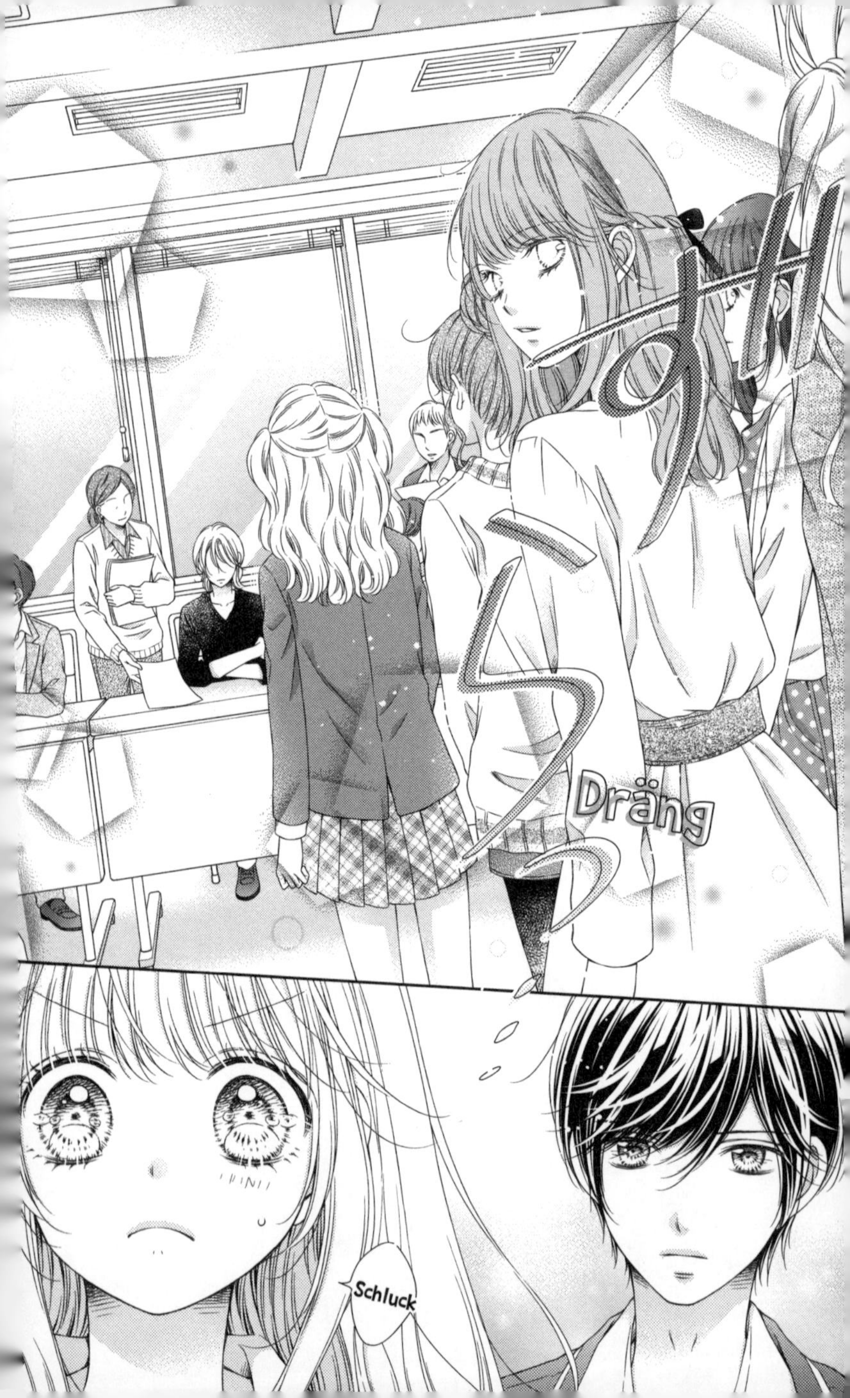
Dräng
Schluck

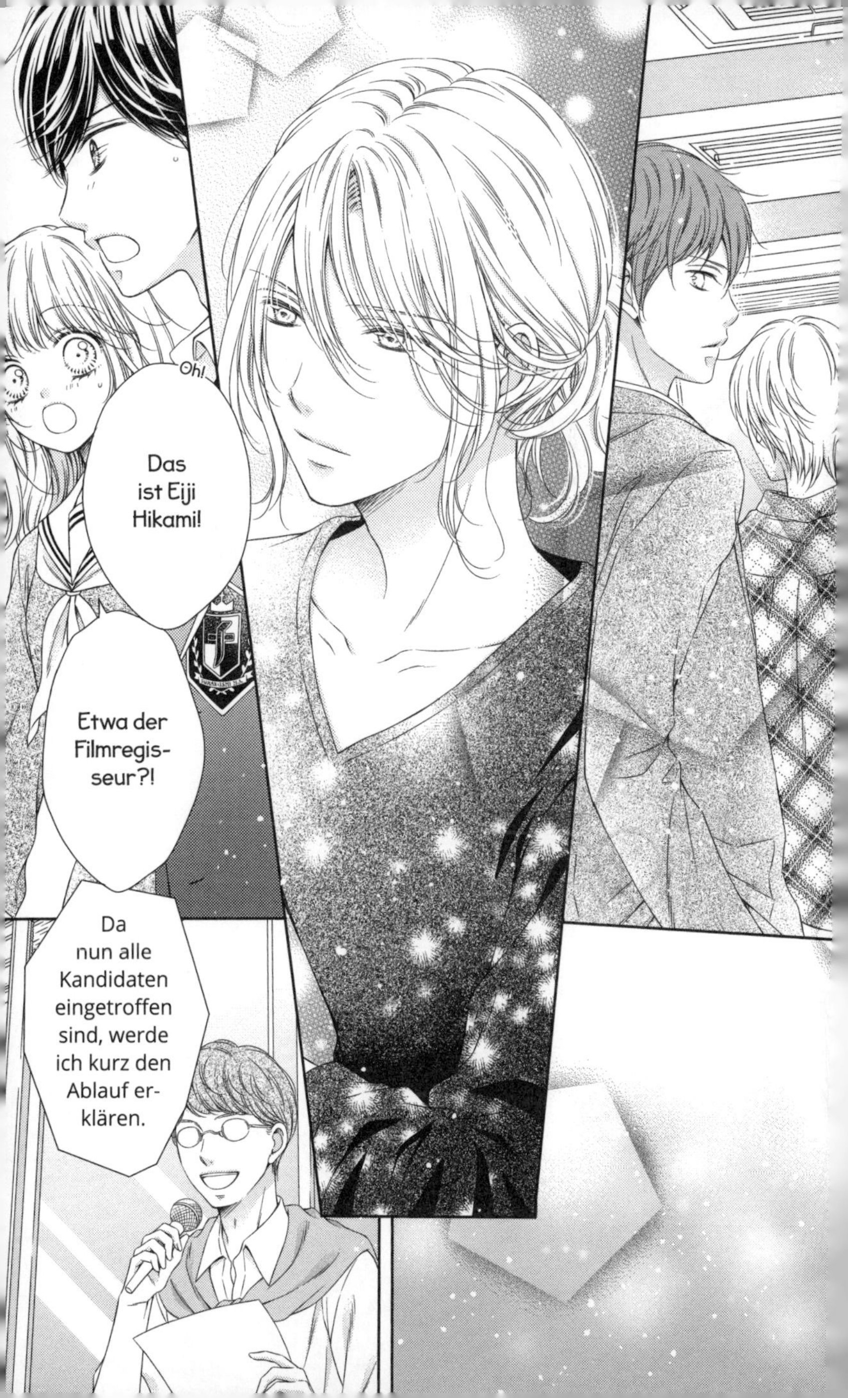
Oh!
Das ist Eiji Hikami!
Etwa der Filmregisseur?!
Da nun alle Kandidaten eingetroffen sind, werde ich kurz den Ablauf erklären.

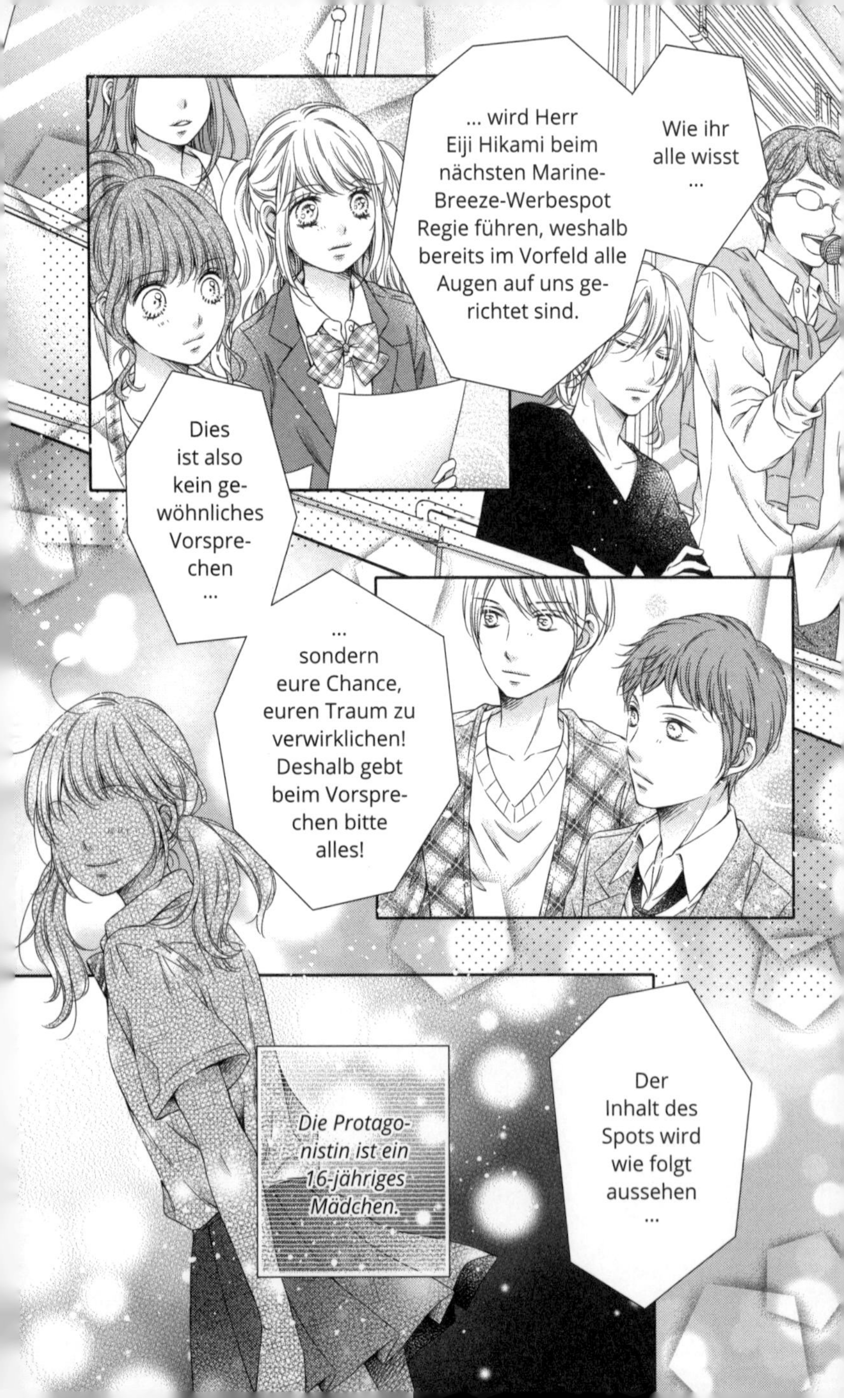
Wie ihr alle wisst ...
... wird Herr Eiji Hikami beim nächsten Marine-Breeze-Werbespot Regie führen, weshalb bereits im Vorfeld alle Augen auf uns gerichtet sind.
Dies ist also kein gewöhnliches Vorsprechen ...
... sondern eure Chance, euren Traum zu verwirklichen! Deshalb gebt beim Vorsprechen bitte alles!
Der Inhalt des Spots wird wie folgt aussehen ...
Die Protagonistin ist ein 16-jähriges Mädchen.

Mein iPad – Letzter Teil 6

Eigentlich möchte ich ja wirklich gern mal ein Storyboard für ein Kapitel auf meinem iPad zeichnen (in einem schicken Café … lach), aber da ich mit den Funktionen noch nicht vertraut bin, wollte ich es lieber erst in einem Monat einweihen, in dem ich etwas mehr Luft habe … Das war der Plan, aber ein solcher Monat will partout nicht kommen? Letztendlich war ich sogar so beschäftigt, dass ich wieder zum Papier gegriffen habe, statt wie sonst mein Grafiktablett zu benutzen, weil das immer noch am schnellsten geht. Daran, dass ich ein Mensch aus dem Analogzeitalter bin, wird sich wohl in diesem Leben nichts mehr ändern. Ich liebe Papier nun mal, auch jetzt noch? Aber so ein iPad ist schon eine tolle Sache. Ich wünschte wirklich, dass ich es besser nutzen könnte … Momentan schaue ich darauf nur Internet-TV.

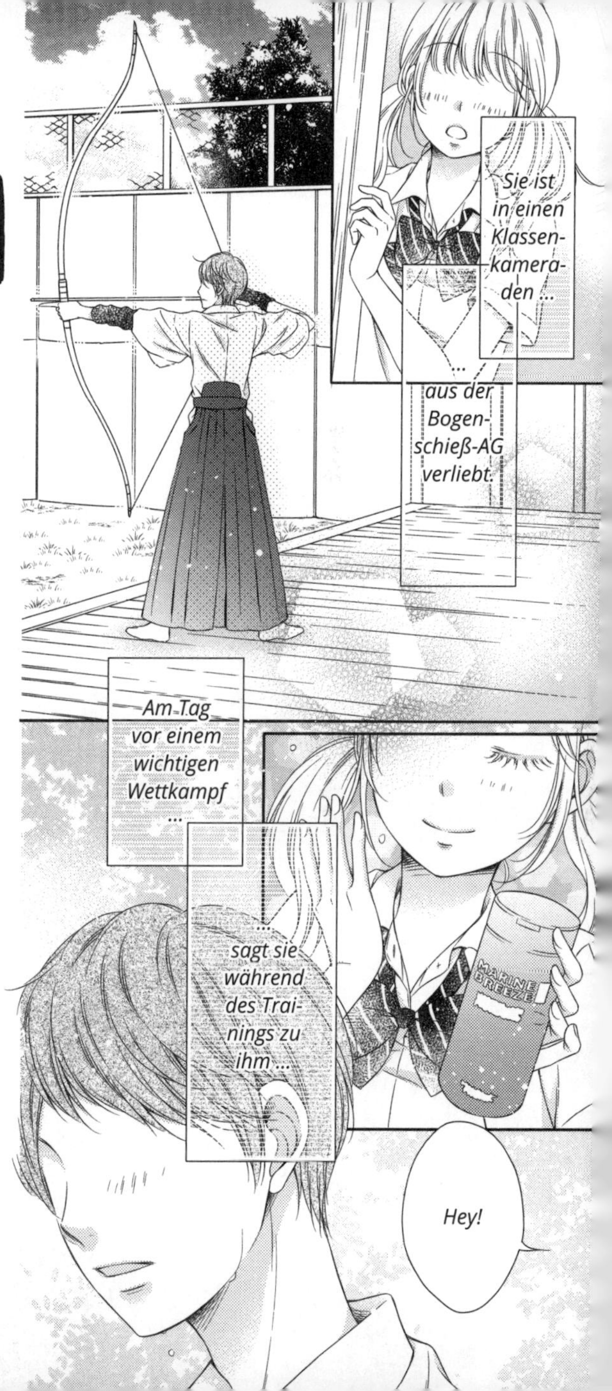

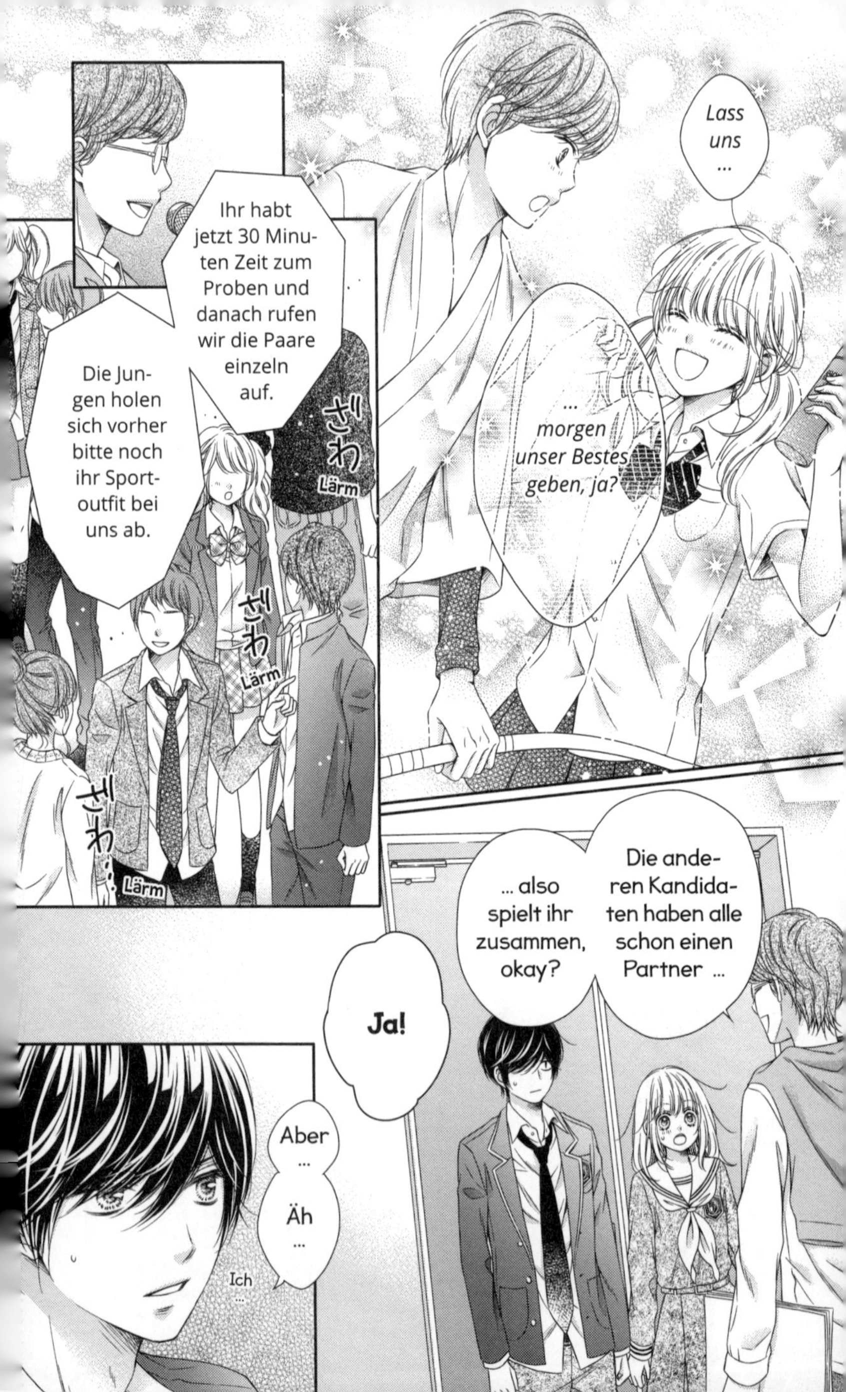
Lass uns …
… morgen unser Bestes geben, ja?
Ihr habt jetzt 30 Minuten Zeit zum Proben und danach rufen wir die Paare einzeln auf.
Die Jungen holen sich vorher bitte noch ihr Sportoutfit bei uns ab.
ざわ Lärm
ざわ Lärm
ざわ … Lärm
Die anderen Kandidaten haben alle schon einen Partner …
… also spielt ihr zusammen, okay?
Ja!
Aber …
Äh …
Ich …

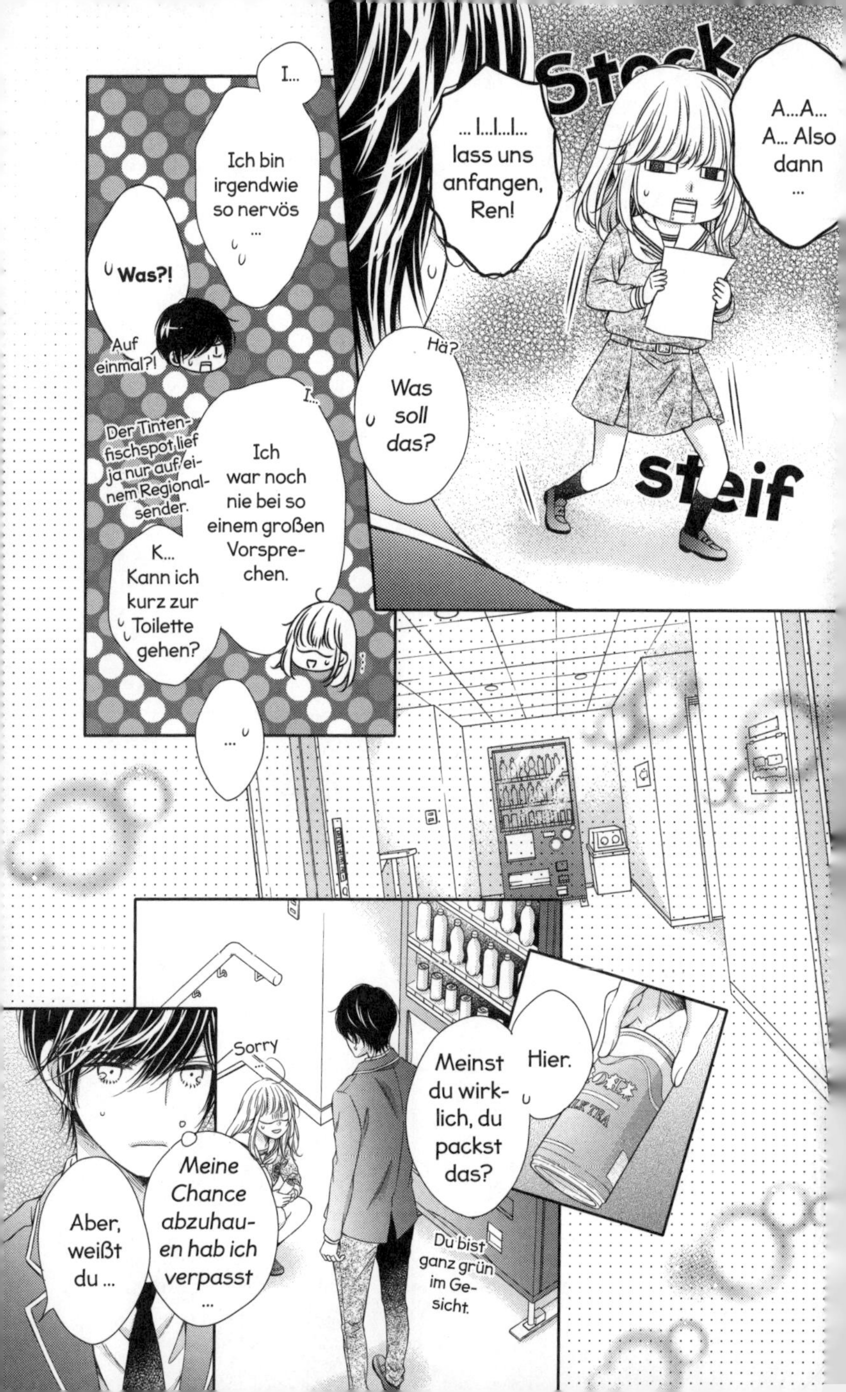

Stock
A...A... A... Also dann ...
... I...I...I... lass uns anfangen, Ren!
steif
Hä?
Was soll das?
I...
Ich bin irgendwie so nervös ...
Was?!
Auf einmal?!
I...
Ich war noch nie bei so einem großen Vorsprechen.
Der Tintenfischspot lief ja nur auf einem Regionalsender.
K... Kann ich kurz zur Toilette gehen?
...
Hier.
Meinst du wirklich, du packst das?
Du bist ganz grün im Gesicht.
Sorry ...
Meine Chance abzuhauen hab ich verpasst ...
Aber, weißt du ...

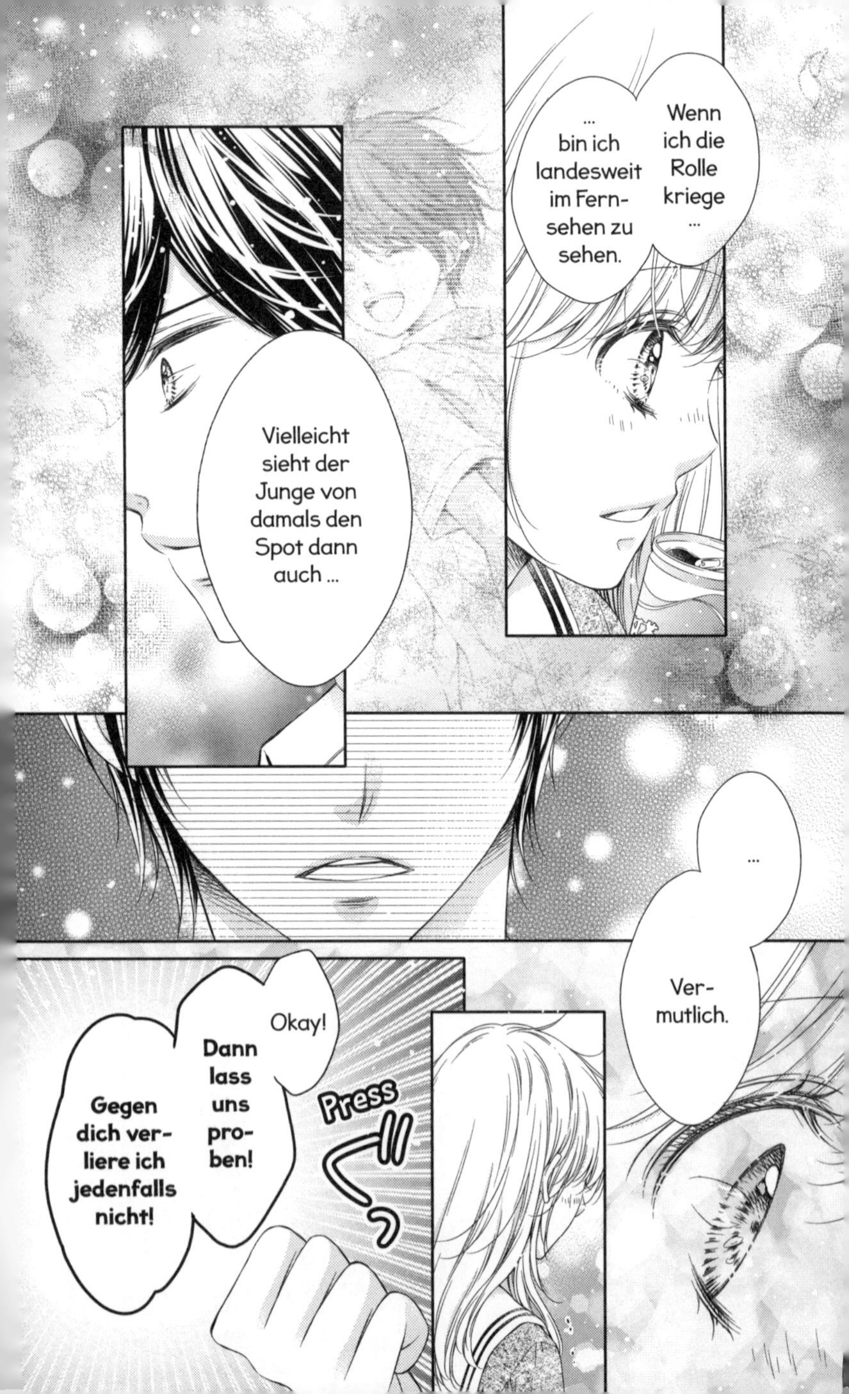
Wenn ich die Rolle kriege ...
... bin ich landesweit im Fern-sehen zu sehen.
Vielleicht sieht der Junge von damals den Spot dann auch ...
...
Ver-mutlich.
Okay!
Dann lass uns pro-ben!
Press
Gegen dich ver-liere ich jedenfalls nicht!

Letzte Randspalte

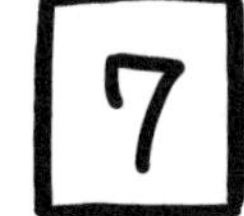

Weil dies der erste Band ist, sind etwas weniger Randkolumnen enthalten als normalerweise. Diese ist die letzte. Ich habe sie zwar alle irgendwie voll bekommen, aber in letzter Zeit mache ich einfach so wenig Interessantes, von dem ich euch erzählen könnte (Sachen, über die ich hier nicht reden kann, schon eher … lach). Ich werde demnächst mal ein wenig auf Themensuche gehen. Oh? Vor Kurzem habe ich Kingsman 2 geschaut? Soll ich euch davon erzählen? (Jetzt noch??) Mein Eindruck war … Elton John …

Elton …

In diesem Sinne, gehabt euch wohl, denn dies war der letzte Randspaltentalk für diesen Band. Am Ende des Buches habe ich auch noch ein wenig geschrieben, also werft doch bitte auch dort noch einen kurzen Blick rein.

Tschü-hüs?

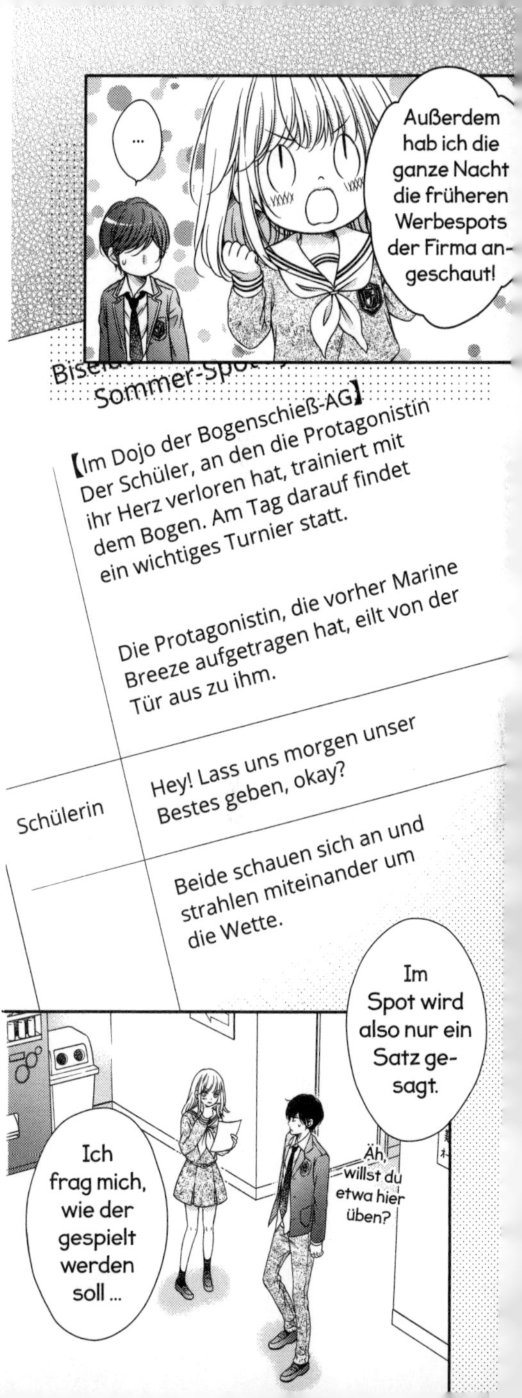

Außerdem hab ich die ganze Nacht die früheren Werbespots der Firma angeschaut!

…

Bise… Sommer-Spo…

Sommer-Spot-AG】

	【Im Dojo der Bogenschieß-AG】 Der Schüler, an den die Protagonistin ihr Herz verloren hat, trainiert mit dem Bogen. Am Tag darauf findet ein wichtiges Turnier statt.
	Die Protagonistin, die vorher Marine Breeze aufgetragen hat, eilt von der Tür aus zu ihm.
Schülerin	Hey! Lass uns morgen unser Bestes geben, okay?
	Beide schauen sich an und strahlen miteinander um die Wette.

Im Spot wird also nur ein Satz gesagt.

Äh, willst du etwa hier üben?

Ich frag mich, wie der gespielt werden soll …

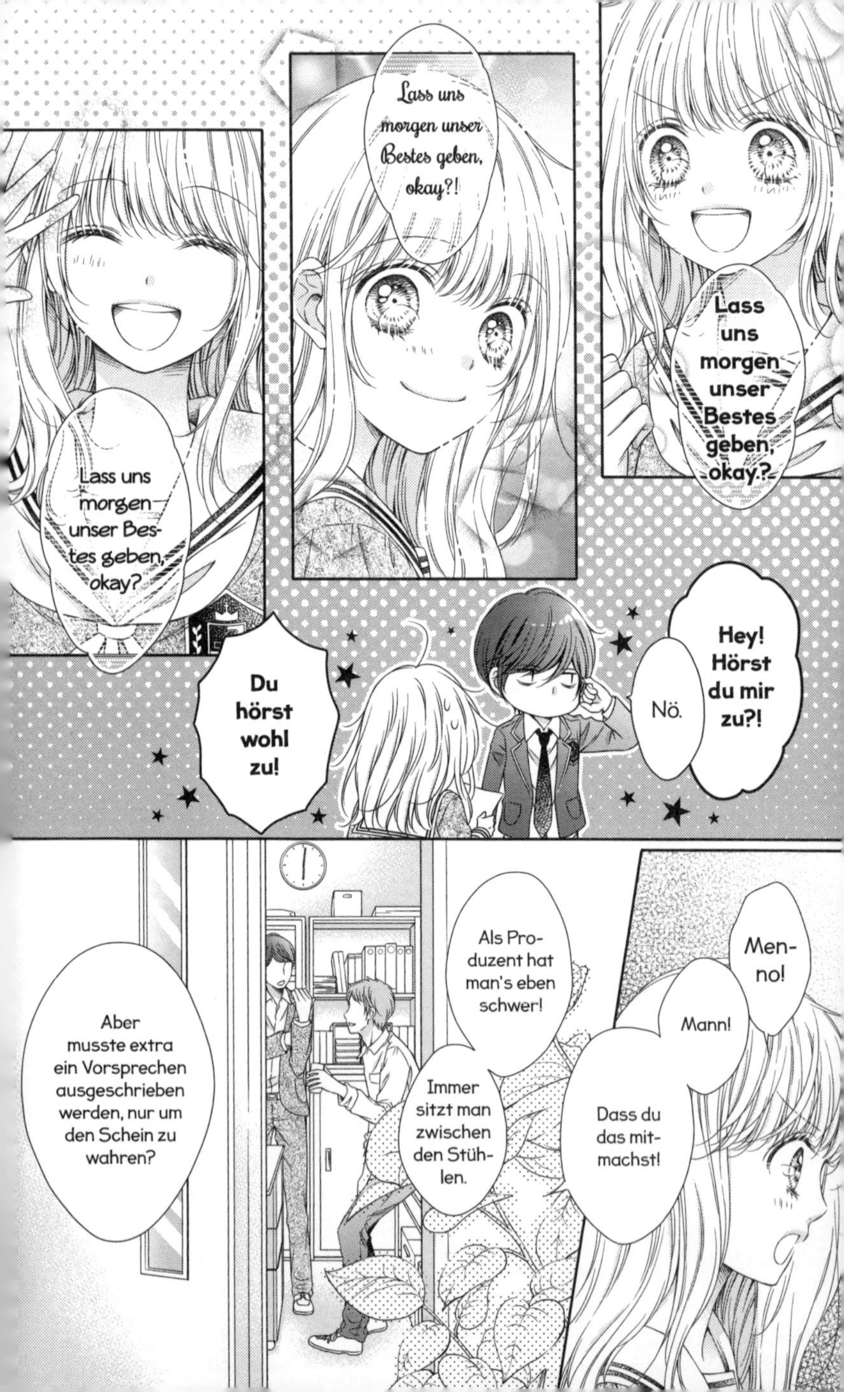
Lass uns morgen unser Bestes geben, okay.?
Lass uns morgen unser Bestes geben, okay?!
Lass uns morgen unser Bes-tes geben, okay?
Hey! Hörst du mir zu?!
Nö.
Du hörst wohl zu!
Men-no!
Mann!
Dass du das mit-machst!
Als Pro-duzent hat man's eben schwer!
Immer sitzt man zwischen den Stüh-len.
Aber musste extra ein Vorsprechen ausgeschrieben werden, nur um den Schein zu wahren?

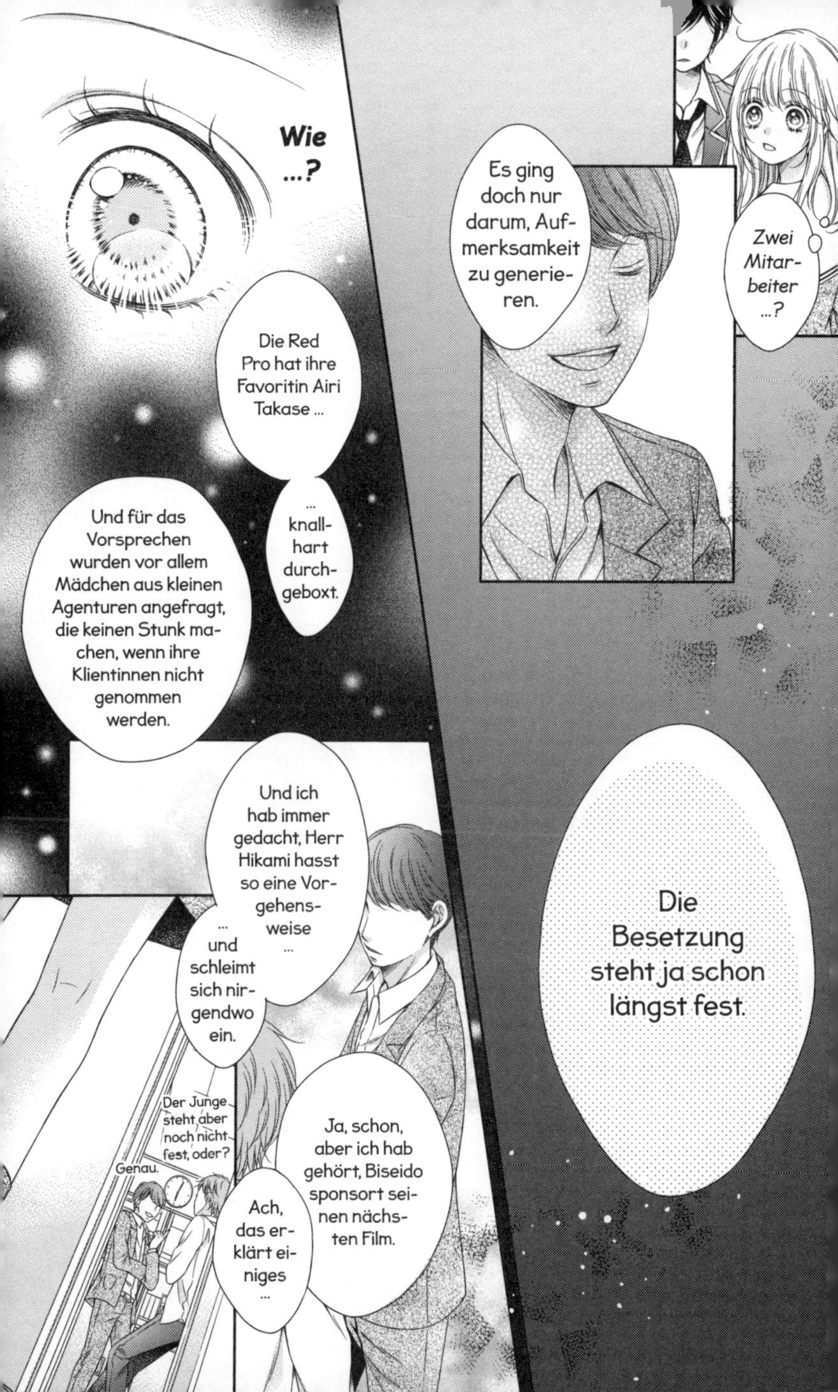
Zwei Mitarbeiter ...?
Es ging doch nur darum, Aufmerksamkeit zu generieren.
Die Besetzung steht ja schon längst fest.
Wie ...?
Die Red Pro hat ihre Favoritin Airi Takase ...
... knallhart durchgeboxt.
Und für das Vorsprechen wurden vor allem Mädchen aus kleinen Agenturen angefragt, die keinen Stunk machen, wenn ihre Klientinnen nicht genommen werden.
Und ich hab immer gedacht, Herr Hikami hasst so eine Vorgehensweise ...
... und schleimt sich nirgendwo ein.
Ja, schon, aber ich hab gehört, Biseido sponsort seinen nächsten Film.
Ach, das erklärt einiges ...
Der Junge steht aber noch nicht fest, oder?
Genau.

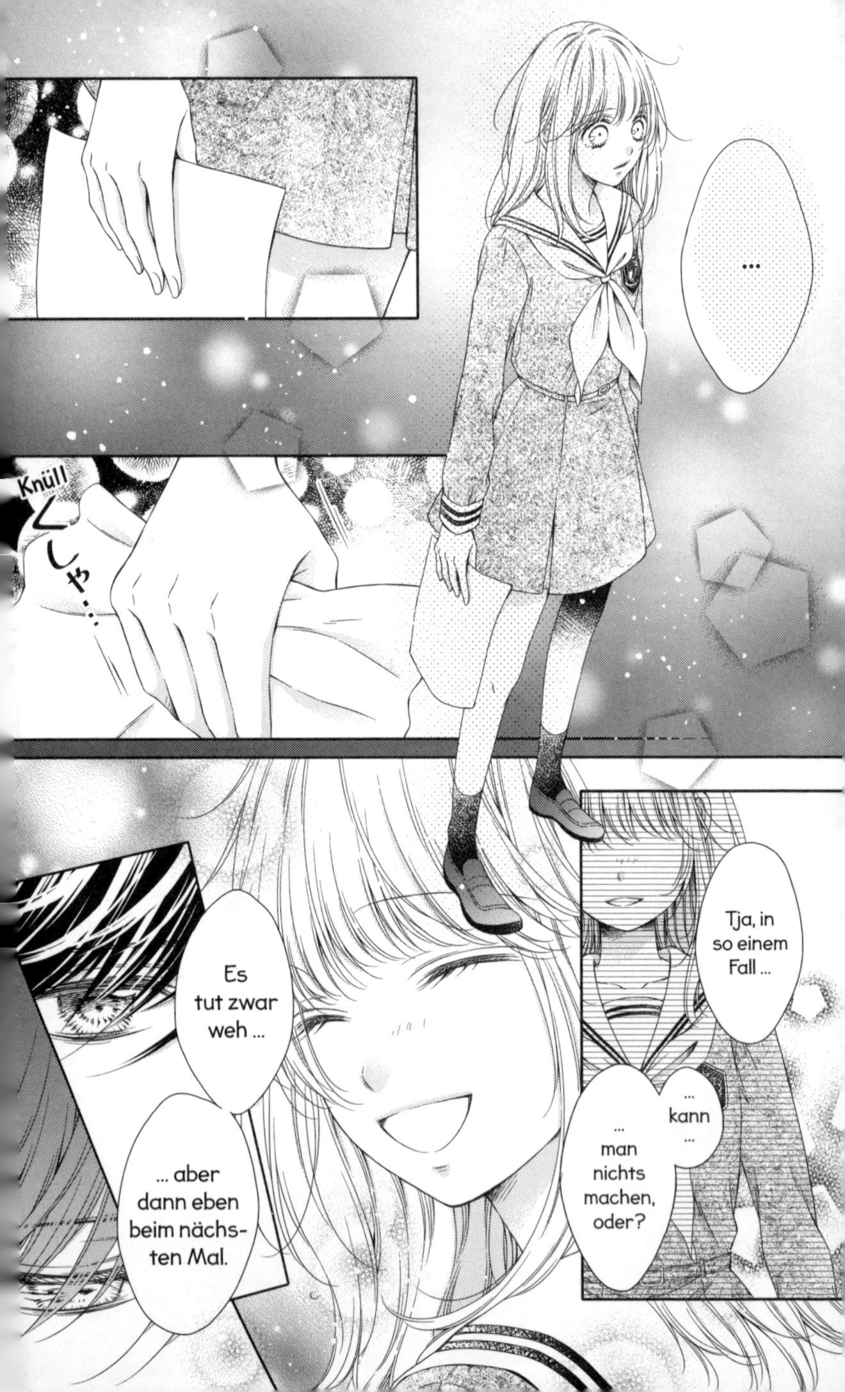
...
Knüll
くしゃ…
Tja, in so einem Fall ...
... kann ...
... man nichts machen, oder?
Es tut zwar weh ...
... aber dann eben beim nächsten Mal.

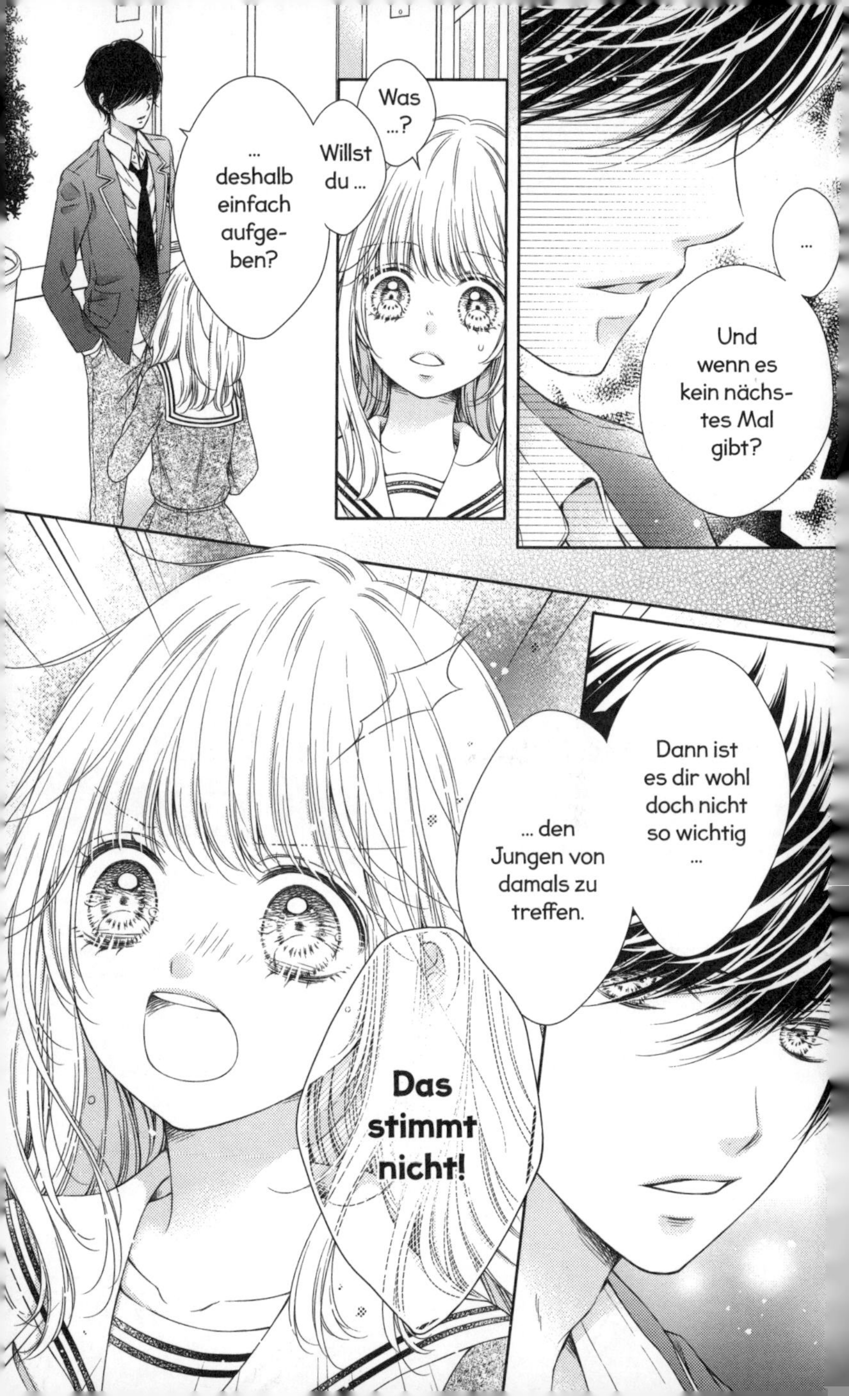
…
Und wenn es kein nächs-tes Mal gibt?
Was …?
Willst du …
… deshalb einfach aufge-ben?
Dann ist es dir wohl doch nicht so wichtig …
… den Jungen von damals zu treffen.
Das stimmt nicht!

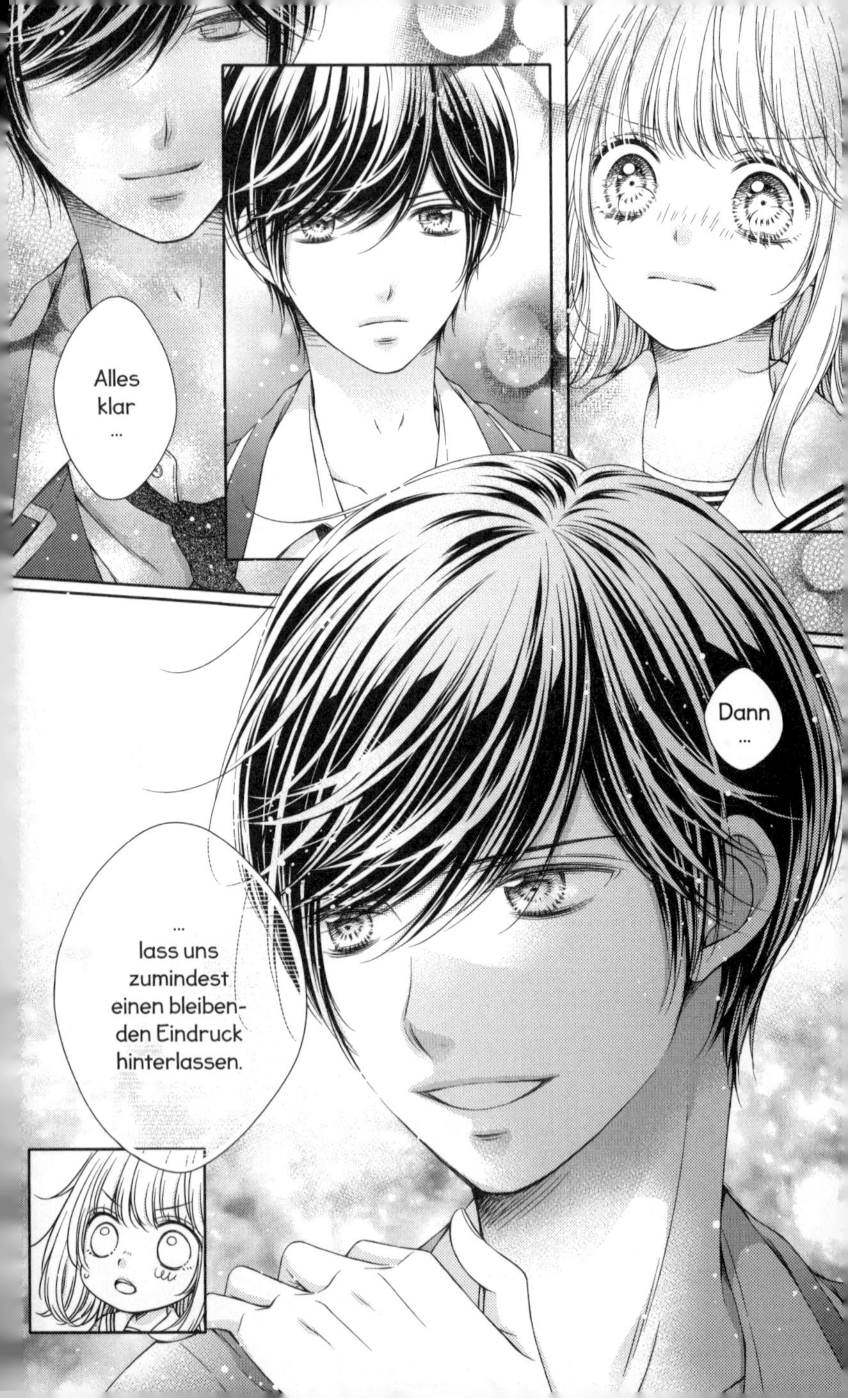
Alles klar …
Dann …
… lass uns zumindest einen bleibenden Eindruck hinterlassen.

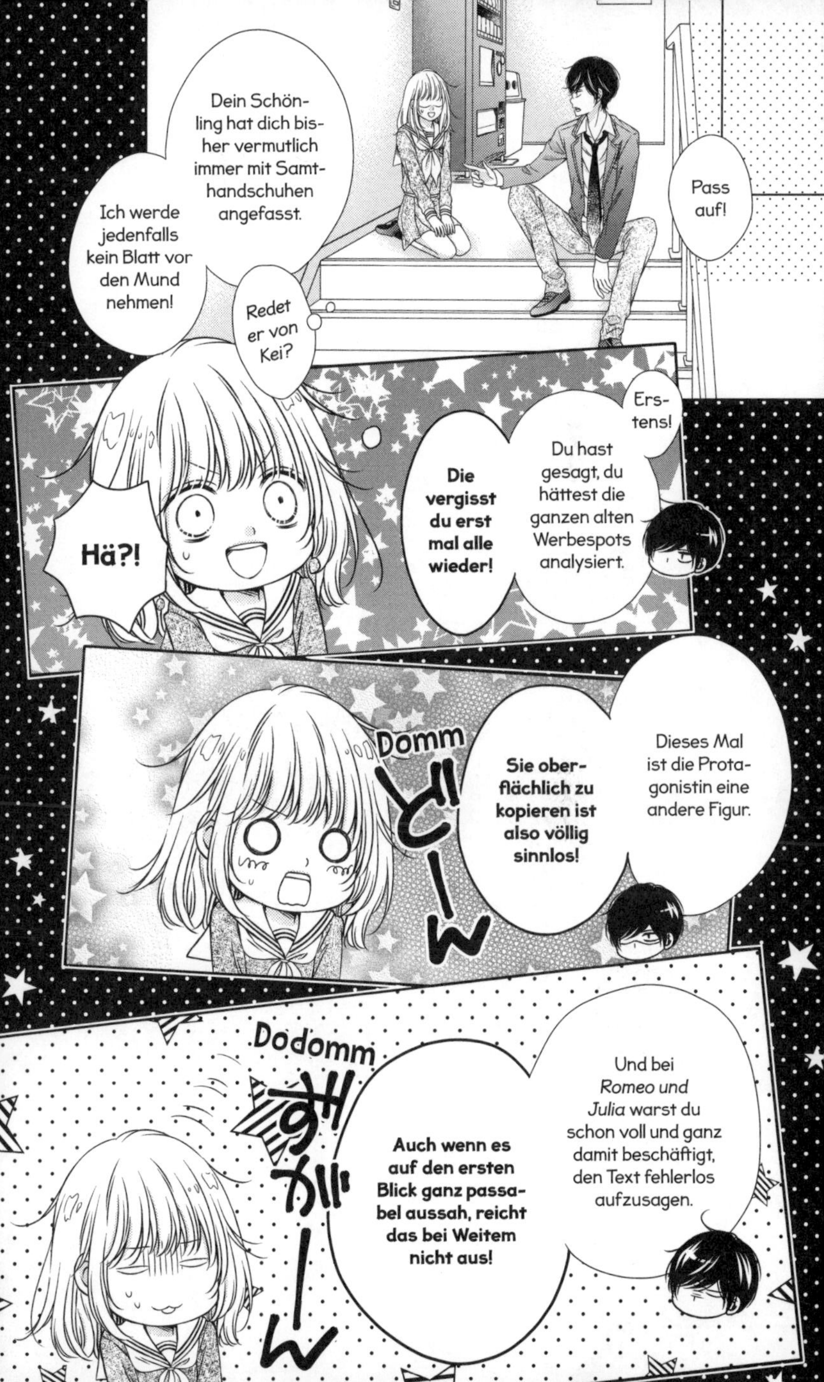
Pass auf!
Dein Schönling hat dich bisher vermutlich immer mit Samthandschuhen angefasst.
Ich werde jedenfalls kein Blatt vor den Mund nehmen!
Redet er von Kei?
Erstens!
Du hast gesagt, du hättest die ganzen alten Werbespots analysiert.
Die vergisst du erst mal alle wieder!
Hä?!
Dieses Mal ist die Protagonistin eine andere Figur.
Sie oberflächlich zu kopieren ist also völlig sinnlos!
Domm
Und bei *Romeo und Julia* warst du schon voll und ganz damit beschäftigt, den Text fehlerlos aufzusagen.
Auch wenn es auf den ersten Blick ganz passabel aussah, reicht das bei Weitem nicht aus!
Dodomm

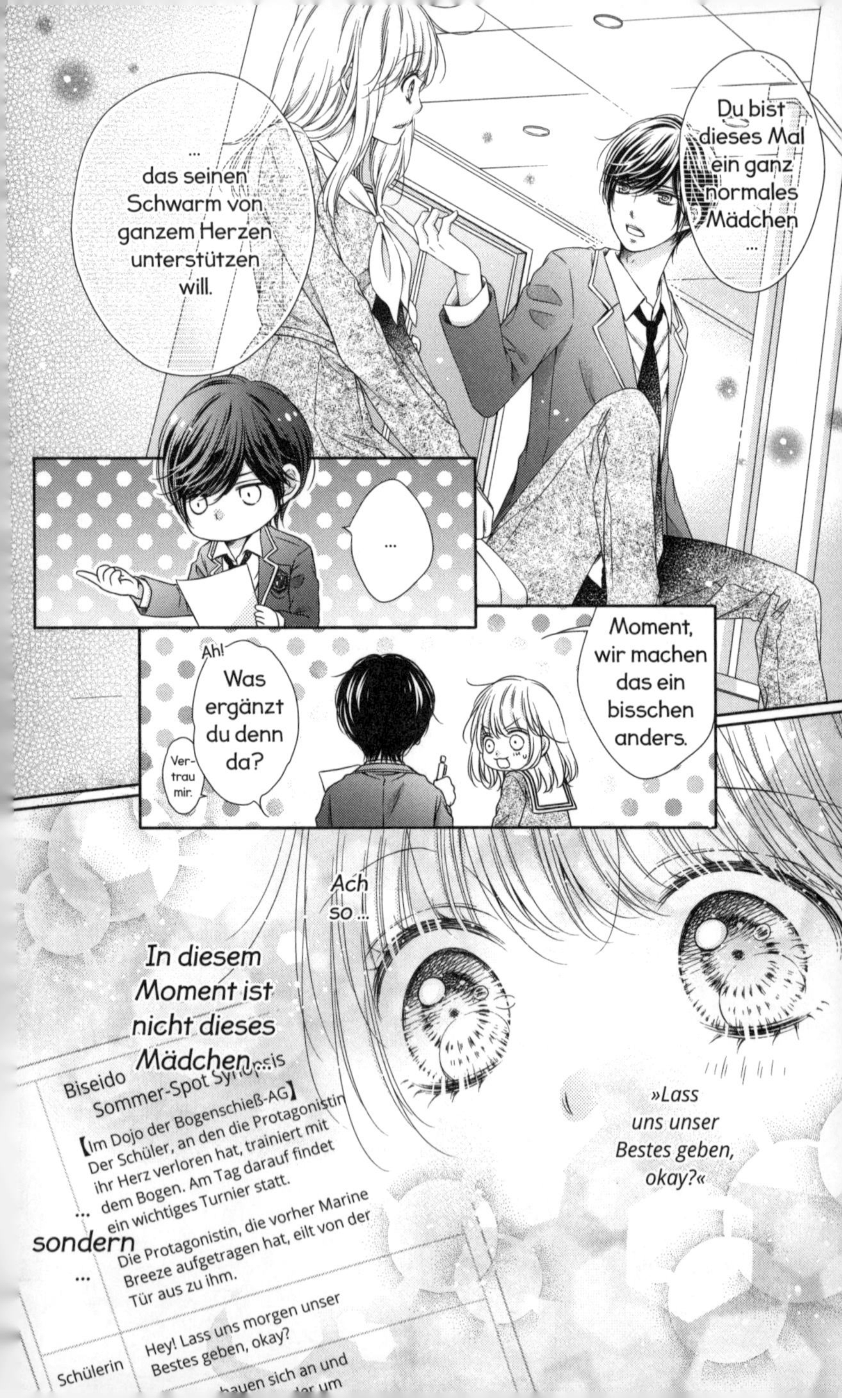

Du bist dieses Mal ein ganz normales Mädchen …
… das seinen Schwarm von ganzem Herzen unterstützen will.
…
Moment, wir machen das ein bisschen anders.
Ah! Was ergänzt du denn da?
Vertrau mir.
Ach so …
»Lass uns unser Bestes geben, okay?«
In diesem Moment ist nicht dieses Mädchen …
… sondern …
Biseido Sommer-Spot Synopsis
【Im Dojo der Bogenschieß-AG】
Der Schüler, an den die Protagonistin ihr Herz verloren hat, trainiert mit dem Bogen. Am Tag darauf findet ein wichtiges Turnier statt.
Die Protagonistin, die vorher Marine Breeze aufgetragen hat, eilt von der Tür aus zu ihm.
Schülerin
Hey! Lass uns morgen unser Bestes geben, okay?

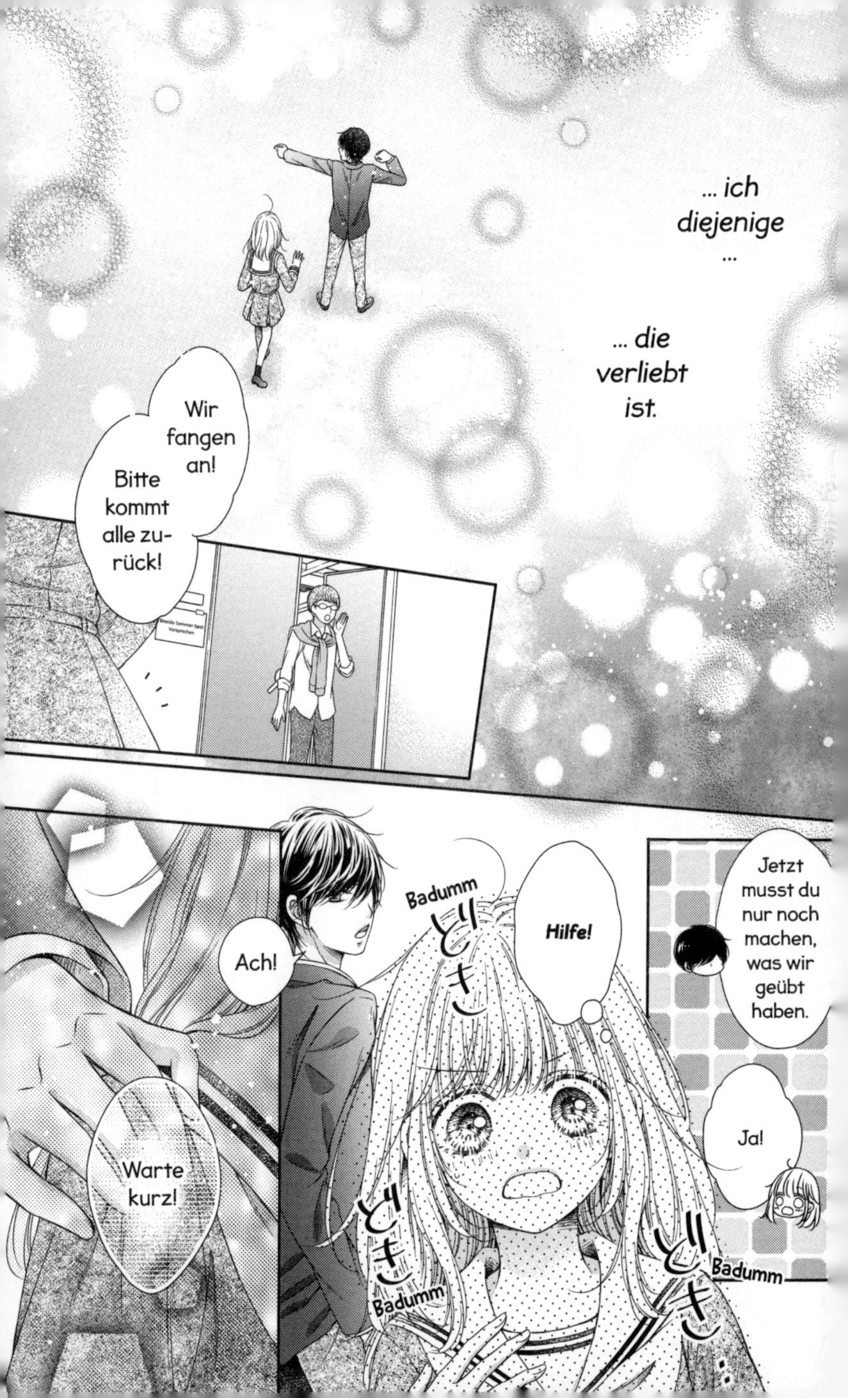
... ich diejenige ...
... die verliebt ist.
Wir fangen an!
Bitte kommt alle zurück!
Biseido Sommer-Spot Vorsprechen
Jetzt musst du nur noch machen, was wir geübt haben.
Ja!
Hilfe!
Badumm
Badumm
Badumm
Ach!
Warte kurz!

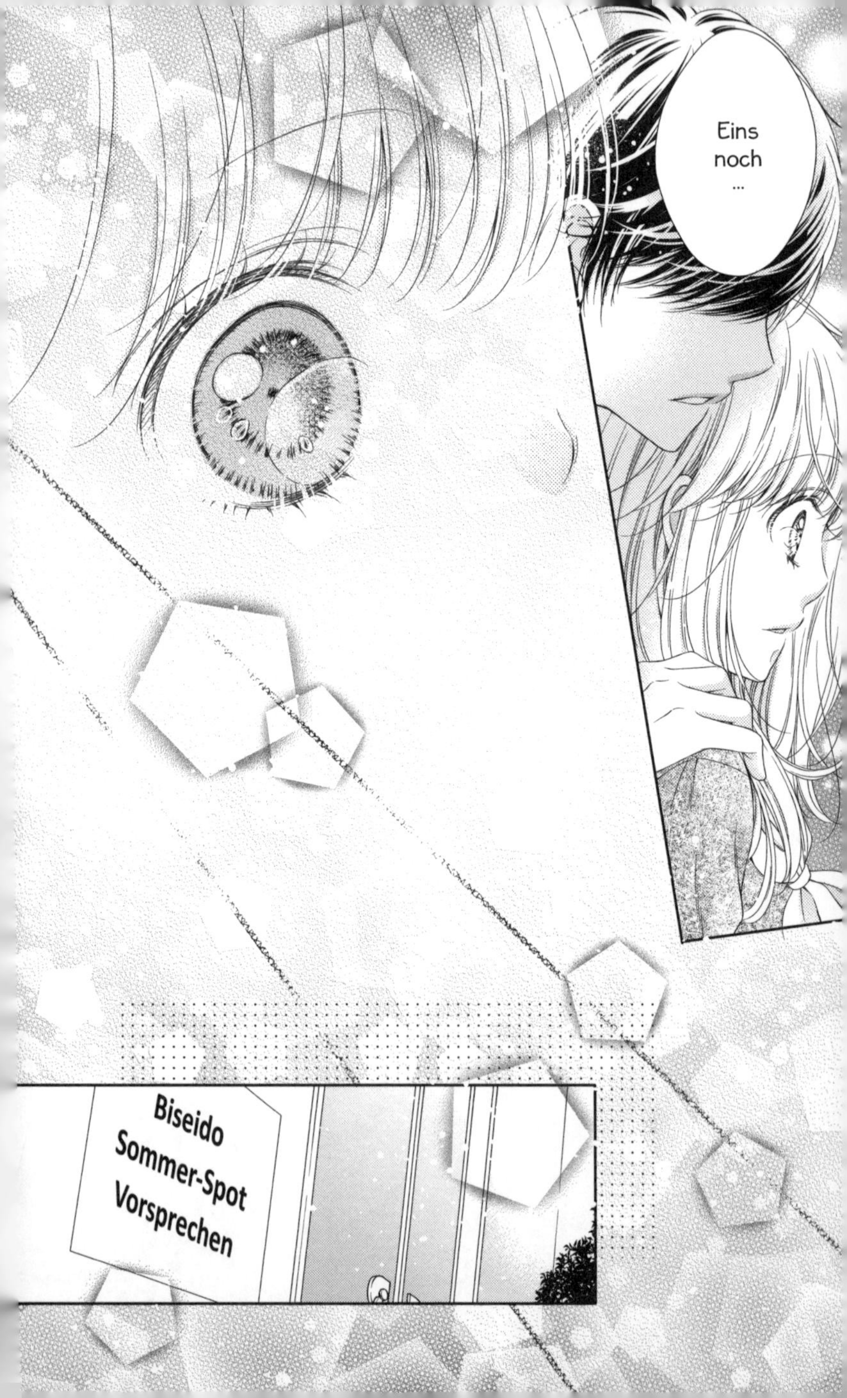
Eins noch ...
Biseido
Sommer-Spot
Vorsprechen

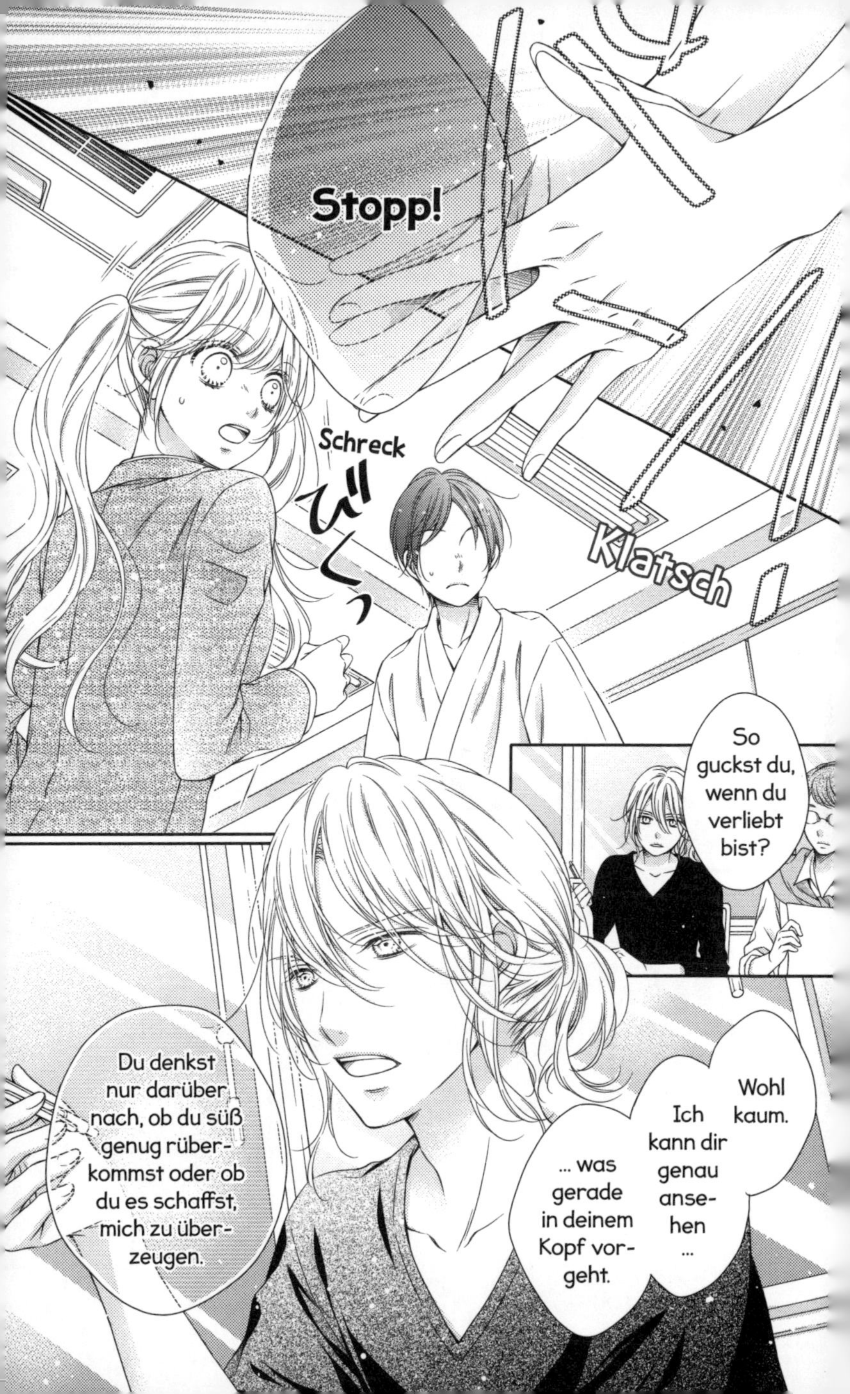

Stopp!
Klatsch
Schreck
びくっ
So guckst du, wenn du verliebt bist?
Wohl kaum.
Ich kann dir genau ansehen …
… was gerade in deinem Kopf vorgeht.
Du denkst nur darüber nach, ob du süß genug rüberkommst oder ob du es schaffst, mich zu überzeugen.

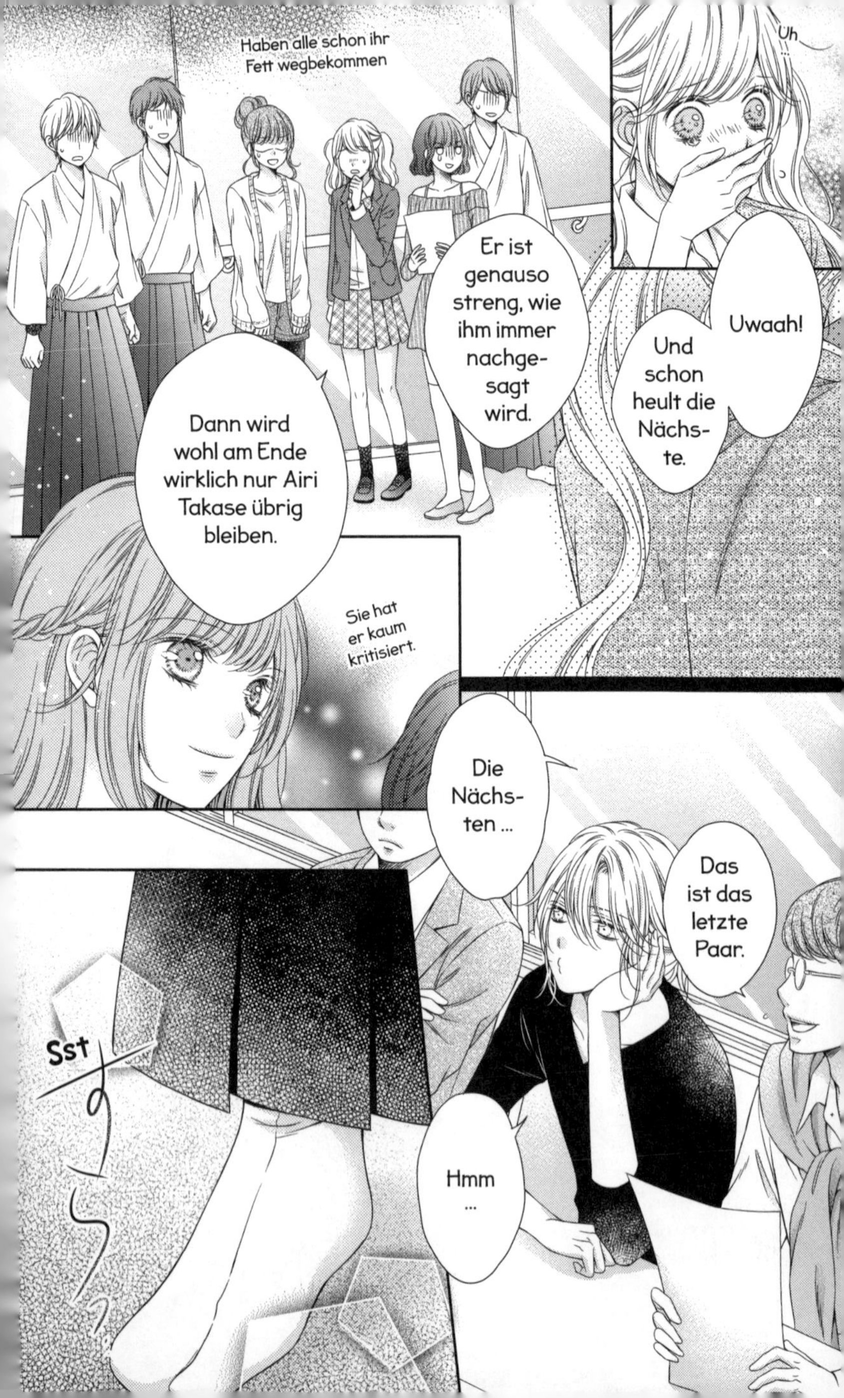
Uh ...
Uwaah!
Und schon heult die Nächs-te.
Er ist genauso streng, wie ihm immer nachge-sagt wird.
Haben alle schon ihr Fett wegbekommen
Dann wird wohl am Ende wirklich nur Airi Takase übrig bleiben.
Sie hat er kaum kritisiert.
Das ist das letzte Paar.
Die Nächs-ten ...
Hmm ...
Sst

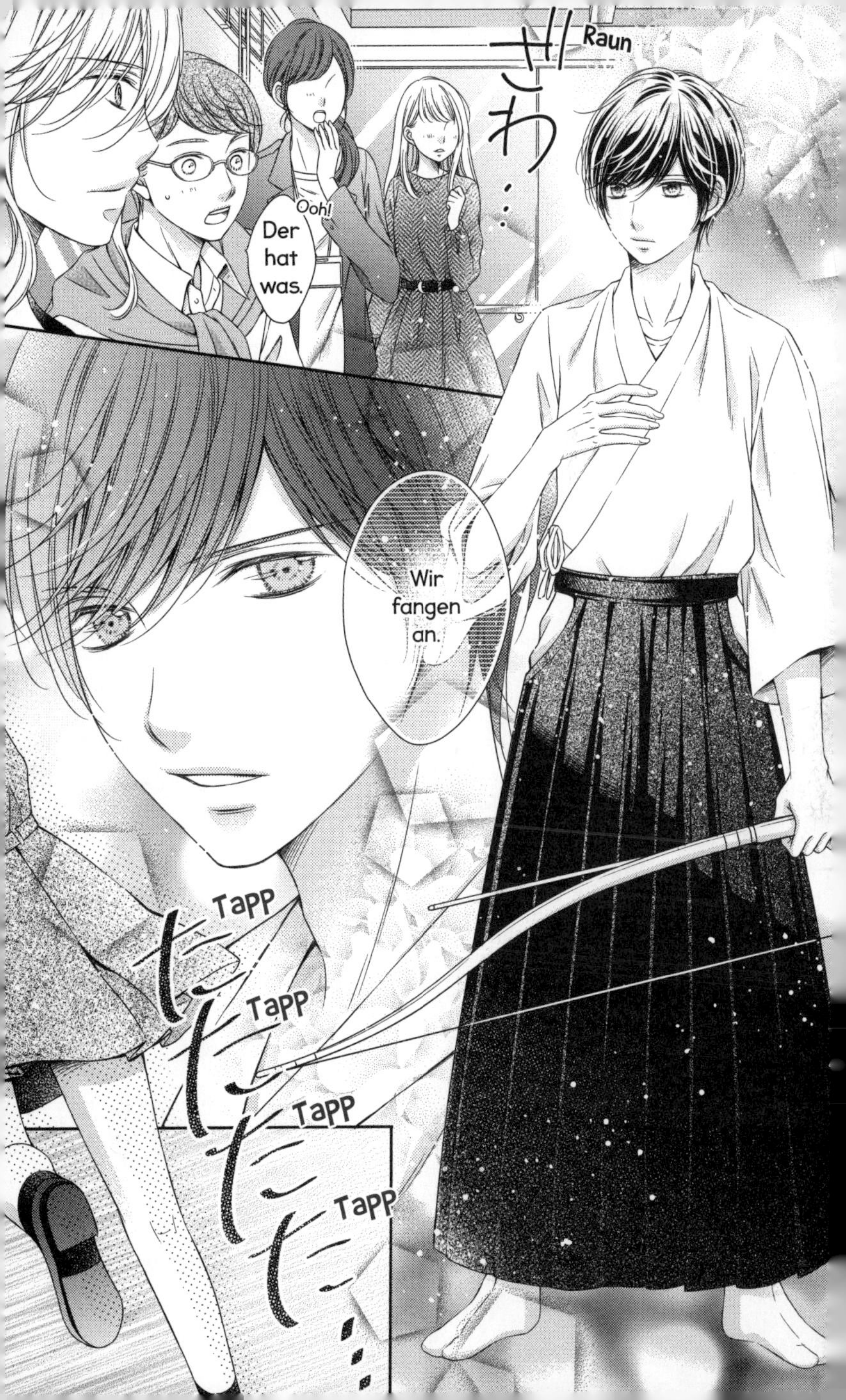

ざわ…
Raun
Ooh!
Der hat was.
Wir fangen an.
Tapp
Tapp
Tapp
Tapp

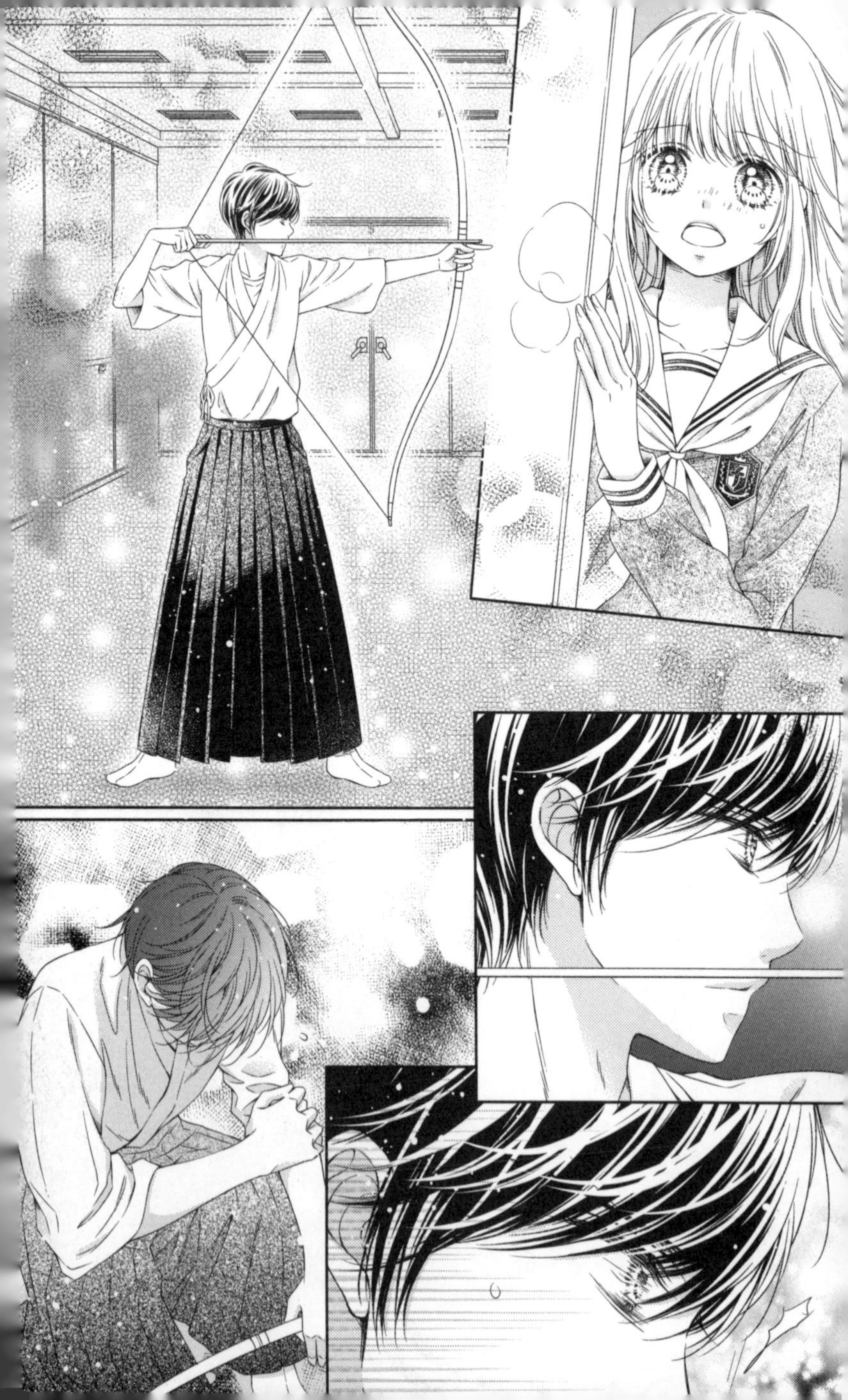

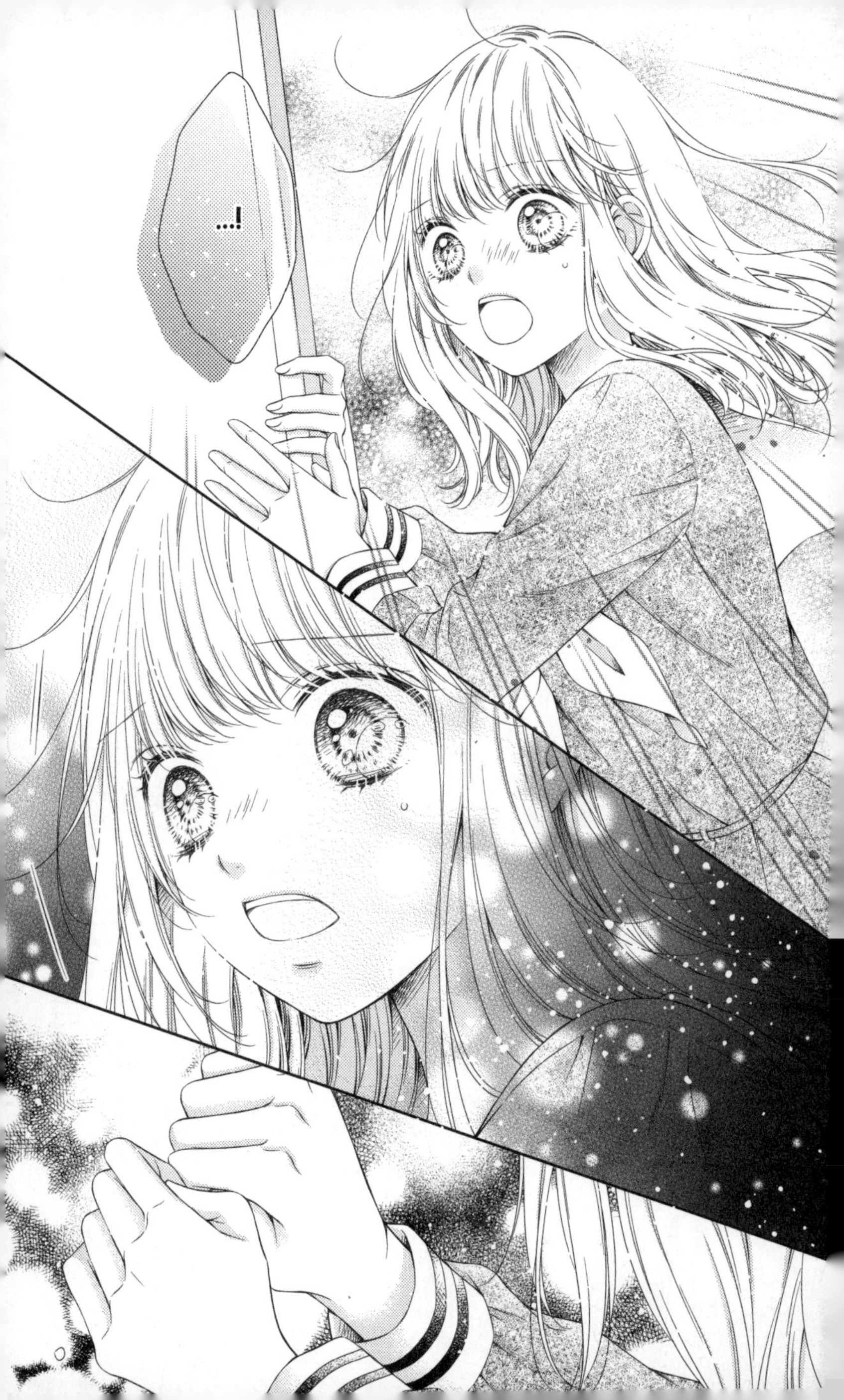

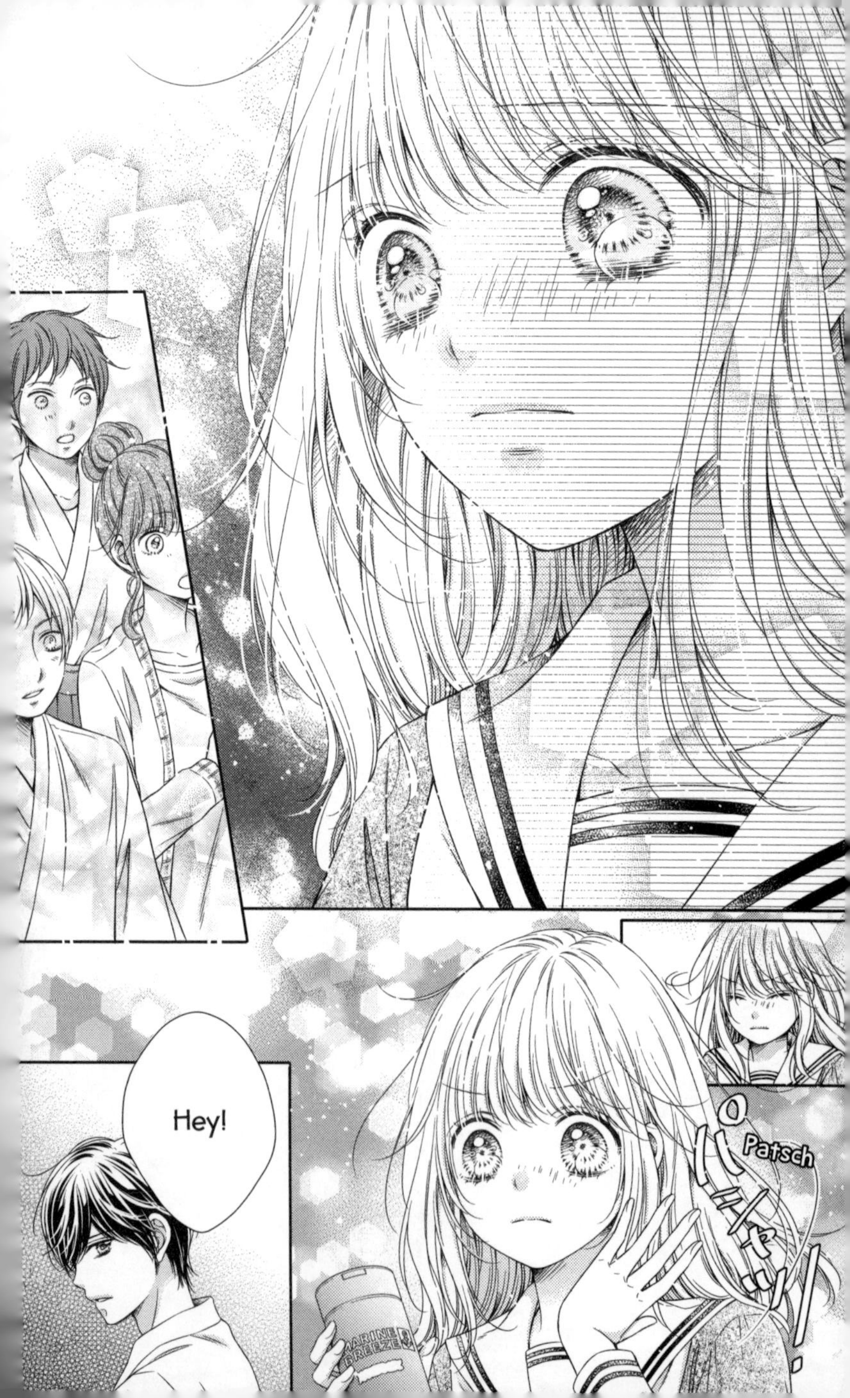
Patsch
Hey!
MARINE BREEZE

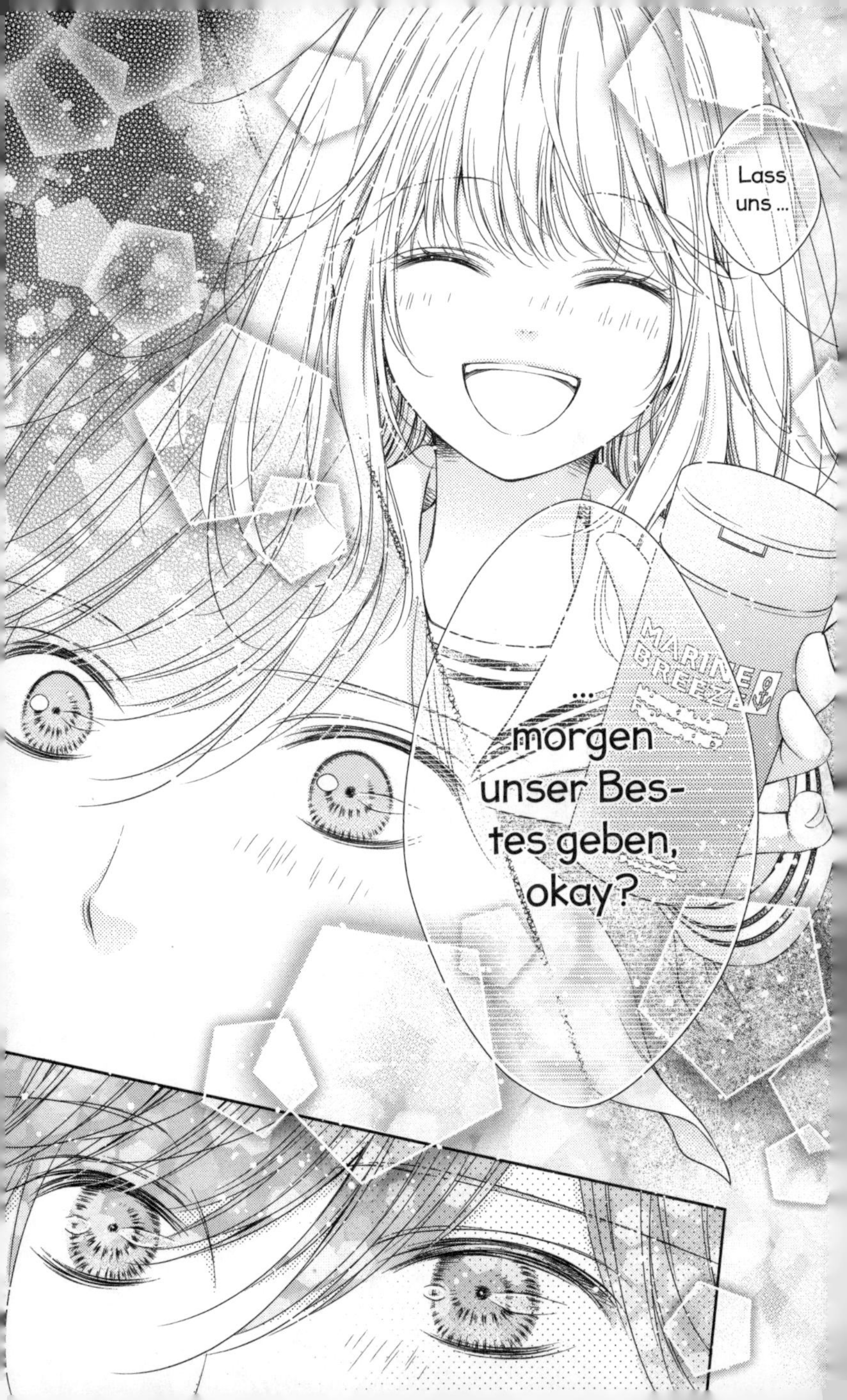
Lass uns ...
... morgen unser Bestes geben, okay?
MARINE BREEZE

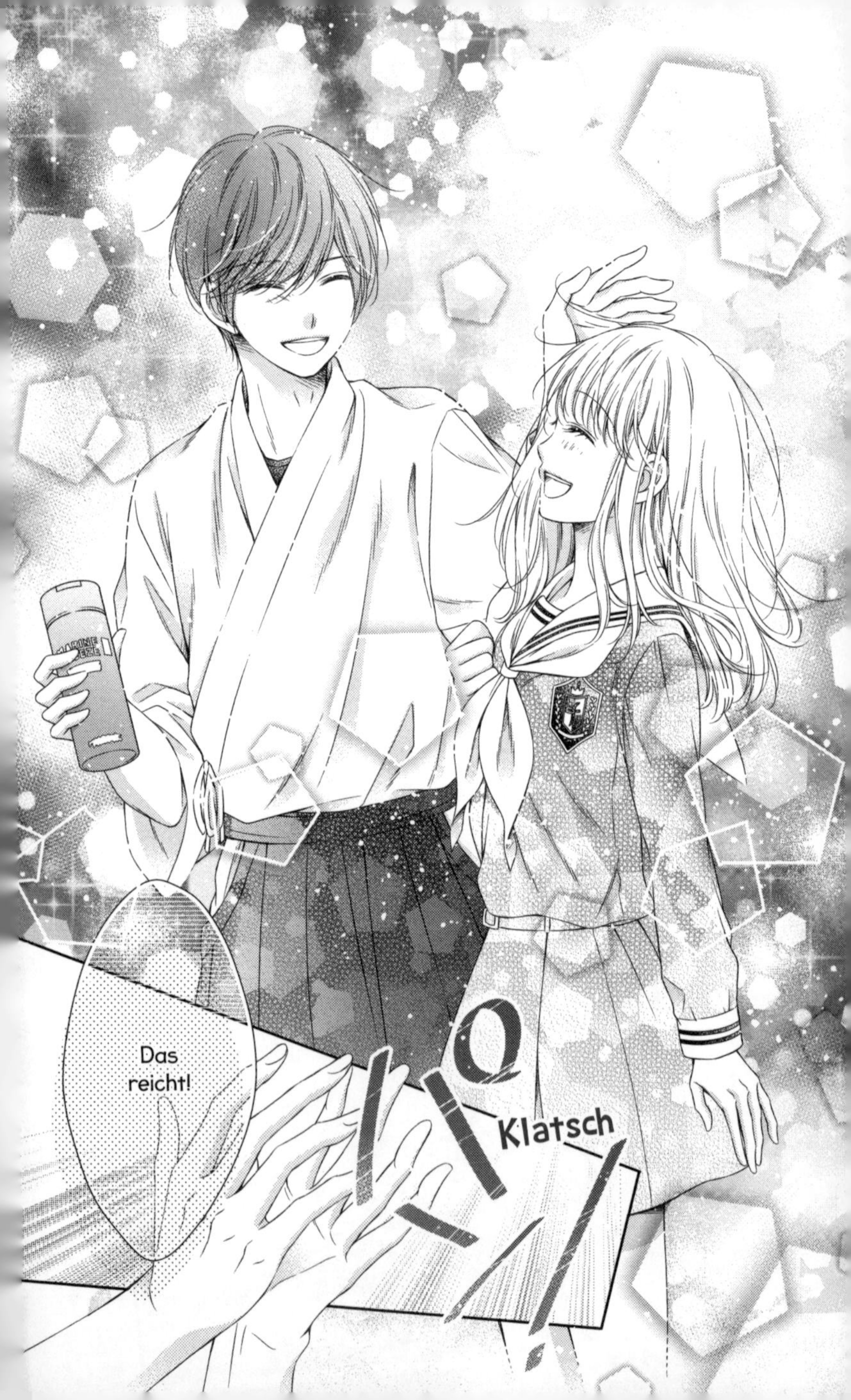
Das reicht!
Klatsch

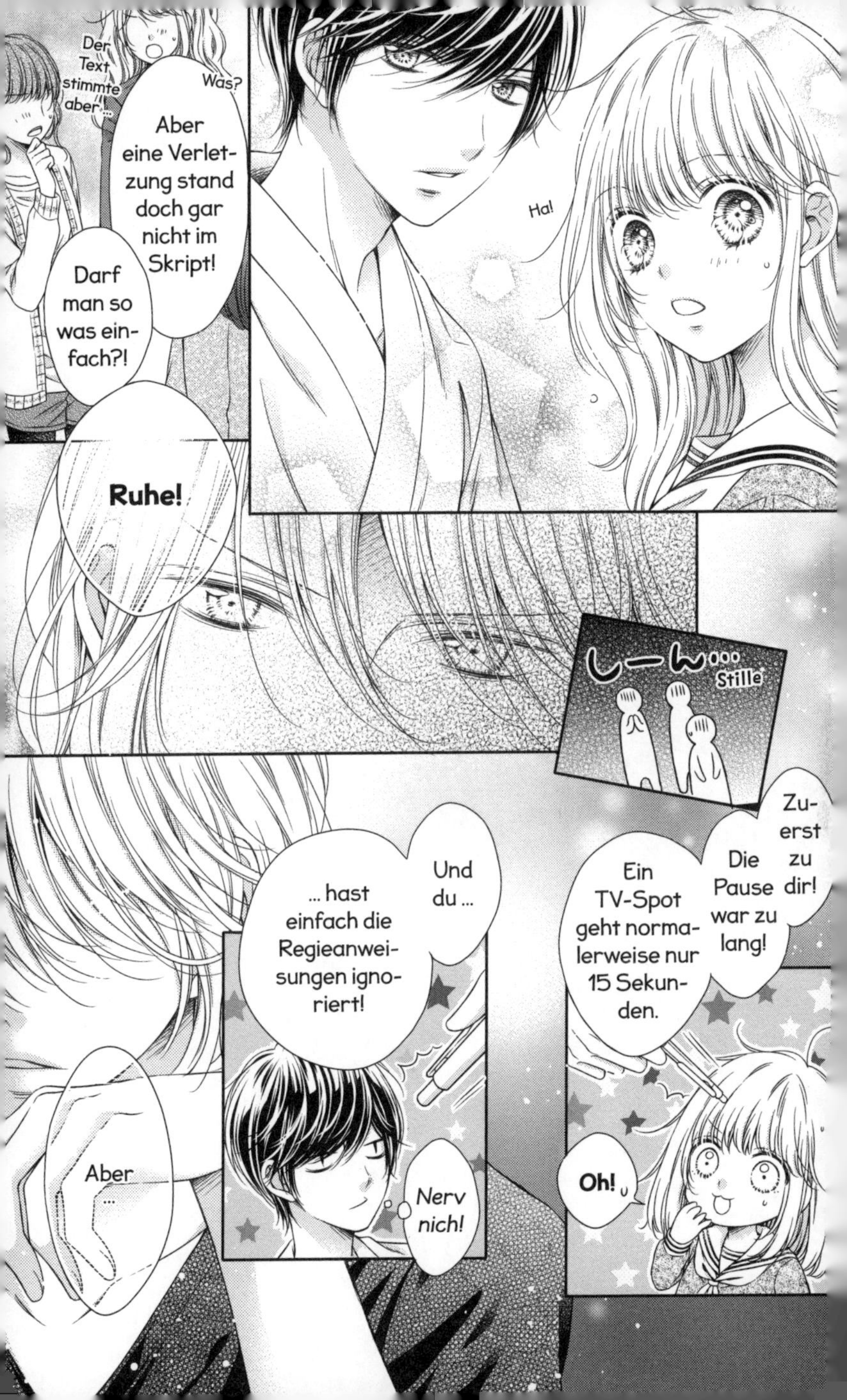
Ha!
Was?
Der Text stimmte aber ...
Aber eine Verletzung stand doch gar nicht im Skript!
Darf man so was einfach?!
Ruhe!
しーん… Stille
Zuerst zu dir!
Die Pause war zu lang!
Ein TV-Spot geht normalerweise nur 15 Sekunden.
Oh!
Und du ...
... hast einfach die Regieanweisungen ignoriert!
Nerv nich!
Aber ...

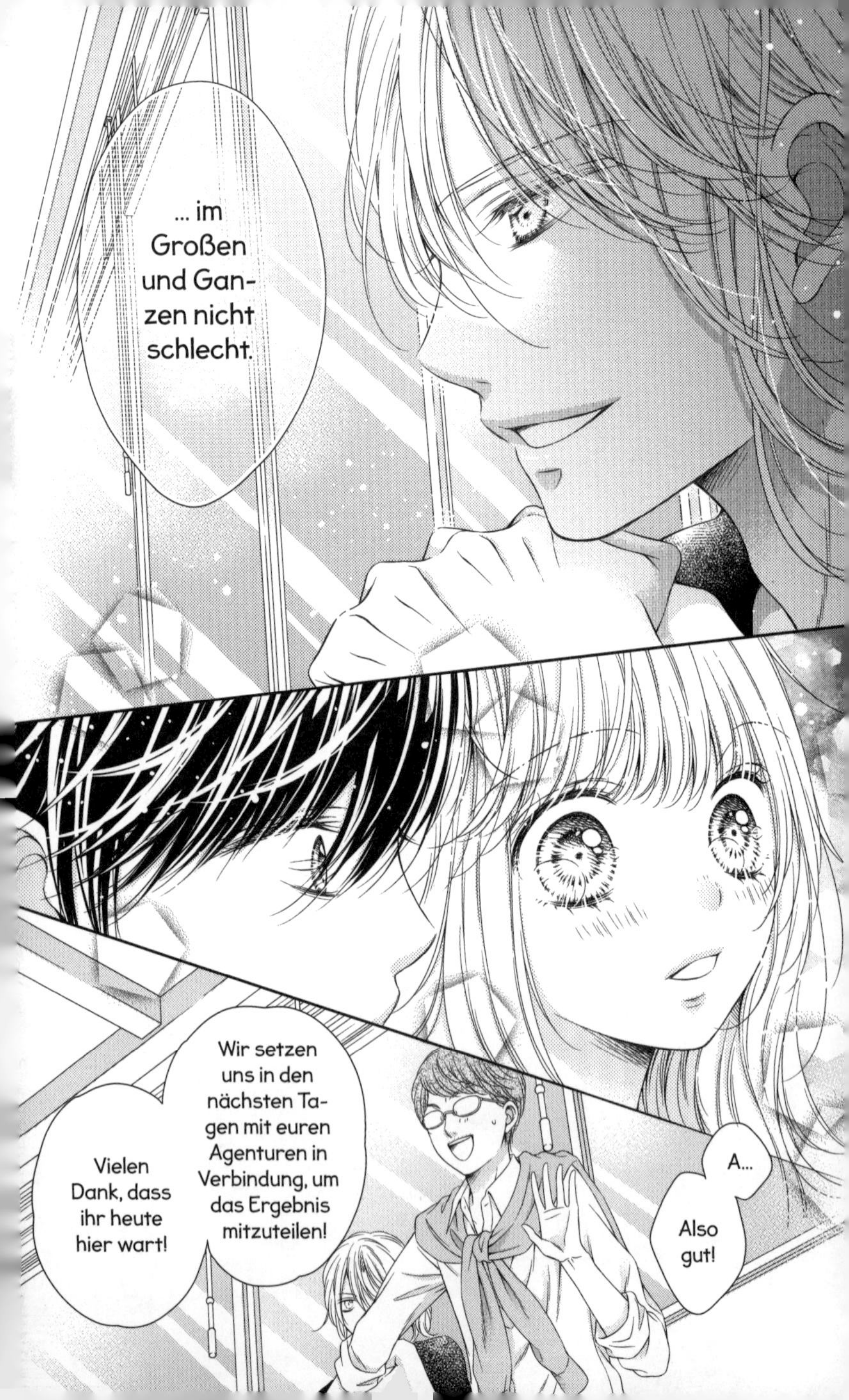
... im Großen und Ganzen nicht schlecht.
A...
Also gut!
Wir setzen uns in den nächsten Tagen mit euren Agenturen in Verbindung, um das Ergebnis mitzuteilen!
Vielen Dank, dass ihr heute hier wart!

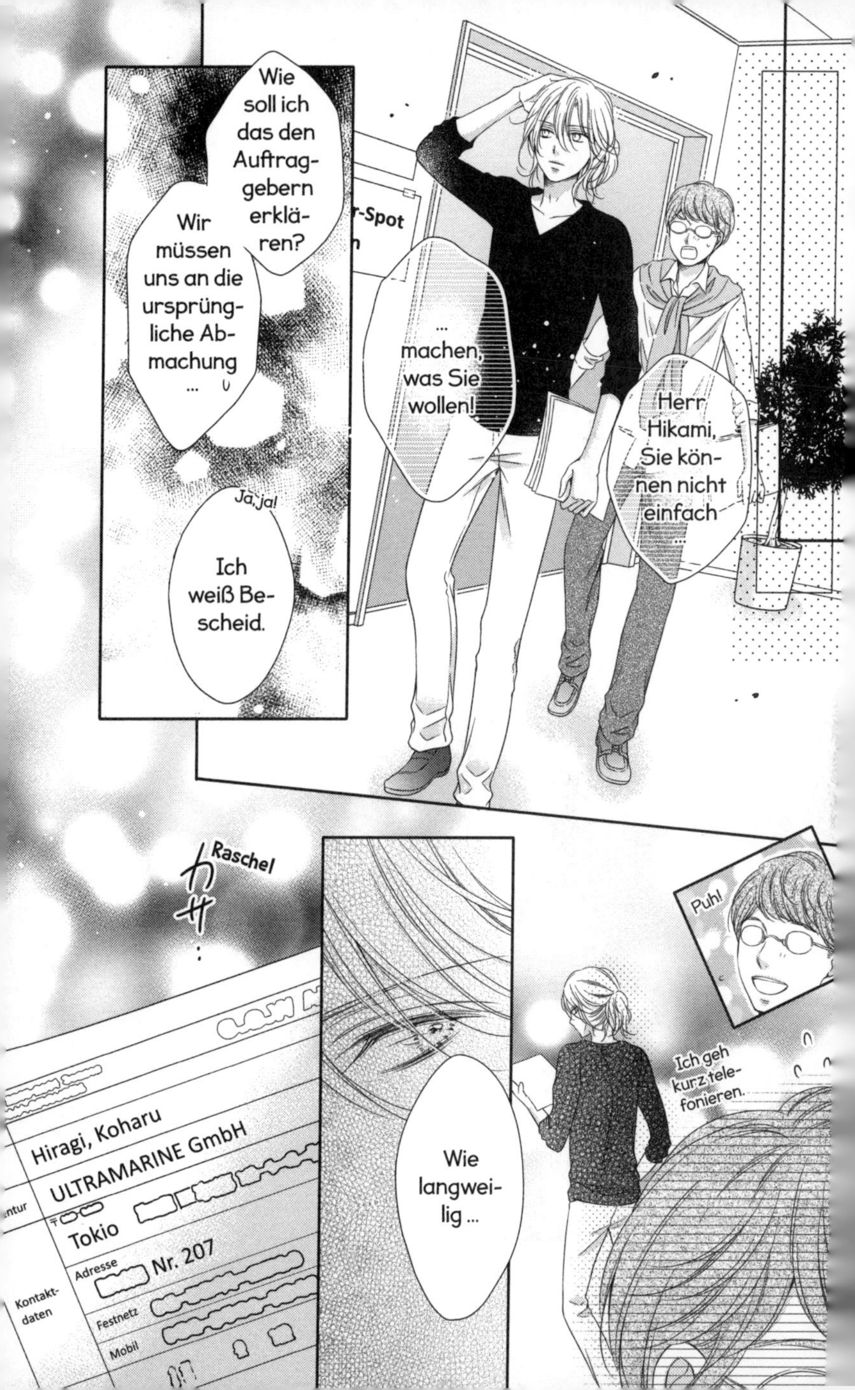

-Spot
Herr Hikami, Sie können nicht einfach ...
... machen, was Sie wollen!
Wie soll ich das den Auftraggebern erklären?
Wir müssen uns an die ursprüngliche Abmachung ...
Ja, ja!
Ich weiß Bescheid.
Puh!
Ich geh kurz telefonieren.
Wie langweilig ...
Raschel
Hiragi, Koharu
ULTRAMARINE GmbH
Tokio
Adresse
Nr. 207
Kontaktdaten
Festnetz
Mobil

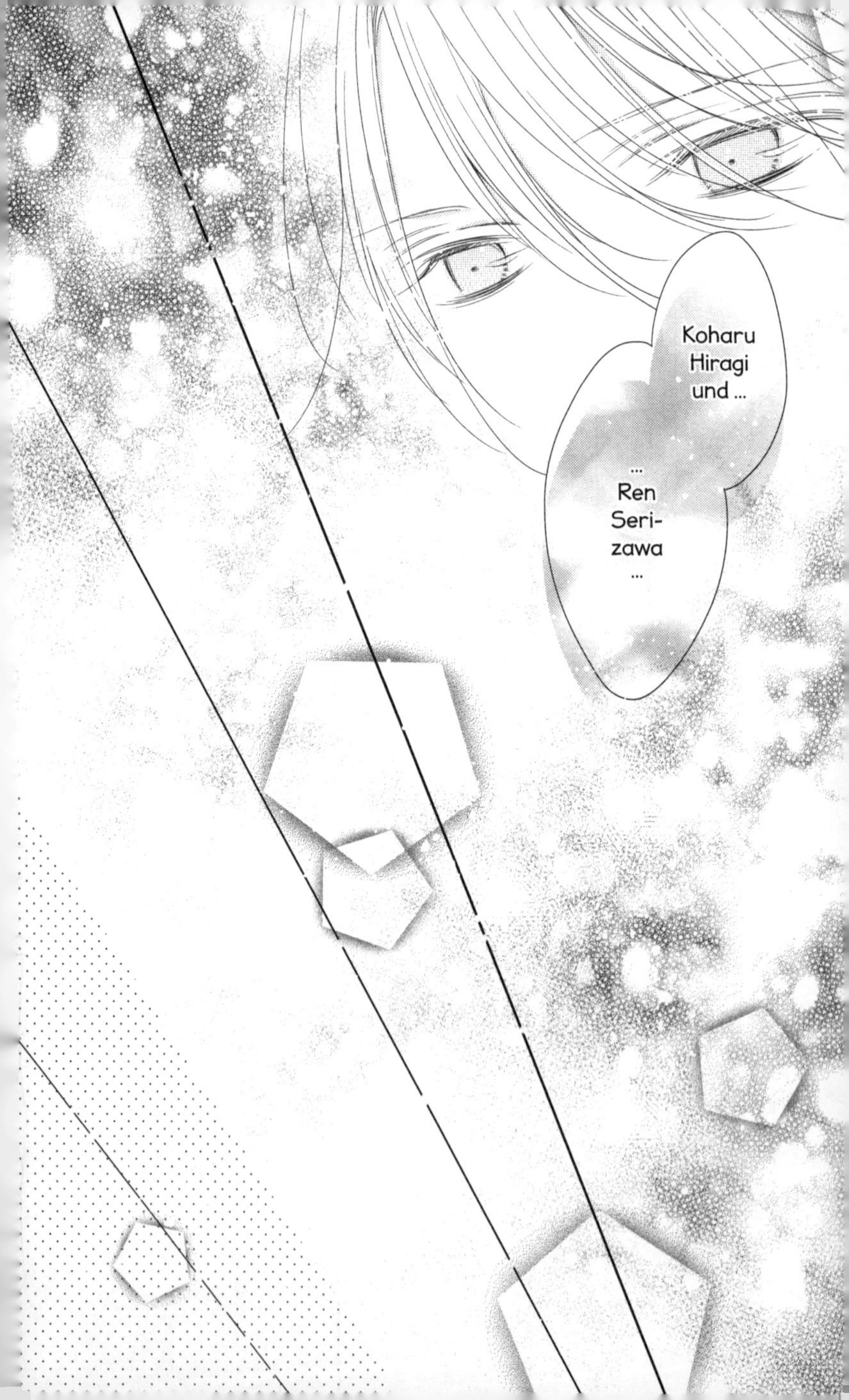

Koharu Hiragi und ...
... Ren Seri-zawa ...

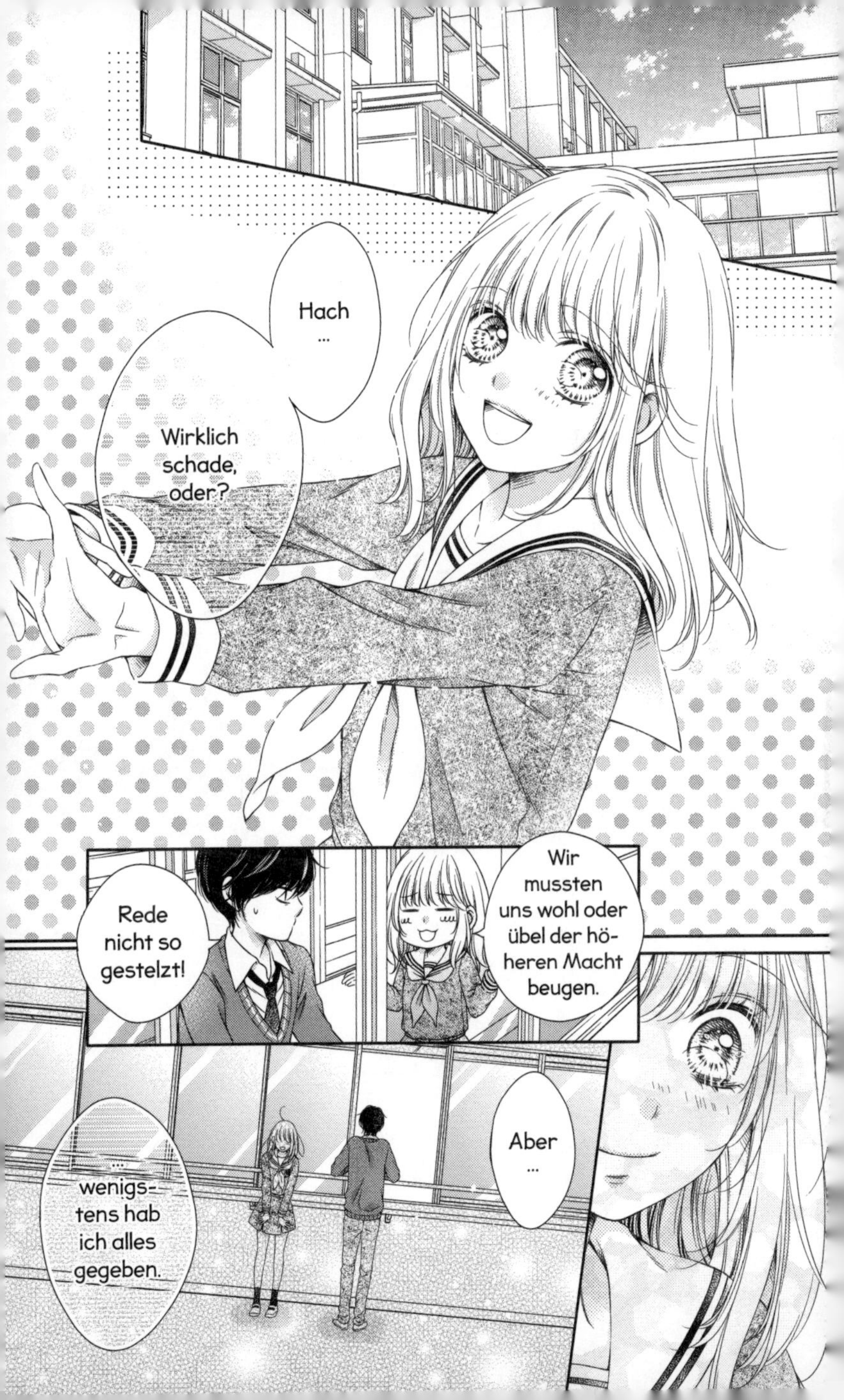

Hach …
Wirklich schade, oder?
Wir mussten uns wohl oder übel der höheren Macht beugen.
Rede nicht so gestelzt!
Aber …
… wenigstens hab ich alles gegeben.

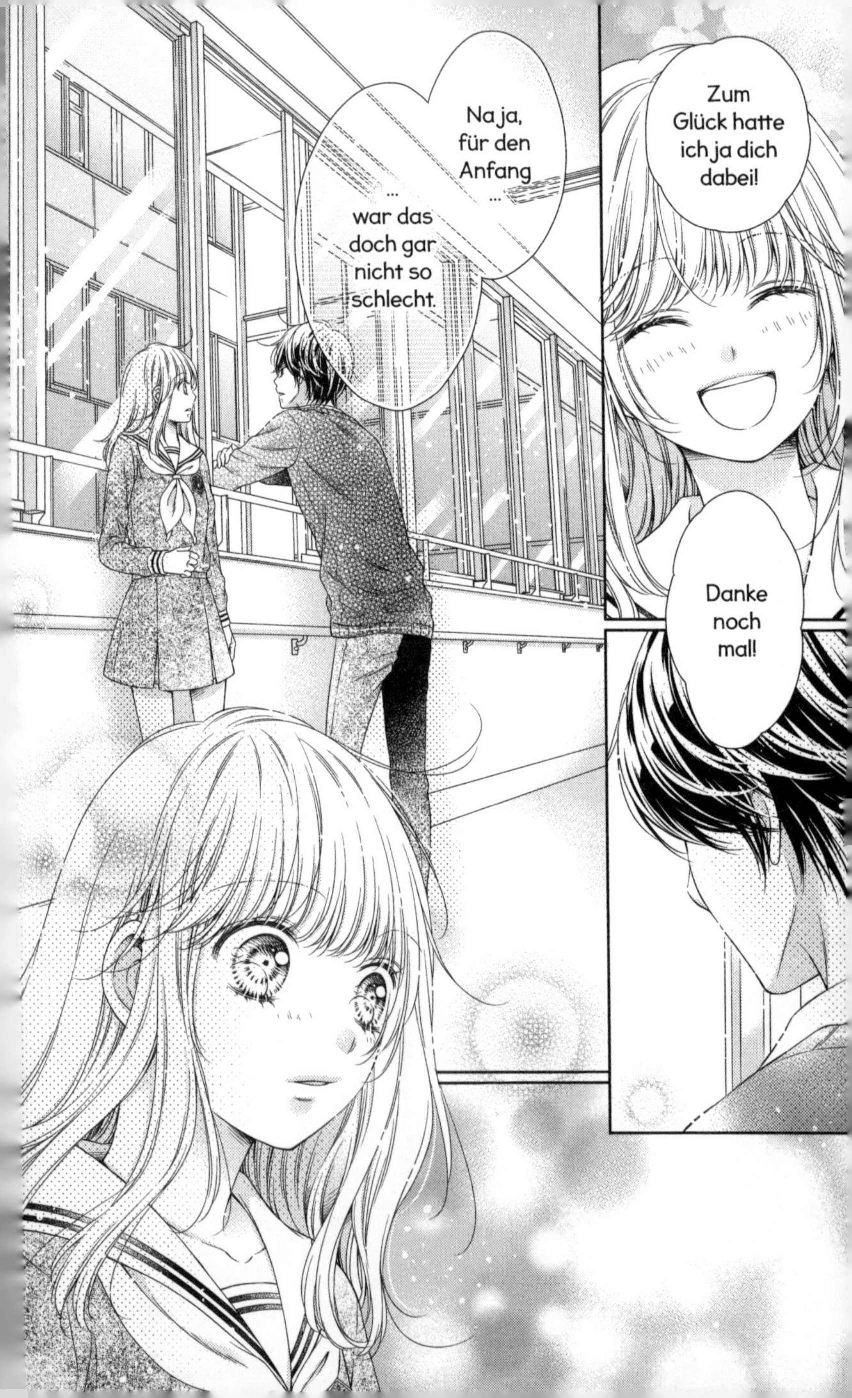
Zum Glück hatte ich ja dich dabei!
Danke noch mal!
Na ja, für den Anfang …
… war das doch gar nicht so schlecht.

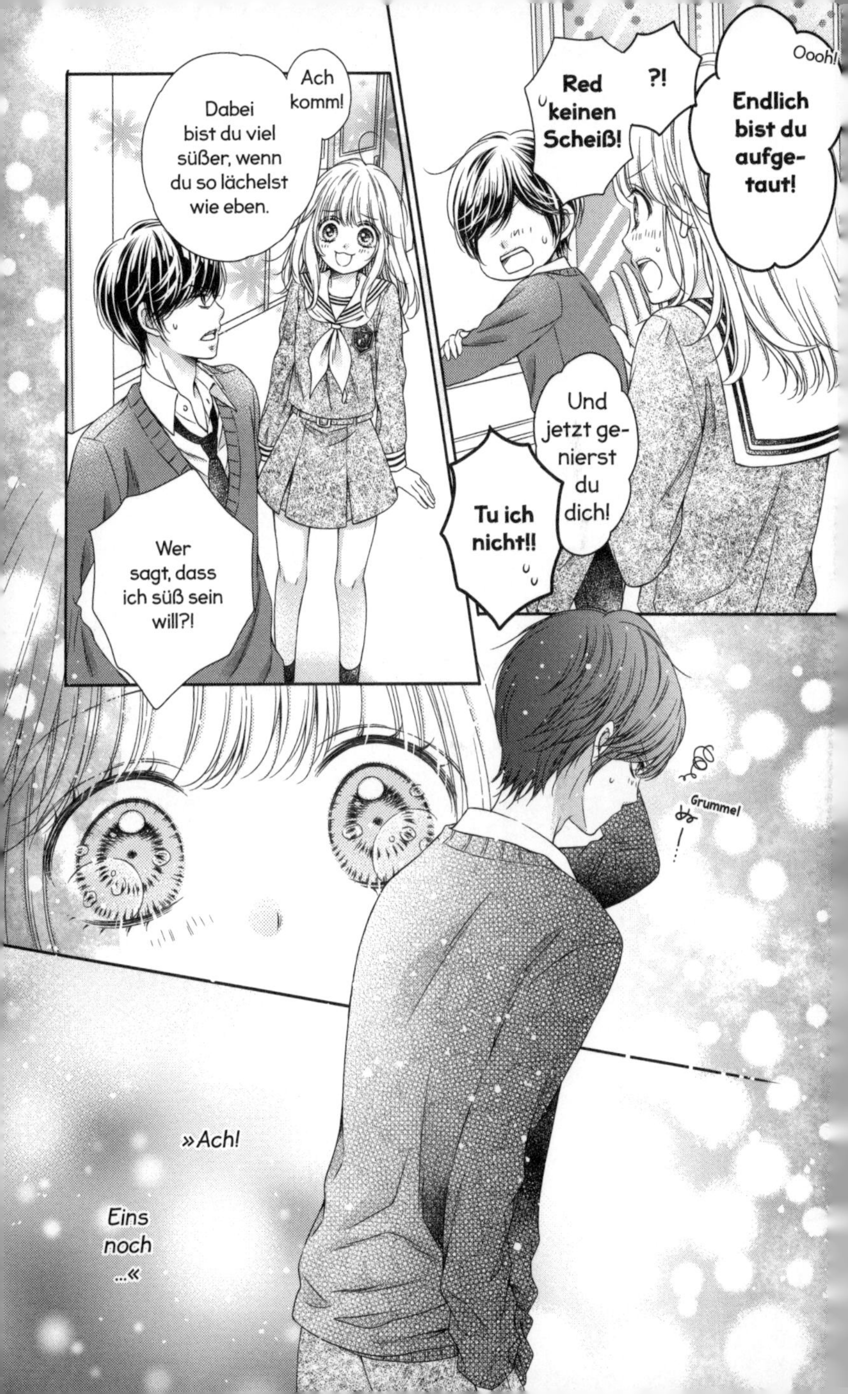
Oooh!
Endlich bist du aufgetaut!
Red keinen Scheiß!
?!
Und jetzt genierst du dich!
Tu ich nicht!!
Ach komm!
Dabei bist du viel süßer, wenn du so lächelst wie eben.
Wer sagt, dass ich süß sein will?!
Grummel
»Ach!
Eins noch …«

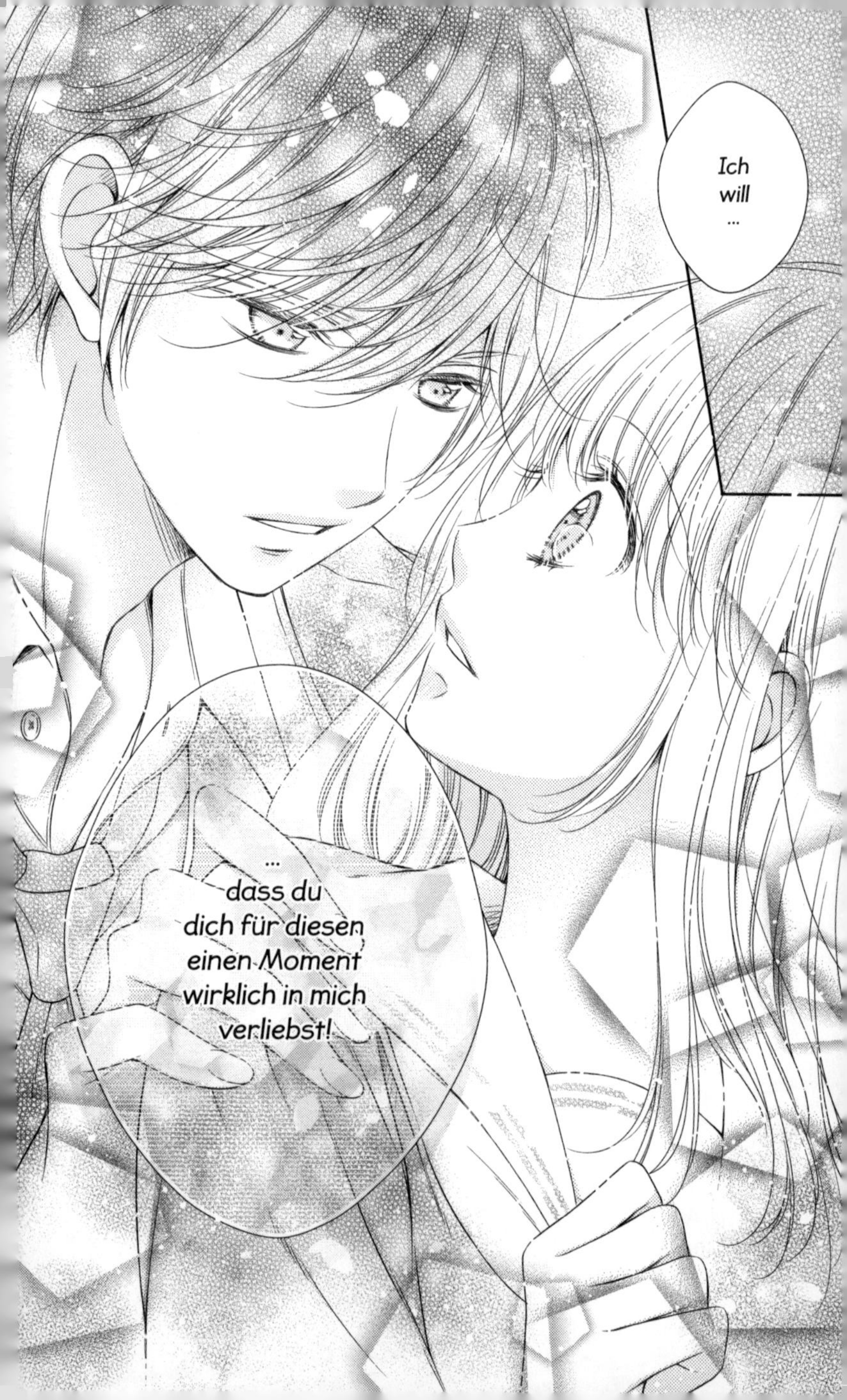
Ich will ...
... dass du dich für diesen einen Moment wirklich in mich verliebst!

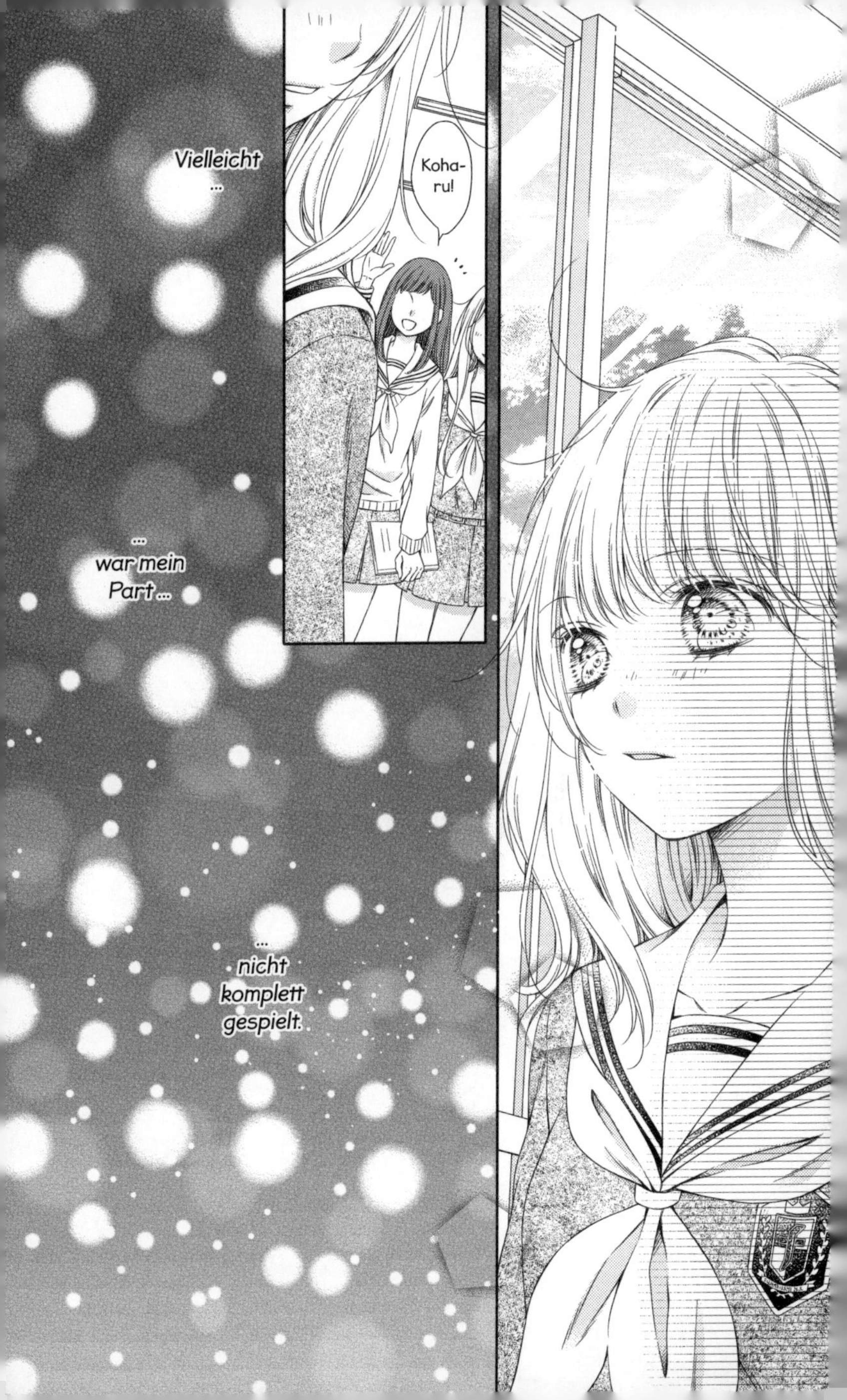

Koha-ru!

...

Vielleicht ...

... war mein Part ...

... nicht komplett gespielt.

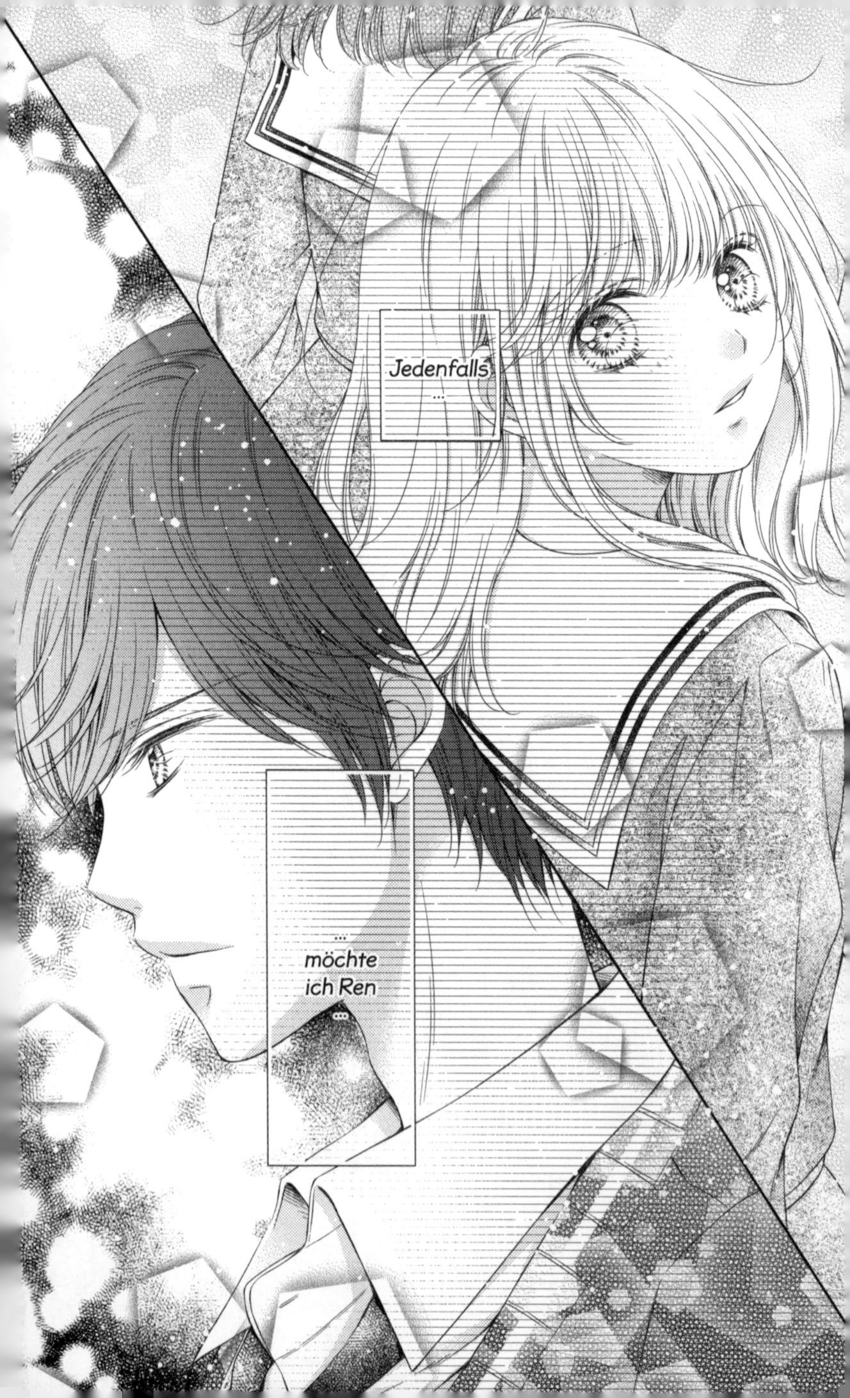
Jedenfalls
...
... möchte ich Ren
...

... besser
kennenlernen.

Reflections of Ultramarine 1 – Ende

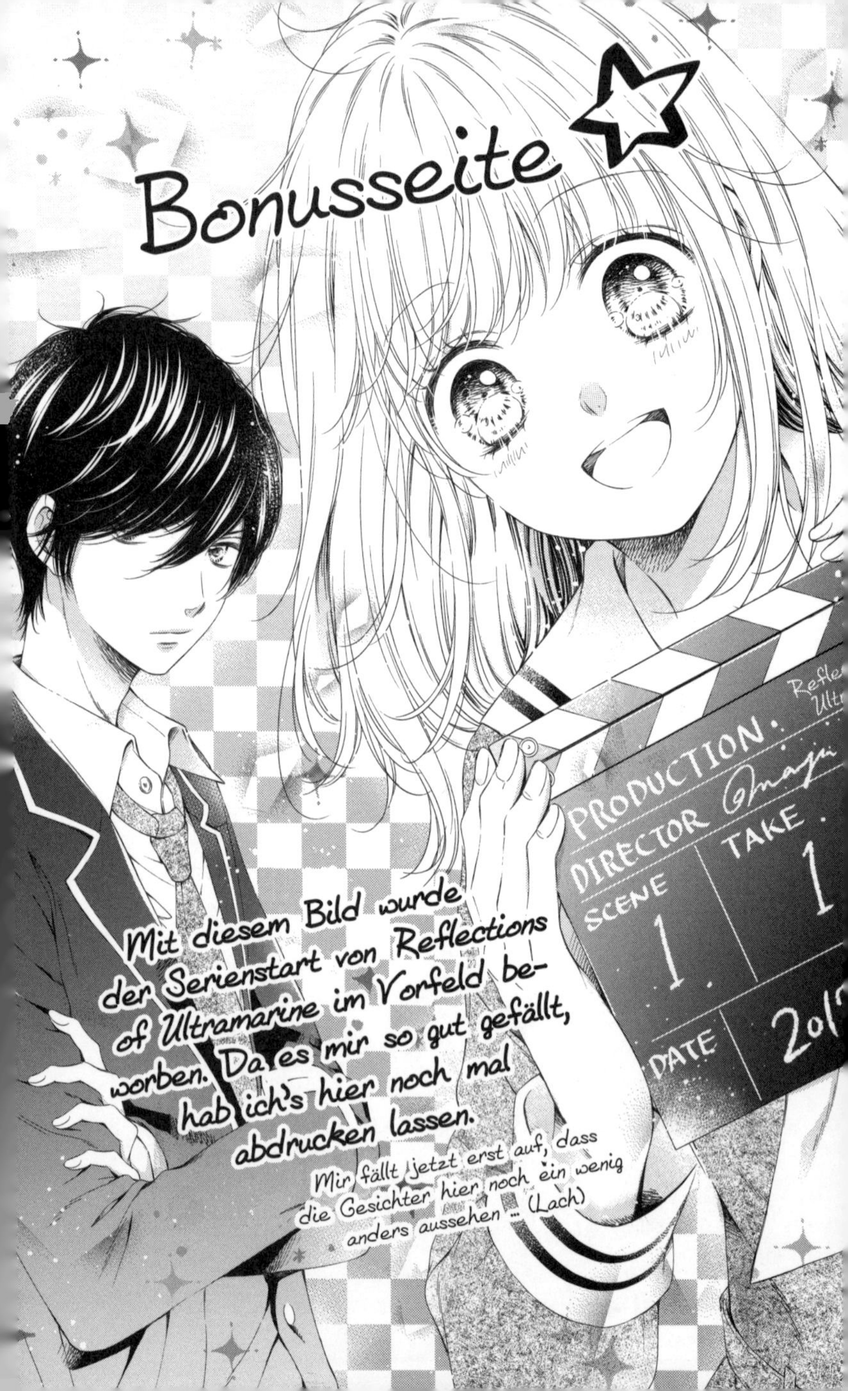
Bonusseite
Mit diesem Bild wurde der Serienstart von Reflections of Ultramarine im Vorfeld beworben. Da es mir so gut gefällt, hab ich's hier noch mal abdrucken lassen.
Mir fällt jetzt erst auf, dass die Gesichter hier noch ein wenig anders aussehen ... (Lach)
PRODUCTION
DIRECTOR
TAKE
1
SCENE
1
DATE

Für die Arbeit an Reflections of Ultramarine habe ich mich mit einigen Mädchen unterhalten dürfen, die eine solche Schule mit Entertainment-Schwerpunkt besuchen. Dabei ist mir vor allem eins aufgefallen: Dafür, dass sie so jung sind, arbeiten sie alle unglaublich hart und diszipliniert. Natürlich habe ich in diesen Gesprächen nicht nur ihre starken Seiten kennengelernt, sondern auch erfahren, worüber sie sich Sorgen machen und dergleichen. Auch wenn ich auf der Schule eine ganz andere Richtung eingeschlagen habe als sie, kann man wohl sagen, dass alle jungen Menschen, die einen Traum verfolgen, auf dem Weg zu dessen Verwirklichung von zahlreichen Zweifeln und Sorgen begleitet werden. Das konnte ich in diesen Gesprächen zutiefst nachfühlen.

Auch ansonsten habe ich haufenweise lustige Anekdoten zu hören bekommen (Da die Gespräche anonym verliefen, wurde allerlei Insiderwissen preisgegeben (lach), das ich auch mit in die Handlung einfließen lassen möchte.)

Koharu sagt doch an einer Stelle, dass Ren eher klein wirkt, weil er so ein schmales Gesicht hat. Das habe ursprünglich ich bei meiner Recherche gedacht. (Lach)

← Ich mit meinem riesigen Kopf wirke dagegen wie eine völlig andere Spezies.

Und last, but not least findet ihr ganz am Ende dieses Mal ein Interview mit Nana Asakawa von der Gruppe SUPER☆GiRLS. Es gab eine Phase, in der ich die Musikvideos der SUPER☆GiRLS auf und runter gespielt habe. Glücklicherweise gibt es von allen Mitgliedern diese Einzelvideos (nur etwa einen Refrain lang). Ich liiiebe Nanas Version von »Sweet☆Smile« total! Wie durch ein Wunder schafft sie es, in jedem einzelnen Frame süß auszusehen, ganz egal an welcher Stelle man das Video pausiert … Schaut's euch doch auch alle mal an! Das Video findet ihr auf YouTube.

Jedenfalls bin ich dem Schicksal sehr dankbar dafür, dass Nana zu diesem Band einen Kommentar und darüber hinaus sogar ein Interview beigesteuert hat. MYPN ist gerade einfach nur super-duper happy! ♡

Während ich das hier schreibe, habe ich es übrigens selbst noch gar nicht gelesen. Ich freue mich schon darauf und bin ganz aufgeregt!

Das ist die letzte
Seite dieses Bandes?

Vielen Dank an mein Team,
an meine Familie,
alle Leser♡
die Showa-Schule
(dafür, dass ich im Schulgebäude fotografieren durfte)
& an Nana Asakawa♡

Schreibt mir doch gerne
an diese Adresse
↓
Altraverse GmbH
»Mayu Sakai«
Pinnasberg 47
20359 Hamburg

Twitter → @mayupon107

Mayu Sakai
2018. winter

Ich hoffe, wir sehen uns wieder in Band 2?

Special Interview

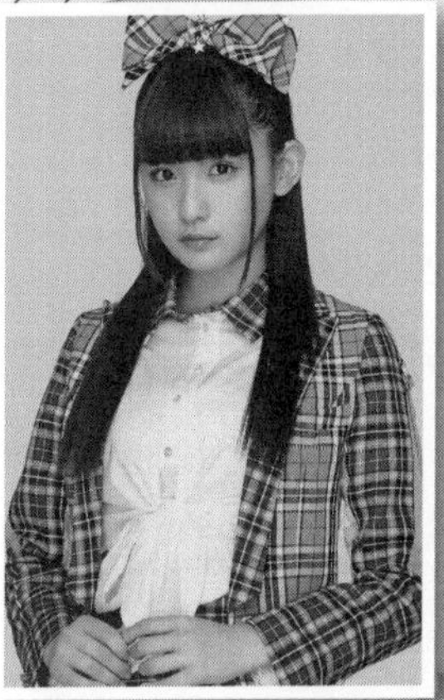

Nana Asakawa

Geboren am 3. April 1999. Nach ihrer Teilnahme an der »avex Idol Audition 2012« wurde sie 2014 neues Mitglied bei den SUPER☆GiRLS. Mit ihrem süßen Gesicht und ihrem unvergleichlichen Stil reißen sich die Magazine darum, sie aufs Cover zu bekommen! Ihr Name wird oft fälschlich Rina* gelesen.

Nana sagt, sie liebt Shojo-Manga so sehr, dass sie jeden Monat um die 60 Titel kauft!

Nana kommt gerade von einer TV-Show-Aufzeichnung und scheint sich zu freuen, dass sie ein Interview über ihre geliebten Shojo-Manga geben darf.

-- Stimmt es, dass du ein Fan von Shojo-Manga bist?
Ja, ich liebe sie! Im Moment habe ich allerdings vorübergehend Mangaverbot, da wir gerade sehr viel arbeiten müssen. Ich kaufe sie aber trotzdem immer per Handy-App. (Lach)

-- Kennst du Mayu Sakai?
Natürlich, ich liebe ihre Werke total! Ich bin schon länger ihr Fan und besitze auch alle Bände von *Last Exit Love*.

-- Wie ist es, auf eine Schule mit Entertainment-Schwerpunkt zu gehen?
Ich bin auf einer Fernschule, deshalb habe ich keinen regulären Unterricht im Klassenzimmer und kann mir den Alltag an einer solchen Schule wie alle anderen Leser auch nur vorstellen. Aber dass so wie am Anfang von Act.03 Klassenkameraden fehlen, weil sie zu einem Dreh müssen, kommt durchaus häufiger vor. Man fragt jemanden: »Ist XY gar nicht da?«, und erhält als Antwort: »Nein, sie muss heute arbeiten.«

-- Wie sieht dein Schulalltag im realen Leben aus?
Die Mitglieder unserer Band sowie einige andere Idols sind zusammen in einer Klasse. Und wenn ein Test ansteht, sehen wir uns alle. Trotzdem bin ich echt neidisch auf Koharu! Im echten Leben hat man nämlich keine so gut aussehenden Jungs in der Klasse! (Lach) In *Reflections of Ultramarine* wird sozusagen das Idealbild einer solchen Showbiz-Klasse dargestellt.

-- Welche Szenen kamen dir besonders realistisch vor?
Bei dem Vorsprechen in Act.04 dachte ich wirklich: »Wahnsinn! Das kenn ich auch!« Die Kritik des Regisseu und so wirkte schon ziemlich echt. (Lach)

-- Welche Figur ist dir denn besonders in Erinnerung geblieben?
Also ich persönlich mag ja Ren! Ich frage mich, wie und wann er mit Koharu zusammenkommt. Und auch Ke der so offensichtlich in Koharu verliebt ist, während sie so gar nichts mitkriegt. Ich kann nur sagen: Schmach

-- Und was hältst du von Koharu?
Ich denke, sie ist vermutlich die Art Mädchen, die längerfristig in diesem Business Erfolg hat: ein bissche naiv, natürlich und auch ein wenig burschikos … Sie begegnet jedem mit einem Lächeln und schleimt sic auch nicht bei den Jungs ein. So macht sie sich keine Feinde bei anderen Mädchen und es reagiert auc niemand gehässig, wenn ein heißer Typ auf sie steht.

-- Was möchtest du Koharu gern sagen?
Kei ist definitiv in dich verliebt! Ich meine, der Arme kann einem doch leidtun. (Lach)

-- Zum Schluss bitte noch ein paar Worte an die Leserinnen!
Reflections of Ultramarine enthält all die schönen Fantasien, nach denen wir Mädchen uns sehnen. Ab es werden auch realistische Seiten gezeigt, es ist also nicht immer alles nur eitel Sonnenschein. Ich freu mich schon darauf, weiter mit der sympathisch verpeilten Koharu mitzufiebern!

* Jap. Schriftzeichen können verschiedene Lesungen haben, was es auch Muttersprachlern manchmal schwierig macht, Namen richtig zu lesen.

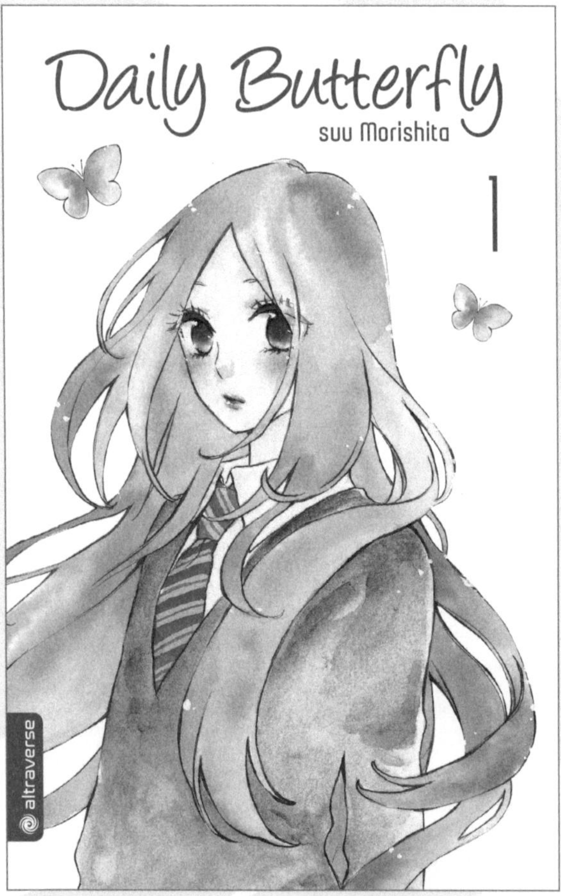

Daily Butterfly

suu Morishita

Sämtliche Jungs fliegen auf Suiren. Sie ist allerdings von all der Aufmerksamkeit total eingeschüchtert und zieht sich immer weiter in sich zurück, bis sie kaum noch mit jemandem spricht. Doch dann begegnet sie Kawasumi, der sie keines Blickes würdigt. Und plötzlich ist sie fasziniert von seiner zurückhaltenden Art. Wird sie für ihn ihr Schneckenhaus verlassen?

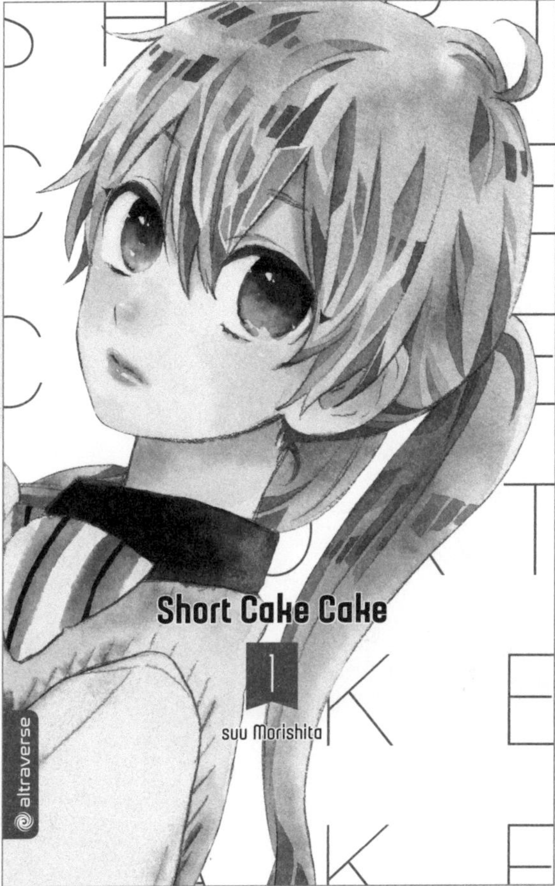

Short Cake Cake

suu Morishita

Um auf die Oberschule gehen zu können, muss Ten Serizawa von ihrem kleinen Heimatdorf aus eine zweistündige Busfahrt auf sich nehmen – eine echte Herausforderung! Kurzerhand beschließt sie, in eine Wohngemeinschaft zu ziehen. Doch ihre neuen Mitbewohner wecken ungeahnte Gefühle in ihr – und sie auch in ihnen. Und so beginnt das Liebeskarussell sich zu drehen …

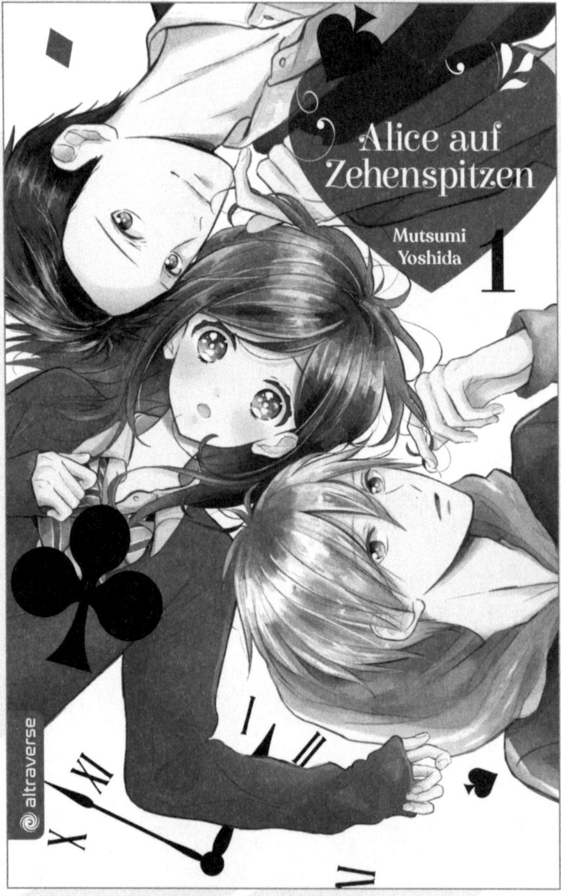

Romance 13+

Alice auf Zehenspitzen

Mutsumi Yoshida

Alice schmeißt nicht nur zu Hause den Haushalt, sie kümmert sich auch rührend um den Nachbarsjungen Yutaro. Der hegt allerdings ganz andere Gefühle für sie. Und als dann auch noch Yutaros Onkel Toma auftaucht, stürzen die beiden die arme Alice in ein gehöriges Gefühlschaos ...

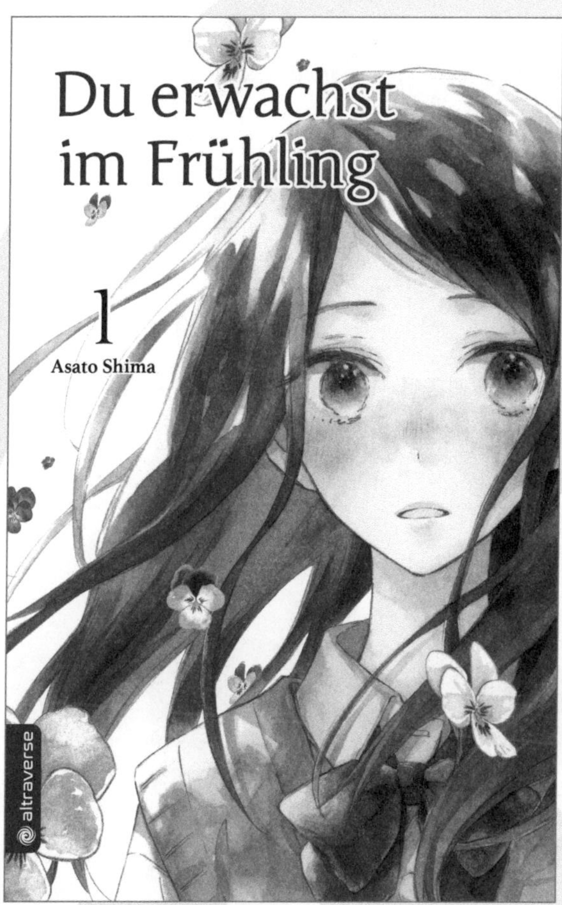

Du erwachst im Frühling

Asato Shima

In der Grundschule wurde Ito immer von dem sieben Jahre älteren Nachbarsjungen Chiharu beschützt. Der leidet allerdings an einer schweren Krankheit und wird in einen Kälteschlaf versetzt, bis es eine Chance auf Heilung gibt. Als er nach sieben Jahren erwacht, ist aus dem »großen Bruder« ein Gleichaltriger geworden und Ito entdeckt ganz neue Gefühle für ihn …

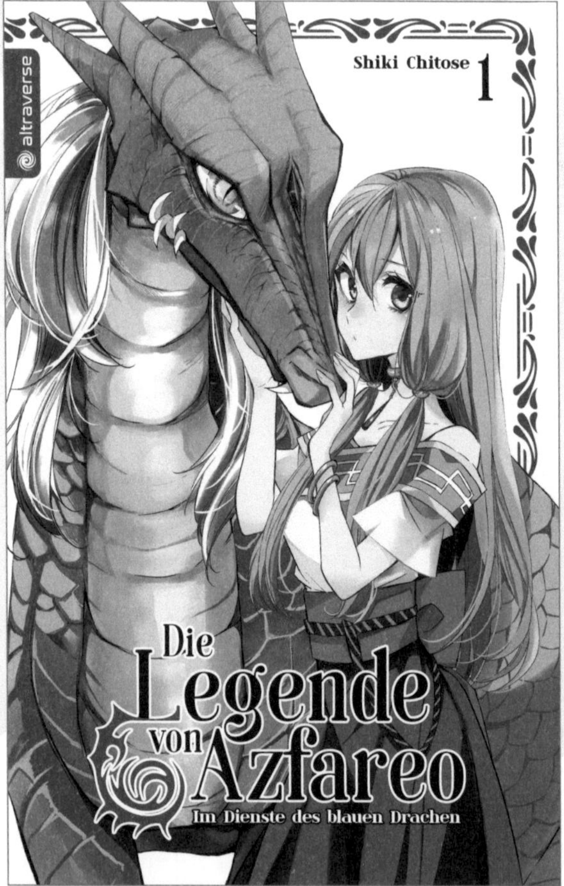

Fantasy 13 +

Die Legende von Azfareo

Shiki Chitose

Im Schloss des Königreichs Azfareo haust ein fürchterlicher Drache. Rukul wird auserwählt, ihm zu dienen. Das aufbrausende Temperament der Bestie verschreckt sie zunächst, doch sie bemerkt schnell, dass sich hinter seiner rauen Schale eine sanfte Seele verbirgt. Jedoch rankt sich um den Drachen und den verschwundenen König noch ein großes Geheimnis ...

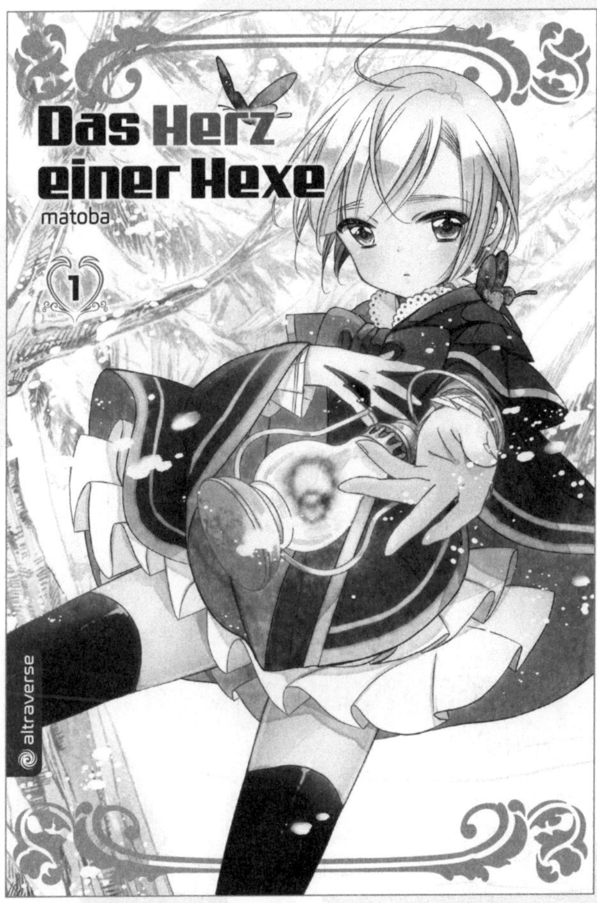

Das Herz einer Hexe

matoba

Nach dem Verlust ihres Herzens ist die Hexe Mika unsterblich geworden. Seit Jahrhunderten steift sie nun schon gemeinsam mit ihrem treuen Gefährten, einer verwunschenen Laterne, durch die Welt und hofft, ihr Herz wiederzufinden. Erst wenn ihr dies gelungen ist, erwartet sie die Erlösung ...

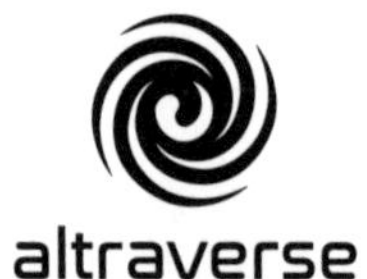

Deutsche Ausgabe / German Edition
Altraverse GmbH – Hamburg 2019
Aus dem Japanischen von Anne Klink

GUNJO REFLECTION

First published in Japan in 2017 by SHUEISHA Inc., Tokyo.
German translation rights in Germany, Austria and
German-speaking Switzerland arranged by SHUEISHA Inc.
through VIZ Media Europe S.A.R.L., France.

Redaktion: Katrin Aust
Herstellung: Stephanie Gieck
Lettering: Vibrant Publishing Studio

Druck: CPI books GmbH, Leck
Printed in Germany

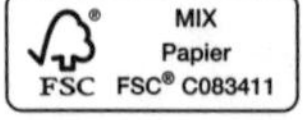

ISBN 978-3-96358-294-3
1. Auflage 2019

www.altraverse.de